LE VIN C'EST PAS SORCIER

Ophélie Neiman
Illustrations de Yannis Varoutsikos

LE VIN C'EST PAS SORCIER

MARABOUT
Maison de qualité depuis 1949

SOMMAIRE

Ce soir, Juliette organise une fête. Elle a convié ses amis Gustave, Hector, Caroline, Clémentine et Paul. Ils vont beaucoup parler de vin, chacun a sa petite expérience en la matière : l'obsession de Clémentine est de bien le marier à table, Gustave a appris à le goûter, Hector connaît tout sur sa fabrication, Caroline adore voyager et le terroir n'a plus de secret pour elle, et Paul se constitue une cave à vin.

Juliette, elle, est une hôte hors pair. Mais, en attendant, elle doit préparer la soirée. Pour ne pas décevoir ses convives, elle doit choisir les bons verres, les bons vins, la bonne température de service… Et ce n'est pas si facile. Si elle était une pro du vin, elle saurait parfaitement quand ouvrir une bouteille et laquelle choisir pour coller à l'ambiance de la soirée. Avec ce livre, elle fera parfaitement illusion. Quand la fête sera finie, il faudra bien qu'elle nettoie les verres… et les taches. S'il reste un peu de vin, ce n'est pas grave, elle a quelques idées pour le conserver et quelques recettes pour l'accommoder. Surtout, elle n'oubliera pas les gestes qui sauvent contre la gueule de bois. Mais, pour le moment, elle s'interroge encore : et si elle organisait une soirée de dégustation à l'aveugle, avec jeux et surprises à la clé ?

Ce chapitre est pour toutes les Juliette qui souhaitent organiser facilement des soirées réussies.

JULIETTE

ORGANISE UNE SOIRÉE

Avant la soirée • Pendant la soirée
Après la soirée

AVANT LA SOIRÉE

Quels verres ?

Voici les verres qu'on croise le plus souvent sur une table lors d'un dîner.

1. Verre à eau. Sert à boire de l'eau. Point. N'y mettez votre vin que si ses qualités n'ont aucune importance. De toute façon, on ne sentira pas grand-chose. Utile pour servir une piquette, donc.

2. Coupe à champagne. Verre joli, mais peu d'intérêt pour les arômes du champagne. On le dit moulé sur le sein gauche de la marquise de Pompadour. Ce n'est toutefois qu'une légende.

3. Flûte à champagne. Parfaite pour goûter… du champagne. Peut aussi dépanner pour des vins blancs vifs et légers ou des alcools d'apéritifs (kir, porto, madère, cocktails…).

4. Verre technique dit « INAO ». Très bien fait, mais assez petit, et utilisé de préférence par les jurys de dégustation. Fleurit dans les bistrots parisiens, car peu cher et impeccable pour goûter tous les vins, à défaut d'être beau.

5. Verre à bourgogne. Il est ventru, avec un bord resserré. Parfait pour les bourgognes, mais aussi pour les autres rouges jeunes ou les blancs. Concentre les arômes comme il faut, pour que vous en ayez plein le nez.

6. Verre à grand bourgogne. Pour les amoureux des bourgognes chers et fameux. Concentre les arômes, puis les disperse au niveau du col pour étaler le bouquet.

7. Verre à bordeaux. Une tulipe très haute qui convient à tous les vins, sauf les blancs fragiles. Le col est à peine plus serré que le ventre et, à l'inverse du n° 5, le bord est assez ouvert pour étaler le vin sur toute la langue. Ce verre convient donc aux vins puissants.

8. Verre polyvalent. Même forme que le n° 7, mais en plus petit. Il convient aux blancs légers et puissants, aux rouges jeunes et âgés. Il peut même accueillir les champagnes puissants. Bref, il sert à tout, même s'il n'est spécialisé en rien.

9. Le verre coloré et décoré, précieux ou kitch. Ne sert à rien, surtout pas à boire du vin. Cache la couleur, gaspille les arômes. Reconvertissez-le en minivase ou en photophore, s'il a une valeur sentimentale.

L'intérêt du verre à pied

Le verre à pied a deux utilités :

Conserver le vin au frais, en permettant de poser ses mains ailleurs que contre le vin. Les doigts bien chauds font l'effet d'une bouillotte sur le liquide.

Libérer les arômes : un verre à ballon permet aux arômes de s'ébattre librement avant de se concentrer pour flatter vos narines. Résultat, on sent mieux les arômes.

Si vous ne devez en choisir qu'un ? Optez pour un petit verre à bordeaux ou un grand verre polyvalent. Ce dernier conviendra à toutes les occasions et s'adaptera à tous les vins. Évitez les verres trop petits, qui empêchent les rouges puissants de s'exprimer, ou les verres trop amples, qui bousculent les blancs fragiles.

Un gobelet évasé laisse les arômes s'envoler. Et pfuit, ils sont partis. C'est bien dommage, surtout si vous avez acheté un beau vin. Ça s'appelle du saccage, et puis c'est tout.

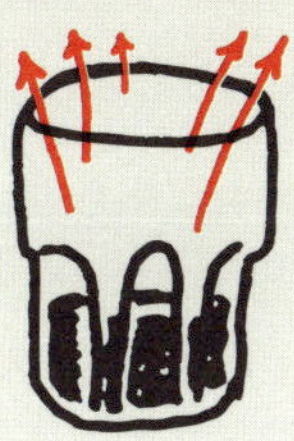

Il existe de nombreux autres types de verres. Les fantaisistes mis à part, ils sont conçus pour mettre en valeur certaines caractéristiques du vin. Très en vogue par exemple, les verres dont la conception, avec un ventre anguleux, permet d'« ouvrir » le vin, pour qu'il exhale le plus d'arômes possible. Tout dépend de vos goûts, si vous aimez les vins très aromatiques ou plus délicats.

Verre ou cristal ?

Pourquoi le cristal est-il le fin du fin ?

Parce qu'il permet une taille très fine, donc un bord à peine plus épais qu'une feuille de papier. À l'inverse du grossier godet, avec son gros bourrelet, le buvant d'un verre en cristal donne une sensation de légèreté et d'élégance en bouche, il se fait oublier au profit du liquide. Autre avantage : il garde le vin frais plus longtemps que le verre en verre, car il conduit moins la chaleur.

Surtout, le cristal est plus rugueux que le verre, le vin s'y accroche davantage lorsque vous l'agitez pour l'aérer, libérant ainsi plus d'arômes. Néanmoins, nous déconseillons ce verre aux maladroits : le cristal coûte cher. Si vous achetez plus de verres que de bouteilles de vin, laissez tomber. Il existe également de nouveau matériaux qui donnent l'illusion du cristal, la résistance en plus.

LES TIRE-BOUCHONS

Quel tire-bouchon ranger dans votre tiroir ? La réponse à cette question dépend de vos goûts, votre patience, votre budget et votre habilité. Pas tellement de vos muscles.
Le principe est simple : une vis et un levier. Pour éviter de massacrer le bouchon, on veille à choisir un modèle doté d'une vis creuse et non ronde. Attention, si elle est trop courte, vous risquez de casser le bouchon.

Le classique à bras du supermarché

Son utilisation est simple, on visse et on appuie sur les bras. Il est souvent bon marché et peu résistant à une utilisation intensive, mais il permet de doser l'effort. Seul inconvénient, sa mèche a tendance à transpercer le bouchon et à ventiler des éclats de lièges dans le vin. Dans le même genre, on lui préfère le tire-bouchon à double hélice, qui consiste à tourner une manivelle toujours dans le même sens, le socle du tire-bouchon faisant office de levier.

| 1 |

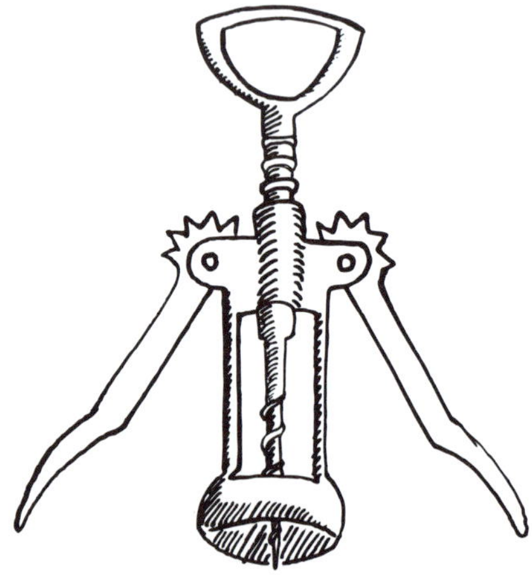

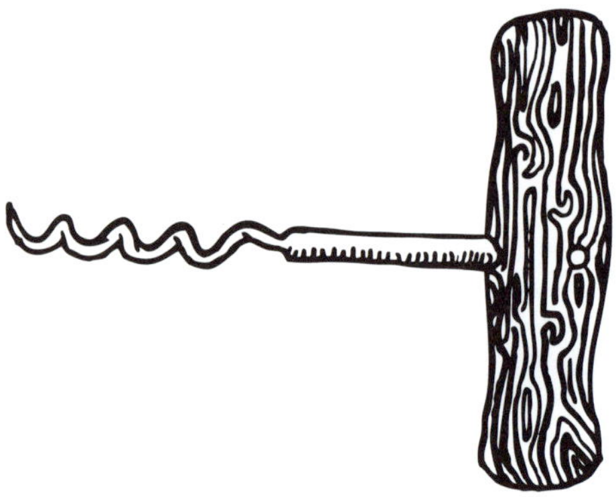

| 2 |

À la force du biceps

Il ne possède pas de levier, juste un manche à empoigner avec vigueur. Si vous ne tirez pas assez fort, vous ne boirez pas de vin, si vous forcez, vous risquez de casser le bouchon. En fait, il sert surtout à mesurer la taille de son biceps.

Le tire-bouchon « à oreilles de lapin »

C'est le plus rapide de sa catégorie, parfait pour ouvrir vingt bouteilles d'affilée pour les 90 ans de papy sans risquer de se fouler le poignet. Revers de la médaille, il est encombrant, coûte cher et ne permet pas d'ajuster le geste.

| 3 |

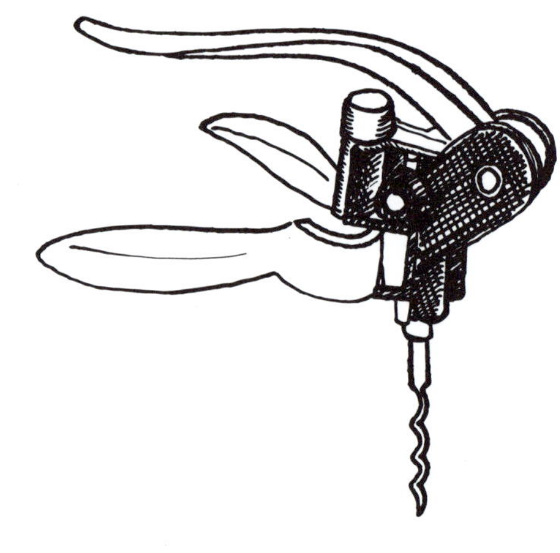

4

Le tire-bouchon dit « du sommelier »

Ou « limonadier », s'il possède également un décapsuleur. C'est le tire-bouchon des restaurants. Également mon préféré, car il permet d'attaquer le bouchon plus ou moins délicatement, selon son état. Il se glisse dans la poche (ou le sac à main) et permet de parer à toutes les situations. Attention, pour qu'il soit vraiment efficace, le choisir solide et avec deux positions d'appui, cela diminue la force de traction et évite de courber le bouchon.

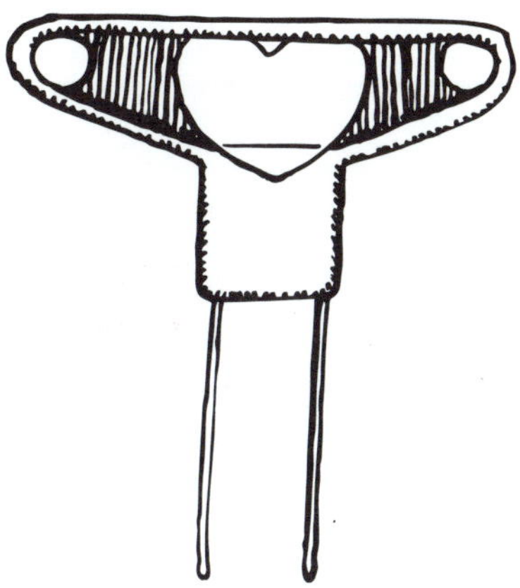

5

Le tire-bouchon bilame

La botte secrète des amateurs de vieux flacons. Peu connu, il a la particularité de ne pas posséder de vis et de ne pas percer le bouchon. Il requiert davantage de technique, puisqu'il s'agit de glisser les lames entre la paroi de la bouteille et le liège, et de tirer en tournant tout doucement. Mal employé, il enfonce le bouchon dans la bouteille, mais c'est un redoutable sésame pour les très vieux vins dont le bouchon risque de casser.

Zut, j'ai cassé le bouchon !

Pas de panique. Deux solutions se présentent à vous : si vous avez un tire-bouchon de sommelier, vissez de manière oblique, pour éviter d'agrandir le trou et faire de la charpie. Coincez le morceau contre la paroi et tirez-le à la verticale.

Sinon, enfoncez le bouchon dans la bouteille (gare aux éclaboussures) et transvasez immédiatement le contenu dans une carafe, pour éviter que le liège ne contamine le breuvage.

Solution 1

Solution 2

OUVRIR SANS TIRE-BOUCHON

Malheur, vous aviez tout prévu… sauf le tire-bouchon. Plusieurs méthodes s'offrent à vous.

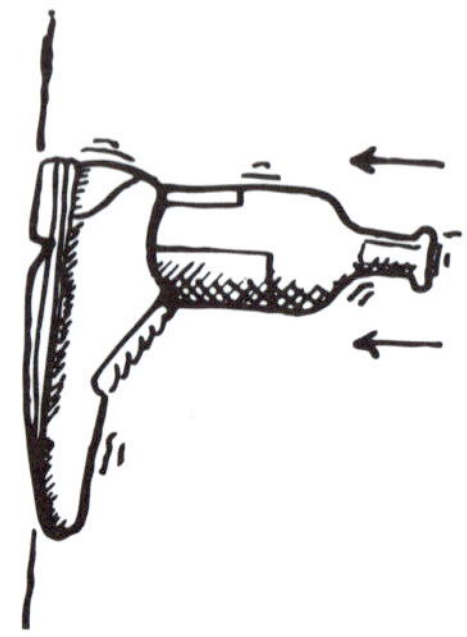

— 1 —

Enfoncer le bouchon dans la bouteille : cette possibilité exige de pouvoir verser le vin immédiatement dans une carafe, afin que le bouchon ne contamine pas le breuvage. Méthode risquée, car elle peut vraiment abîmer le vin en moins de trois minutes.

— 2 —

Improviser un tire-bouchon. Top pour les débrouillards et les bricoleurs, popularité garantie en soirée. L'idée est de trouver de quoi emprisonner le bouchon, puis faire levier. Une vis et une pince, par exemple, font très bien l'affaire. Méthode testée et approuvée par l'auteur, qui a retiré la vis d'un micro-ondes lors d'une soirée et l'a utilisée avec une paire de ciseaux : quatre bouteilles débouchées, une tonne d'amis heureux.

— 3 —

Faire sortir le bouchon grâce à la pression. Pour cela, vous avez besoin d'un mur ou d'un arbre, d'une chaussure avec un petit talon carré en bois ou en gomme. Retirez la capsule du vin. Logez le fond de la bouteille dans la chaussure, perpendiculairement à la semelle, puis tapez fermement le talon de la chaussure (tout en tenant la bouteille) contre le mur. L'onde de choc se propage de la chaussure au goulot. Et pousse le bouchon vers l'extérieur. Au bout de 7 ou 8 coups, le bouchon est suffisamment dégagé. Attention, sous la pression, il arrive qu'un peu de vin jaillisse à l'ouverture. Prenez garde à vous protéger les mains d'un torchon en cas de casse. En dehors du danger, cette méthode n'est pas ma préférée, car elle secoue le vin et peut nuire à sa qualité. Mais elle est pratique lors des pique-niques.

— 4 —

Vous êtes veinard(e) ou prévoyant(e) : vous avez acheté une bouteille avec une capsule à vis. Ne cherchez plus le tire-bouchon, tournez, ouvrez.

OUVRIR UNE BOUTEILLE DE CHAMPAGNE

Risquer de crever l'œil gauche de chéri ou de casser le vase de mémé, voilà de quoi intimider au moment d'ouvrir une bouteille de champagne… quand on manque d'habitude. Pourtant, avec quelques gestes simples, l'animal s'apprivoise facilement.

1

Règle
On ne secoue pas la bouteille avant de l'ouvrir. Si vous l'avez promenée au bout d'un sac en faisant des moulinets avec le bras, laissez-la reposer pendant au moins une heure et demie au frais.

Une fois ôté le muselet de fer qui maintient le bouchon, on pose le pouce sur ce dernier, on ne laisse pas la bouteille sans surveillance.

On ne tire pas, on tourne ! Il faut tenir le bouchon fermement, en le recouvrant de la paume de la main pour éviter qu'il s'envole, puis tourner lentement la bouteille. Ainsi, on sent le bouchon se dégager doucement, et on peut doser son geste pour mater la pression exercée par le gaz.

On ne lâche pas ! On tient bouchon et bouteille jusqu'à ce qu'ils soient complètement désolidarisés. Si vous avez bien suivi cette méthode, vous devriez obtenir un « Plop ! » discret et des plus élégants.

On garde un verre à portée de goulot. Si jamais vous êtes allé un peu vite et que la mousse remonte, vous êtes prêt à servir avant que le champagne ne déborde de la bouteille.

QUEL VIN POUR QUELLE SOIRÉE ?

Il y a un adage simple : un vin simple pour une occasion simple, un vin complexe pour un moment qui sort de l'ordinaire. Ensuite, tout dépend de vos goûts… Mais l'ambiance est aussi un critère à prendre en compte : par exemple, un vin capiteux réconfortera le soir, mais assommera au déjeuner.

Le dîner en amoureux

Bonne idée
Pour une ambiance élégante : bourgogne rouge (côte de Nuits) ou blanc (chablis).
Ambiance décontractée : bordeaux blanc.
Ambiance *dolce vita* : rouge de Toscane (Italie).
Ambiance sensuelle : blanc de Loire (chenin).
Ambiance sexy : côtes-du-rhône rouge.
Pour fondre de gourmandise : blanc liquoreux.

Mauvaise idée
Un gros rouge qui tache ; dents noires et mauvaise impression garantie.

La grosse fête

Bonne idée
Effervescent : champagne brut non millésimé d'une maison classique. Un crémant de Bourgogne, d'Alsace, de Loire… Un cava espagnol.
Blanc : un chardonnay du pays d'Oc.
Rouge : Languedoc ou Chili (du fruit, du fruit et de la douceur).
Rosé de Provence : surtout s'il fait chaud !

Mauvaise idée
Un grand vin délicat : dans un gobelet, on ne sent plus rien !

Le repas sérieux (famille ou patron)

Bonne idée en blanc
Pour gagner en envergure : meursault (Bourgogne).
Pour voler comme un aigle : blanc de Corse.

Bonne idée en rouge
Ambiance gendre idéal : saint-émilion (Bordeaux).
Solide poignée de main : bandol (Provence).
Les pieds sur terre : chinon ou bourgueil (Loire).
Authentique avant tout : morgon (Beaujolais).

L'apéro entre amis

Bonne idée

Une petite appellation méconnue : un jasnières de Touraine, un cadillac (liquoreux de Bordeaux, pour les amateurs de voitures) ou un pécharmant du Bergerac (pour les amis des calembours).

Un cépage oublié blanc (mauzac, dans le Sud-Ouest) ou rouge (jurançon noir, dans le Sud-Ouest, ou nielluccio, en Corse).

Un bon vin qui a mauvaise réputation : muscadet sur lie (Loire, chez un bon caviste !) ou chiroubles (Beaujolais).

Un vin pour l'été et le saucisson : rosé de Corse.

Un vin tassé dans le canapé : rioja (rouge d'Espagne).

Mauvaise idée

Le bordeaux de supermarché, image de snob ET de radin.

Un vin aromatisé : avez-vous l'âge de boire du vin ?

The big moment

Il faut fêter ça : champagne blanc de blancs.

La famille s'agrandit : montrachet (blanc de Bourgogne).

Je serai toujours là pour toi : pommard (rouge de Bourgogne).

Veux-tu m'épouser ? : chambolle-musigny (rouge de Bourgogne).

Les potes, c'est sacré : côte-rôtie (rouge du Rhône).

On ne voit pas le temps passer (anniversaire) : pauillac, saint-julien ou margaux (rouge de Bordeaux).

Je suis le plus fort : barolo (Piémont, Italie).

Et tout(e) seul(e) ?

Si vous êtes seul(e), ne buvez pas. Ou regoûtez une bouteille entamée. Cela permettra de finir les restes et d'analyser l'évolution du vin. Évitez d'ouvrir une bonne bouteille : comme le plaisir n'est pas partagé, vous risquez de vous sentir encore plus seul(e)...

VIVE LES BULLES !

À la question « le champagne est-il un vin ? », la réponse est « oui », « mille fois oui ! » Qu'il s'agisse du champagne, du crémant, du prosecco ou du cava, ces boissons effervescentes nées de la fermentation du raisin sont d'abord créées comme des vins à part entière. Les bulles viennent ensuite, grâce à différents procédés. Les vins effervescents représentent 7 % des vins dans le monde. Ils sont principalement produits en France, en Italie et en Allemagne.

Pourquoi aime-t-on faire la fête avec des bulles ?
Parce que le goût est souvent plus léger, et que les bulles apportent de la vivacité, les vins effervescents sont de bons compagnons de fête, qui ne fatiguent ni la langue, ni la tête. De plus, la plupart des champagnes, crémants et autres contiennent 12,5 % d'alcool ; les proseccos souvent 11,5 %. Les vins effervescents montent rarement à plus de 13 %, contrairement à beaucoup de vins rouges, et « assomment » moins. Certains pétillants sont parfois à 10 %, ce qui permet une montée d'ivresse plus douce.

Comment choisir ?

Une soirée importante

Rien que pour le prestige du nom, le champagne est évidemment un bon choix. D'autant que chaque producteur de champagne possède des cuvées de prestige, puissantes, qui peuvent se boire à table dans leur vrai rôle de vin. En plus, c'est un champion du vieillissement : certains champagnes millésimés peuvent être magnifiques après des décennies. Les grandes maisons proposent leurs plus beaux flacons après 10 ans de vieillissement. On trouve actuellement sur le marché des champagnes millésimes 2006, 2008, 2009 ou 2012. Une bonne idée pour fêter l'anniversaire d'une rencontre, par exemple.
Autres alternatives : un franciacorta italien, un crémant de vigneron haut de gamme.

La fête, tout simplement

Toutes les bulles sont permises. Évitez tout de même les grands champagnes, qui ne pourraient pas exprimer leurs qualités (verres inadaptés, ambiance survoltée). Un bon compromis de bulles, d'arômes fruités et de bon prix se trouve dans les proseccos… mais aussi dans les crémants. Il y en a dans presque toutes les régions viticoles de France : Alsace, Bordeaux, Bourgogne, Die (dans le Rhône), Jura, Limoux (Languedoc), Loire et Savoie, mais aussi au Luxembourg.

Un moment léger

Méthodes ancestrales et pétillants naturels seront vos alliés. La méthode ancestrale consiste à mettre le vin en bouteille alors que la fermentation est encore en cours. C'est le cas de la blanquette-de-limoux, de la clairette-de-die, des bulles de Gaillac, du bugey-cerdon. Ces vins pétillants sont souvent plus légers et un peu plus sucrés, c'est parfait pour une fête en pleine journée, un goûter entre adultes, ou même en fin de soirée. Les pétillants naturels sont faits de la même manière, mais se réclament plus du mouvement des vins naturels. Ces bulles confidentielles ont un côté rebelle inédit dans les effervescents.

Combien de sucre dans mon verre ?

Selon la mention écrite sur l'étiquette, il est possible de savoir si le vin effervescent est sucré ou non et dans quelle mesure.

Brut nature	Extra-brut	Brut	Extra-sec	Sec	Demi-sec	Doux
0-3 g/l	0-6 g/l	0-12 g/l	12-17 g/l	17-32 g/l	32-50 g/l	+50 g/l

Le prosecco, nouveau roi de la fête

Depuis 10 ans, il connaît un succès époustouflant. Les bulles italiennes séduisent dans le spritz (cocktail avec de l'aperol ou du campari), mais s'apprécient d'abord pour elles-mêmes.

Plus décontracté que le champagne, le prosecco a une image jeune et branchée, ce qui lui donne le droit de s'inviter à toutes les fêtes. Il possède aussi de grandes qualités gustatives, en plus d'être facile à apprécier pour son côté aérien.
Plutôt que du prosecco, il faut parler des proseccos, car leur diversité est immense : sec ou doux, bulle fine ou exubérante… Ils peuvent être *frizzante*, c'est-à-dire légèrement pétillants, ou *spumante*, mousseux comme un champagne. Ils peuvent être produits comme ce dernier ou dans une cuve close, ce qui est moins onéreux et le rend donc moins cher à la vente.
À base de raisin glera, tous les proseccos sont produits près de Venise. Les plus prestigieux viennent de terroirs classés en appellation DOCG : Conegliano, Valdobbiadene et d'Asolo. Ils sont mentionnés sur l'étiquette.

ON DÉBOUCHE QUAND ?

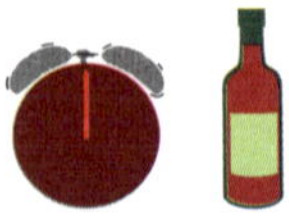

Juste avant de servir
Les blancs secs ou fruités, les rouges légers, les pétillants, les effervescents et les champagnes classiques. Il suffit de les aérer dans le verre pour qu'ils se réveillent.

1 h avant
Presque tous les vins, rouges comme blancs – sauf les effervescents –, gagnent à être débouchés une heure avant d'être servis. Il suffit de retirer le bouchon et de laisser la bouteille au frais.

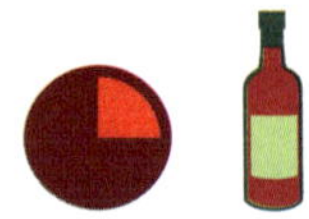

3 h avant
Les vins rouges, jeunes et intenses, de France, du Chili, d'Argentine ainsi que certains vins charpentés d'Italie, d'Espagne, du Portugal. Les plus puissants, surtout s'ils sont très jeunes, peuvent même être ouverts six heures avant le repas et carafés dans les trois dernières heures.

Pourquoi aérer un vin ?

L'oxygène est un compagnon indispensable au vin, mais c'est aussi son pire ennemi. À son contact, le vin évolue, grandit et… vieillit. En fait, sur un vin, l'oxygène a le pouvoir d'accélérer le temps qui passe.

Le vin et l'air
Le vin respire : dans la bouteille, la petite bulle d'air le séparant du bouchon le maintient en contact avec l'oxygène.
Dans un verre, le vin se frotte à l'air : les arômes s'épanouissent, les tanins se patinent tout doucement. Cela suffit pour les vins légers.

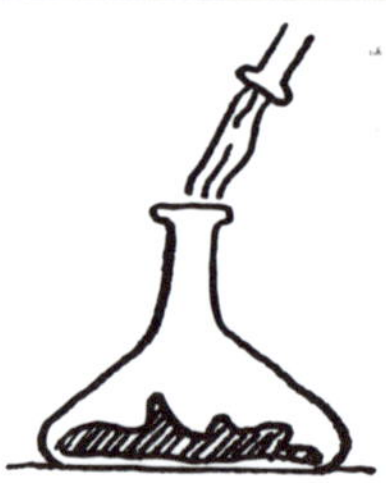

Les vins vieux et l'air
Un vin vieux, dont le bouquet et les tanins ont eu le temps de s'affiner dans la bouteille, n'a pas besoin d'être aéré. Au contraire, une oxygénation trop brutale pourrait faire évanouir ses arômes très fragiles.

Le vin et la carafe
Parfois, un vin a besoin d'être aéré plus franchement pour se réveiller et se livrer, d'où la nécessité d'une carafe. Le vin gagnera en intensité et en complexité, sa structure sera plus fondue en bouche. On peut aussi aérer les blancs et les champagnes ! Un vin blanc est plus sensible qu'un rouge à l'oxygène. Mais les blancs gras et puissants, élevés en fûts de chêne (comme les grands blancs de Californie, de Bourgogne, du Rhône, ou certains champagnes exceptionnels) gagnent à faire un court séjour en carafe.

CARAFER OU DÉCANTER ?

Le but du carafage est d'aérer le vin, tandis que le décantage permet de le séparer du dépôt qui s'est accumulé dans la bouteille. On carafe un vin jeune, on décante un vin vieux. Dans les deux cas, on vide le contenu de la bouteille dans une carafe.

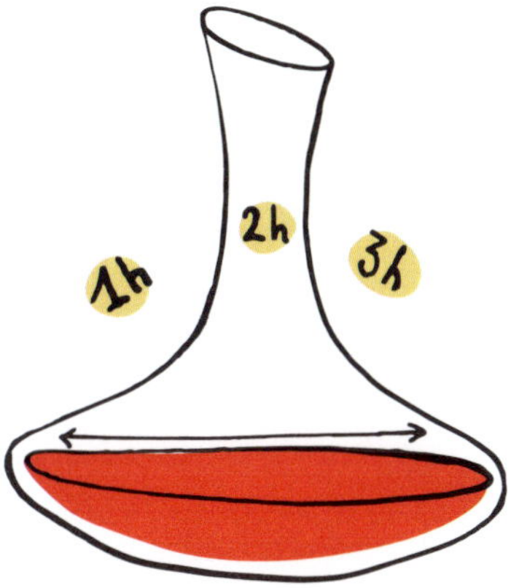

Carafer (ou aérer) un vin jeune

Pourquoi ?
Pour réveiller les arômes. Cette technique permet aussi de faire disparaître une éventuelle odeur de réduit, propre aux jeunes rouges.

Comment ?
Une heure, voire deux ou trois avant de passer à table, selon la puissance du vin, on transvase franchement le liquide de la bouteille à la carafe. On peut effectuer la manœuvre en hauteur, comme les serveurs de thé à la menthe, afin d'aérer le plus possible le vin. On peut également agiter la carafe pour que le vin se dégourdisse.

Quelle carafe ?
On utilise une carafe au ventre large, assez plate, offrant une large zone de contact entre le vin et l'air.

Décanter un vin vieux

Pourquoi ?
La décantation n'est en aucun cas obligatoire et demande beaucoup de soin.
Au fil des ans, les tanins et les agents colorants forment un dépôt dans la bouteille. Le décantage permet d'éviter de le verser dans les verres des invités.

Comment ?
On fait d'abord tomber le dépôt au fond de la bouteille en la positionnant à la verticale quelques heures avant le repas. Ensuite, on verse très précautionneusement le vin dans une carafe, avec un bon éclairage.
Dès que des traces noirâtres apparaissent près du goulot, on cesse de verser. Et on n'attend pas avant de servir.
Le décantage doit se réaliser quelques minutes avant le service, car l'oxygène peut rapidement détériorer la qualité du vin.

Quelle carafe ?
On choisit une carafe étroite, peu ventrue et à l'ouverture serrée, pour limiter le contact avec l'air.

À QUELLE TEMPÉRATURE SERVIR ?

La température de service est importante : elle influence non seulement la perception des arômes, mais aussi la sensation en bouche. Faites le test : goûtez un vin à 8 °C et à 18 °C, vous aurez l'impression qu'il s'agit de deux vins différents. Un vin servi à une température inadaptée peut même devenir franchement désagréable, soyez vigilant !

Le chaud
Accentue certains arômes, la perception de gras et d'alcool. Un vin servi trop chaud sera écœurant, lourd et pâteux.

Pourquoi ne sert-on pas tous les vins à la même température ? Parce qu'il faut s'adapter à leur caractère. Pour un vin blanc sec et peu aromatique, on cherche l'acidité et la fraîcheur. Donc, on le sert frais, voire froid. Pour un vin rouge intense et épicé, on cherche à adoucir les tanins et à mettre en valeur sa rondeur. On le sert presque à température ambiante.

Le froid
Masque les arômes, accentue la perception de l'acidité et des tanins. Un vin servi trop froid paraîtra austère, dur et peu aromatique.

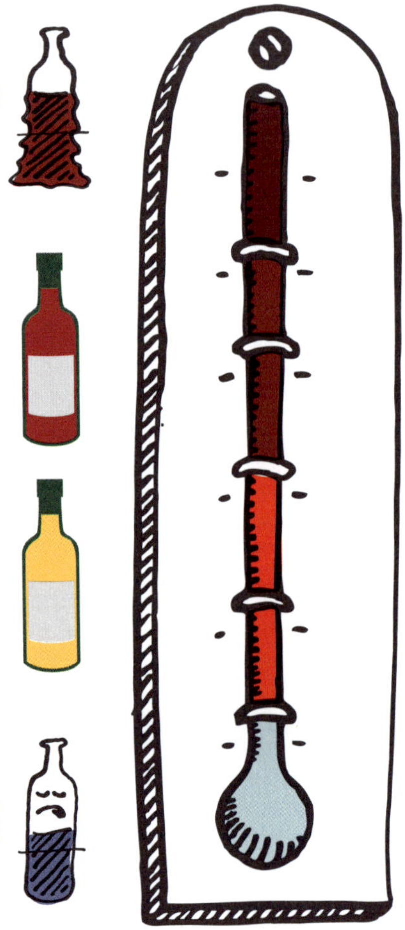

20 °C et plus : aucun vin

16-18 °C : rouges intenses

14-16 °C : rouges soyeux et fruités

11-13 °C : blancs intenses, grands champagnes, rouges légers

8-11 °C : liquoreux et vins mutés, rosés, blancs fruités

6-8 °C : effervescents, champagnes, blancs piquants et secs

Mieux vaut trop frais que trop chaud

Mieux vaut servir un vin un peu trop frais qui se réchauffera dans le verre (une fois servi, un vin peut gagner 4 °C en une quinzaine de minutes) qu'un vin trop chaud.

Vocabulaire

Que veut dire **chambrer un vin** ? Cela signifie l'amener à la température d'une chambre. Mais attention : ce terme a été inventé à une époque où les chambres étaient à… 17 °C !

Comment refroidir un vin très vite

Normalement, votre vin est entreposé dans une pièce fraîche, voire froide.
Normalement, votre vin n'est pas conservé à plus de 18 °C, idéalement, il est gardé à 15 °C.
Normalement… Maintenant, si ce n'est pas le cas, que faire ?

1 — Vous disposez de 2 à 3 h

Mettez le vin au réfrigérateur, adaptez le temps selon la température de service.

2 — Vous disposez d'1 h

Plongez la bouteille dans un seau d'eau bien froide, ajoutez des glaçons. Cette méthode sera tout aussi efficace que de mettre la bouteille au congélateur.

Autre possibilité : imbibez un torchon d'eau froide, roulez-y la bouteille et placez le tout au réfrigérateur. Le tissu mouillé accélérera la réfrigération.

3 — Vous disposez de moins d'1 h

Utilisez cette méthode express : remplissez un seau à moitié d'eau froide, à moitié de glaçons. Ajoutez une bonne poignée de sel dans l'eau, ce dernier abaissera encore plus rapidement la température.

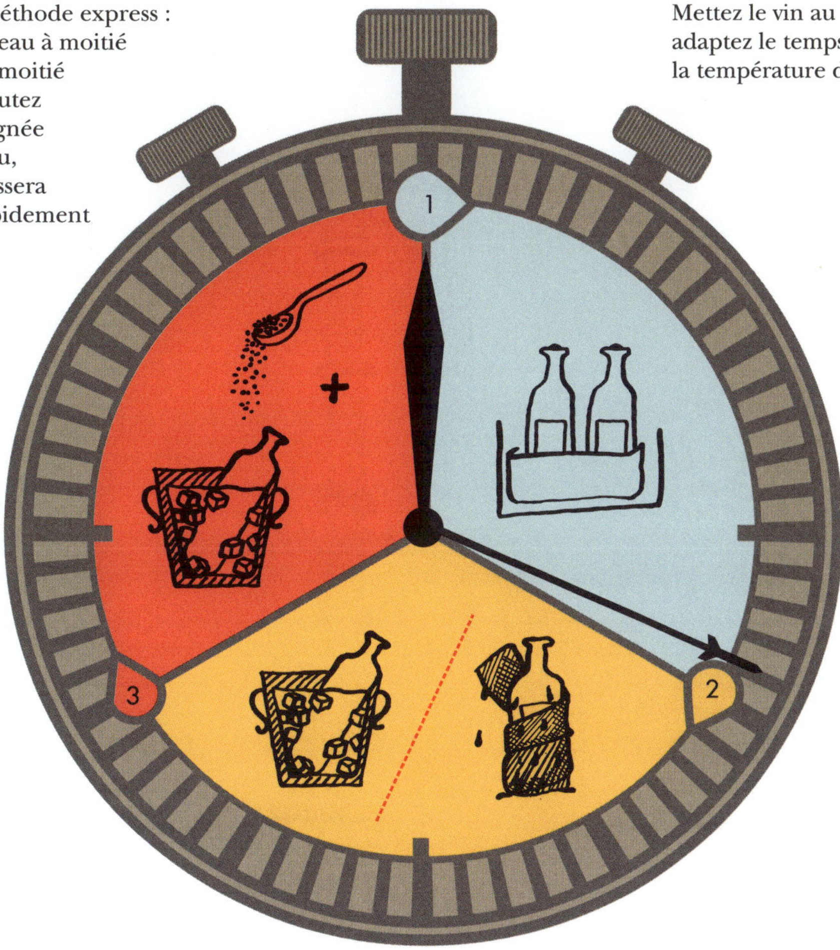

PENDANT LA SOIRÉE

On m'offre une bouteille, qu'en faire ?

Un invité arrive. Dans sa main, une bouteille. Qu'en faire ? Déjà, remerciez et sondez l'invité : si vous sentez qu'il veut goûter le vin qu'il a apporté, ne le contrariez pas. Si le vin n'est pas adapté au repas, mettez-le de côté et préparez celui que vous aviez prévu.

Si l'invité vous annonce qu'il s'agit d'une « bonne bouteille à faire vieillir », mettez-la à l'abri et promettez de l'ouvrir dans quelques années avec lui (et faites-le). Si ses intentions ne sont pas claires, à vous de voir si le vin convient ou non à la soirée.

Le vin ne convient pas

Le vin ne convient pas à ce style de soirée (bon vin pour une soirée à gobelets, par exemple). On le range pour une occasion plus appropriée.
Le vin ne convient pas avec le repas (rouge puissant avec du poisson ou blanc avec une côte de bœuf). Gardez-le pour la prochaine fois et prévoyez un repas spécialement adapté au vin.

Le vin convient

Du champagne ou un autre effervescent

Il est frais, on le débouche pour l'apéritif.

Il n'est pas frais, on le range pour la prochaine fois.

Si on a une entrée qui pourrait lui convenir, on le rafraîchit avec la méthode express (voir page précédente).

Si (et seulement si !) c'est un effervescent sucré, on le garde au frais pour le dessert.

Un blanc sec

On le refroidit en express s'il n'est pas froid, et on le sert en entrée, s'il ne s'agit pas d'une salade avec de la vinaigrette.

On le sert avec le plat s'il s'agit d'un poisson, d'une viande blanche ou de pâtes sans tomates.

On le sert avec le fromage.

Un rouge

On le met au frais, sur un bord de fenêtre ou au frigo pendant une demi-heure, et on le sert avec le plat, s'il s'agit d'une viande rouge ou d'un plat avec une sauce rouge.

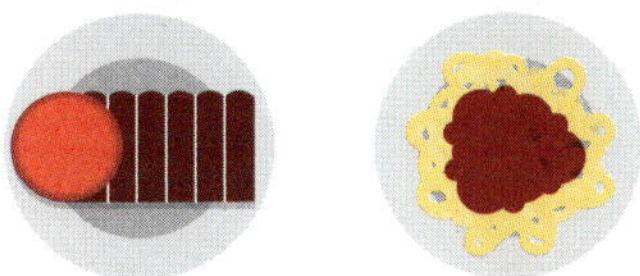

Apportez le bon vin

Un conseil : si vous voulez apporter une bouteille de vin à l'occasion d'une invitation, appelez votre hôte la veille du dîner pour connaître le ton du menu… et choisissez le vin adapté !

Un blanc liquoreux

On le met au frigo et on le sert avec le dessert.

Dans quel ordre, les bouteilles ?

L'ordre est important, car il ne faudrait pas qu'un vin vous fasse regretter le précédent ! Pour éviter cet écueil, on veille particulièrement à ne pas choquer, endormir, étouffer ni dérouter ses papilles.

Un ordre classique va du plus vif et léger au plus charpenté et puissant :
- effervescent sec ;
- vin blanc sec ;
- vin blanc intense ou vin rouge léger ;
- vin rouge intense ;
- vin sucré.

Exemple de quelques enchaînements malheureux qui desservent les seconds vins :
- un vin très sucré suivi d'un vin très sec ;
- un vin très chaud ou très lourd pour démarrer ;
- un vin puissant suivi d'un vin délicat ou léger.

Vin jeune et vin vieux

Durant un repas, mieux vaut aller du plus vieux au plus jeune. Le vieux vin a normalement plus de finesse, et on risque de passer à côté. En dégustation, faire l'inverse, car on ne mange pas. Les papilles sont donc plus alertes.

COMMENT SERVIR LE VIN ?

Quand vous débouchez une bouteille, versez-vous toujours un fond de verre avant de servir les convives. Cette politesse a deux objectifs : récupérer les éventuelles particules de liège qui auraient pu tomber dans la bouteille à l'ouverture et, surtout, goûter le vin pour vérifier qu'il n'a pas de défaut. Évidemment, si vous l'avez goûté auparavant et mis en carafe, passez-vous de cette étape.

Comme le service des plats, versez le vin d'abord aux femmes (de la plus âgée à la plus jeune), puis aux hommes (dans le même ordre).

Ne remplissez jamais un verre au-delà du tiers. Il ne s'agit pas de contrôler la consommation de vin de vos invités (quoique), mais de permettre au vin de respirer et aux arômes de s'épanouir. Donc permettre à vos invités de goûter le vin dans de bonnes conditions.

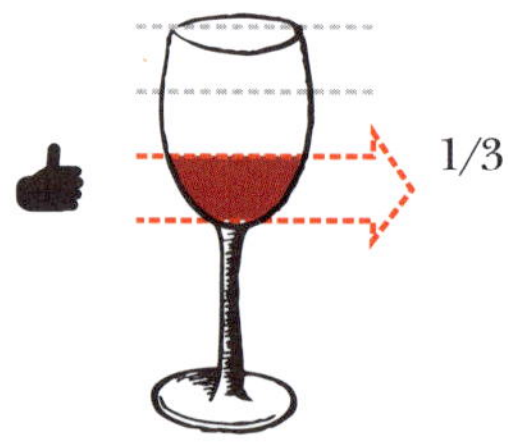

Veillez à placer un verre à eau à côté du verre à vin, si votre vaisselle vous le permet.

Avant que le verre d'un invité ne soit vide, proposez de le remplir. Si l'invité refuse, n'insistez pas.

Éviter la goutte qui coule !

La plupart des bouteilles ont une fâcheuse tendance à laisser échapper une goutte lors du service, qui coule le long de la bouteille et atterrit, invariablement, sur la nappe. Pour éviter des lessives fastidieuses, trois solutions.

Solution de prévoyance : posez sur la table un dessous de bouteille. Il en existe de très jolis en acier inoxydable ou en argent. Vous pouvez également prendre une assiette de tasse à café. Les gouttes pourront y couler sans crainte. L'important est de ne pas oublier de reposer la bouteille dessus.

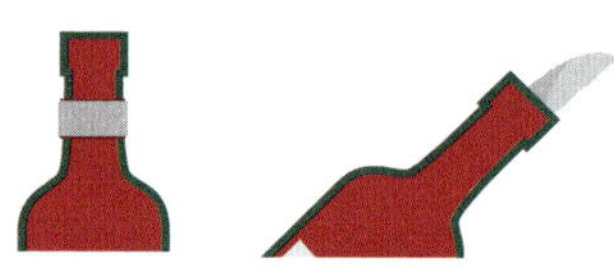

Solution instrumentale : il existe plusieurs gadgets pour absorber ou éliminer la fameuse goutte. Par exemple, l'anneau à placer autour du goulot, mi-acier, mi-velours, qui recueille le liquide. Autre instrument très pratique, le drop-stop ou stop-goutte, une feuille métallisée à rouler et à glisser dans le goulot. Elle coupe net le flux du liquide et empêche la goutte de se former.

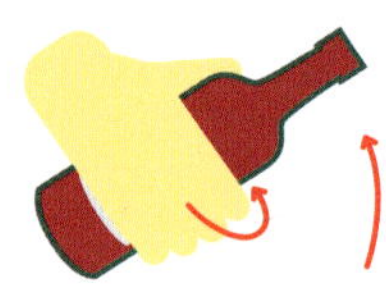

Solution manuelle : elle demande un peu d'habilité ou d'entraînement. La technique consiste, après avoir versé le vin, à effectuer un léger mouvement de rotation du poignet en relevant la bouteille. La goutte retombe ainsi dans la bouteille.

QUE FAIRE SI…

… le vin n'est pas bon ?

Il faut d'abord identifier s'il a un défaut (voir p. 50) ou s'il s'agit d'une piquette.
Il sent le vinaigre ? Direction le vinaigrier… ou l'évier.
Il est bouchonné ? Aérez-le et regoûtez-le quelques minutes plus tard (parfois, l'odeur du bouchon s'atténue, et le vin est buvable). Sinon, jetez-le.
C'est une piquette ? Quelques idées pour éviter l'évier.

Avec un vin blanc :
– faites un kir en y ajoutant un fond de crème de fruit ou de sirop : le kir classique est à la crème de cassis, mais ça fonctionne aussi avec de la framboise, de la pêche, de la violette, de la châtaigne ou de la mûre ;

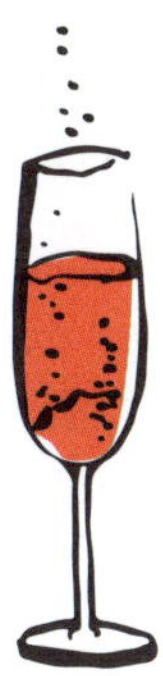

– avec un vin à bulles, c'est un kir royal ;
– avec du vin rosé et un sirop de pamplemousse, vous réalisez un kir soleil, très à la mode en été ;
– vous pouvez aussi réaliser un cocktail express : vin blanc, zeste d'orange râpé, jus d'orange, Grand Marnier.

Avec un vin rouge :
– faites une sangria en été, avec des morceaux de fruits et de la cannelle (éventuellement du sucre, de l'eau gazeuse et du porto en plus) ;
– un vin chaud en hiver, en le faisant cuire dans une casserole avec de la cannelle, du clou de girofle, du sucre et des quartiers d'orange ;
– un diabolo pinard : avec de la limonade ;
– un calimucho : 50 % de vin rouge, 50 % de cola ;
– un communard : un kir, comme avec le vin blanc.

… on ne sait pas combien de bouteilles acheter ?

Une bouteille normale (75 cl) remplit 6 verres (un verre à vin moyen contient environ 12 cl), 7 flûtes ou coupes. Selon la durée de la fête et les possibilités de chacun pour rentrer à la maison, prévoyez 3 verres par personne à une bouteille entière si la soirée doit se poursuivre jusqu'au bout de la nuit. Par respect pour la santé et la dignité de vos amis, prévoyez toujours à manger.

… on n'a que des gobelets ?

Si vous n'avez pas encore acheté le vin, préférez un vin très fruité et très rond, un vin de cépage. Demandez à votre caviste un vin en « macération carbonique », dont la vinification vise à faire ressortir le fruit.

… il n'y a pas de seau pour refroidir le vin ?

Situation courante sur les terrasses des cafés modestes. Demandez un bol de glaçons : mettez-en un ou deux dans un verre vide, faites-les tourner sur toute la paroi. Quand vous voyez de la buée se former, remettez ce qu'il reste du glaçon dans le bol et versez le vin. Le verre transmettra sa fraîcheur au liquide et lui fera perdre quelques degrés en trois minutes. Si on vous a servi un vin au verre, demandez un verre vide supplémentaire et effectuez la même opération.

ORGANISER UNE SOIRÉE DÉGUSTATION

L'intérêt d'une soirée dégustation est de pouvoir comparer des vins à l'œil, au nez et au palais.

Dans un premier temps, il s'agit de bien faire la différence entre deux vins que tout oppose. Puis, l'expérience aidant, vous pourrez vous diriger vers des dégustations plus pointues. Pour chaque dégustation, veillez à mettre, sauf exception, le même prix dans les deux vins : 10 € environ pour des vins classiques, 25 € pour des belles bouteilles (cela paraît cher mais, si vous êtes 5, pour 2 bouteilles, cela vous reviendra à 10 € chacun).

Pour débutants

Grands vins rouges

25 €/bouteille
Un bordeaux contre un bourgogne. Ils doivent avoir à peu près le même âge. Normalement, la différence saute à l'œil, au nez et à la bouche : le bourgogne est plus clair, il sent la cerise, la fraise, voire le champignon, tandis que le bordeaux, plus sombre, verse dans des arômes de fruits plus noirs comme le cassis, de fleurs comme la violette, de tabac, de cuir. En bouche, le bordeaux a plus de structure, il est plus tannique, tandis que le pinot sera plus acide, plus délicat et plus aérien.

Rouge toujours

10 €/bouteille
Un bourgueil contre un cairanne. Le premier vient du Val de Loire et est à base de cabernet franc, le second vient du sud des Côtes-du-Rhône et est souvent à base de syrah et de grenache.
Le premier exprimera la griotte, la framboise, la réglisse, peut-être un peu le poivron.
En bouche, il aura de la fraîcheur, du croquant. Le second sentira la cerise noire, la mûre, le poivre et d'autres épices.
En bouche, il sera chaleureux, presque sucré, rond, plus puissant.

Classique en blanc

12-15 €/bouteille
Un bordeaux contre un bourgogne de la Côte de Beaune. Le premier, produit à partir du sauvignon et du sémillon (ou de la muscadelle), aura une expression aromatique intense de citron, de tilleul et parfois d'ananas. Il sera souvent plus pâle.
À l'inverse, le chardonnay bourguignon, légèrement plus coloré, sera plus discret au nez. Il pourra dégager des arômes d'acacia, de meringue citronnée, de beurre.
En bouche, le premier est vif, rafraîchissant ; le second est plus gras, ample et onctueux sur la langue.

À travers les âges

10 €/vin jeune
18 €/vin vieux
Un vin jeune contre un vin vieux. Choisissez deux vins de la même région et appellation, la moins étendue possible (un pomerol plutôt qu'un bordeaux, un chablis plutôt qu'un bourgogne), et, mieux, du même domaine viticole. Les deux vins doivent avoir au moins 5 ans d'écart. Le vin jeune aura des arômes fruités et fleuris, avec peut-être du boisé.
Le vieux, peu de fruits et de boisé, mais des arômes de cuir, de tabac, de champignons, de fourrure… Le premier sera plus joyeux, le second plus paisible.

Pour goûteurs confirmés

À saute-mouton dans les appellations

Comparez plusieurs bourgognes blancs : un chablis, un meursault, un saint-véran. Mesurez les différences : la précision du chablis, l'ampleur du meursault, la bonhommie du saint-véran. Autre possibilité : les rives de la Gironde. Comparez la structure élégante d'un médoc et la souplesse aimable d'un saint-émilion.

Un cépage à travers les pays

Goûtez un pinot noir de Bourgogne, d'Afrique du Sud, d'Oregon, et découvrez-le tantôt sec, tantôt chaud, tantôt avec une pointe de sucre.

Pour spécialistes

Organisez une verticale

Prenez le même vin (du même domaine ou château) dans trois années différentes, et tentez d'identifier les millésimes selon sa chaleur, son acidité, la maturité des fruits.

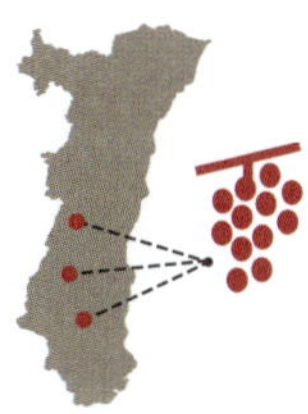

Identifiez les terroirs

Prenez trois riesling d'Alsace de différents terroirs, étalés du nord au sud de la région. Par exemple, des grands crus de kirchberg-de-ribeauvillé, de sommerberg et de kitterlé.

Dégustation de « vins pirates »

Des vins qui n'ont pas l'air d'être ce qu'ils sont vraiment. Par exemple, un saint-bris, la seule appellation bourguignonne où l'on produit du vin à base de sauvignon ; un chardonnay de Limoux, dans le Languedoc-Roussillon, où certains blancs sont d'une fraîcheur éclatante ; un crémant blanc de blancs du Jura ; un vieux bandol, dont la puissance vous fera errer du côté du Sud-Ouest ; un cabernet-sauvignon californien vinifié « à la bordelaise »...

À LA VÔTRE !

Pourquoi trinque-t-on ?

Cette coutume remonte au Moyen Âge. À cette époque, le poison était couramment employé pour éliminer ses ennemis. Trinquer était en fait un moyen de s'assurer des bonnes intentions de tous les convives : lorsqu'on entrechoquait vigoureusement les verres, un peu du contenu de chaque gobelet passait dans un autre.
Dans ces conditions, aucun buveur ne prendrait le risque d'empoisonner son voisin ! Trinquer est donc une preuve de confiance.

Tchin, tchin !

Cette expression est souvent utilisée en trinquant. Son origine varie selon les interprétations. Il peut s'agir d'une simple onomatopée reproduisant le bruit des verres qui se cognent. Ou d'un dérivé du chinois *qing qing*, « je vous en prie », expression employeé pour inviter quelqu'un à boire et rapportée en France sous Napoléon III.

LE VIN ET LA RELIGION

Le christianisme
Le vin est au cœur des rituels chrétiens. Le premier miracle de Jésus-Christ a d'ailleurs lieu durant les noces de Cana : il transforme l'eau en vin. Le Christ a fait du pain et du vin les symboles de l'alliance entre Dieu et les hommes. Lors de l'Eucharistie dominicale, le vin est le sang du Christ : « Il prit ensuite une coupe. Il la leur donna, en disant : "Buvez-en tous, car ceci est mon sang." » Pour autant, Jésus est partisan d'une « sobre ivresse » et réprouve l'abus de vin.

Le judaïsme
Lors des mariages et des circoncisions, le vin ritualise le début et la fin des cérémonies. À l'entrée du shabbat, on remercie Dieu, « roi de l'univers, créateur du fruit de la vigne », en tenant le kiddouch, une coupe de vin. Durant Pessah (la pâque juive), il faut boire quatre verres de vin ! Mais le judaïsme montre également une certaine méfiance devant les conséquences de l'excès de vin, entraînant ivresse, débauche et idolâtrie.

L'islam
L'islam a une relation ambivalente avec le vin. Il est un délice promis au paradis : « des fleuves de lait et de vin » couleront en abondance. Le vin est encore toléré au début de l'ère coranique, mais il devient rapidement un péché et une boisson impie sur terre, qui éloigne les hommes de la prière : « Dieu a maudit le vin. » Si cette loi divine a parfois été contournée, selon les époques et les courants politiques, le vin et l'alcool en général restent un interdit absolu.

Les religions de l'Extrême-Orient
Si l'alcool (et le vin) est toléré par l'hindouisme, il est expressément condamné par le bouddhisme.
En revanche, dans le taoïsme (Chine), le vin, et même l'ivresse, sont considérés comme faisant pleinement partie de la vie. Dans le shintoïsme (Japon), à défaut de vin, c'est l'alcool de riz qui est utilisé dans les cérémonies telles que le mariage ou les offrandes aux dieux.

Parler du vin : les phrases qui marchent à tous les coups

Vous rêvez de briller en société, de commenter n'importe quel bon vin sans rien savoir de l'art de la dégustation ? Prenez une de ces phrases au hasard, et répétez-la avec un air convaincu. Après, si vous tombez sur un expert qui vous demande de détailler votre pensée… débrouillez-vous !

Un vin joliment vinifié !

Un très beau reflet de son appellation.

Le nez est de noble expression, la bouche est dense et la structure longue et profonde.

L'attaque est souple et la bouche est admirable, avec une superbe persistance.

Un vin qui a une superbe minéralité !

Un vin de caractère ! La bouche ravit le palais, est riche et harmonieuse, on apprécie sa longueur.

Un nez intense, une grande qualité aromatique. En bouche, il y a de la matière mais pas de mollesse, grâce à sa tension et à ses tanins élégants !

Ce vin, à la belle robe profonde, présente un nez somptueux, expressif, d'une grande maturité. La chair est gourmande, la texture est soyeuse.

Un vin équilibré mais tendu !

La robe est magnifique, le nez est expressif, la bouche est droite et franche.

Un vin expressif qui vieillira à merveille.

Un vin dense, de belle robe, à l'attaque souple au grain fin. Un style affirmé !

Le nez est encore un peu fermé mais il révèle déjà une grande pureté. On a hâte qu'il se détende !

Son aspect variétal se mêle avec grâce à la signature du vigneron.

La robe est profonde, le nez est fruité et la bouche est ample : quelle complexité !

Quelle magnifique expression du terroir !

APRÈS LA SOIRÉE

Enlever les taches

Et là, c'est le drame ! La soirée avait pourtant bien démarré, avant que ce vin n'atterrisse sur votre chemise préférée.

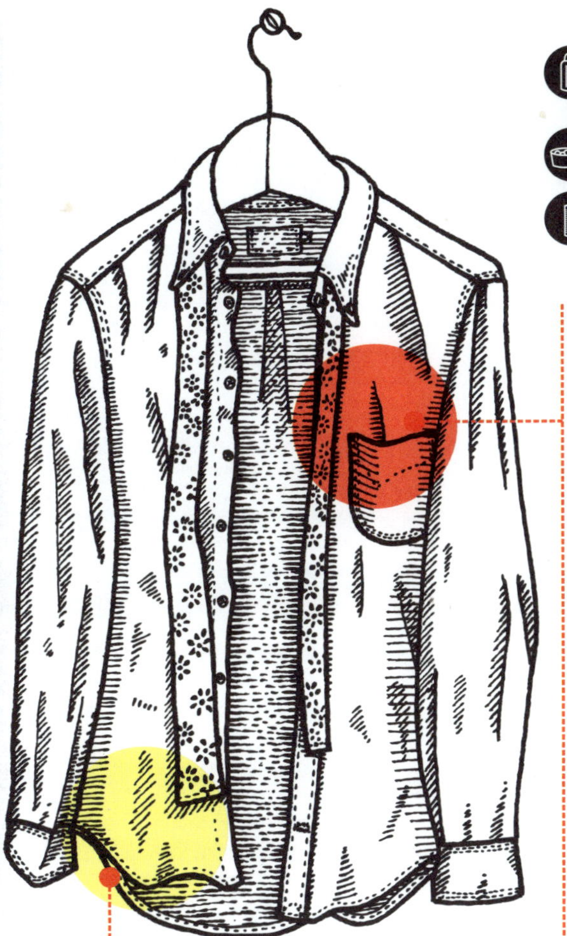

Si c'est un vin rouge ou un rosé, c'est ennuyeux.
Si la tache est fraîche (moins de 10 minutes), **on oublie** :

- le sel : il décolore le tissu, brûle les fibres et, finalement, fixe la tache.

- l'eau bouillante : surtout si le tissu est délicat.

- la javel et le bicarbonate : sauf si c'est un tissu blanc.

On commence par : éponger au maximum avec du papier absorbant. Ensuite… Soit on sacrifie une **bouteille de vin blanc**. L'idéal est d'avoir toujours, dans un placard, une bouteille de vin blanc bien acide, tiède et à demi-entamée. On verse le vin blanc dans une bassine et on y trempe le vêtement taché. On laisse agir pendant une ou deux heures, voire plus, en frottant régulièrement la tache. Puis on passe le linge en machine.

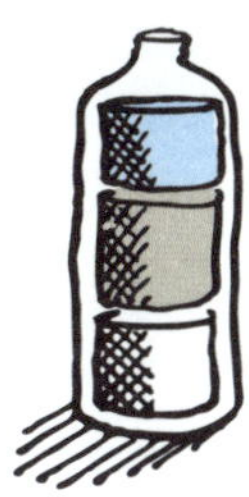

Soit on prépare un **remède maison**. Dans une bouteille, mettre 1/3 d'eau, 1/3 d'alcool ménager et 1/3 de vinaigre de vin blanc. L'idéal, là aussi, est d'avoir toujours une bouteille de ce mélange à portée de main. On procède de la même manière : on verse le mélange dans une bassine et on y fait infuser le vêtement avant de le passer à la machine

Dans les deux cas, le processus est le même : l'acidité et l'alcool dissolvent les anthocyanes (en favorisant leur solubilisation et leur décoloration), responsables de la couleur tenace du vin.

Si c'est du vin blanc ou du champagne, ce n'est pas grave. Ils ne tachent pas vraiment, au pire, ils laissent des auréoles qui partiront au lavage.

Si la tache est sèche
On ne touche à rien et on apporte le vêtement le plus rapidement possible dans un pressing.

Laver les verres

Qu'est-ce qu'un verre à vin bien nettoyé ? C'est un verre propre, bien sûr, sans traces, mais aussi (et surtout) sans odeur !

Lavage

Laisser du liquide-vaisselle au fond des verres ou des traces de mousse pour être sûr qu'ils sont propres. Cela donne une odeur de savon au vin.

NON

Passer les verres au lave-vaisselle avec beaucoup de liquide de rinçage. Cela donne une odeur très désagréable et un goût amer au vin.

BOF

OUI

Passer les verres à l'eau très chaude tout de suite après la fin de soirée. Ainsi, vous n'aurez même pas besoin d'utiliser de détergent. Passez une éponge simplement sur le buvant du verre et laissez sécher sur un égouttoir ou essuyez directement au torchon en insistant sur le bord pour effacer les traces laissées par les lèvres. Plus l'eau est chaude, moins il y aura de traces en séchant.

Rangement

Quand les verres sont secs, suspendez-les tête en bas si vous possédez des rails à verre ; posez-les sur le pied si vous avez un placard.

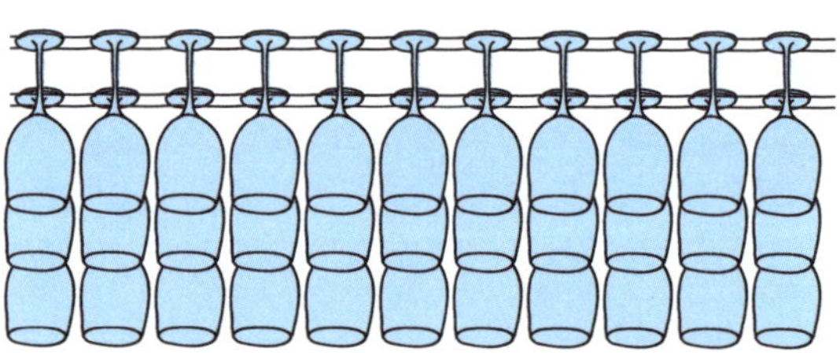

Évitez de conserver vos verres dans un carton : ils vont en imprégner l'odeur. Si vous ne pouvez pas faire autrement, rincez-les à l'eau avant de servir le vin.

Ne posez jamais vos verres à vin tête en bas sur une étagère : le ballon pris au piège va absorber les odeurs de l'étagère et les transmettra au vin lors de la prochaine soirée.

CONSERVER LE VIN APRÈS OUVERTURE

Il reste du vin à la fin de la soirée ? Ne vous forcez pas à terminer la bouteille. Une bouteille de vin blanc à moitié pleine peut tenir trois ou quatre jours dans un réfrigérateur, si elle est solidement rebouchée. Les rouges peuvent aussi tenir quatre jours s'ils sont conservés dans un endroit frais et à l'abri de la lumière, et jusqu'à une semaine dans un frigo.

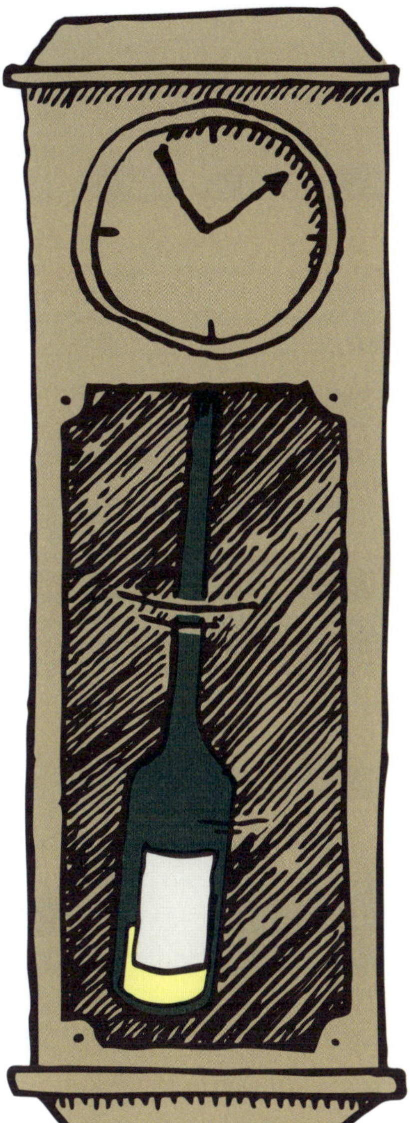

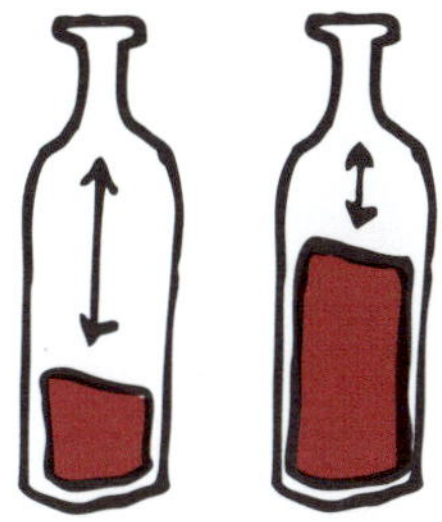

Il faut tenir compte de la quantité de vin restant dans la bouteille… et de la quantité d'air désormais présente. Plus la bouteille est remplie, mieux elle se conservera.

Si elle est quasiment vide, l'air présent s'attaquera rapidement au fond de vin et le tuera.

Vous pouvez également rallonger la durée de vie d'une bouteille de trois ou quatre jours à l'aide d'une foule d'outils disponibles dans le commerce.

Outre les bouchons pressions, il y a, plus efficace, ceux qui font le vide, supprimant ainsi un maximum d'oxygène dans la bouteille. Il existe aussi des bonbonnes de gaz (azote et dioxyde de carbone) à vaporiser dans la bouteille pour en chasser l'oxygène. Quant au champagne, il existe des bouchons spéciaux pour conserver son effervescence pendant au moins 48 h.

Cuisiner avec le reste du vin

Un reste de vin qui séjourne depuis moins de 10 jours au frigo peut toujours être réutilisé en cuisine. Voici quelques idées.

Avec du vin rouge, vous pouvez préparer :

– des œufs en meurette ;
– n'importe quel plat avec une sauce au vin : coq au vin, bœuf bourguignon, ragoût du pauvre homme (comme un bœuf bourguignon, mais sans bœuf : lardons et oignons revenus dans une cocotte, des pommes de terre coupées en quartiers mouillées avec le vin, un peu d'eau et un bouquet garni, à laisser mijoter jusqu'à ce que ce soit bien fondant) ;
– des poires au vin avec des épices, des fraises au vin rouge avec du sucre et de la vanille ;
– des confitures.

Avec du vin blanc sec, vous pouvez préparer :

– du sauté de veau ou de porc aux champignons ;
– un poulet aux morilles ;
– un osso-bucco ;
– des moules marinières ;
– des Saint-Jacques au beurre blanc ;
– un risotto ;
– un poisson poché ;
– des spaghettis au thon ;
– des cuisses de grenouilles ;
– une fondue au fromage.

Avec du vin blanc moelleux :

– un sabayon ;
– une compote de poire au vin doux ;
– une salade de fruits ;
– un gâteau aux pommes et au vin ;
– une cuisse de poulet au vin doux ;
– un foie gras.

Avec du champagne :

– les mêmes préparations qu'avec du vin blanc sec ou sucré, selon le caractère du champagne.

SOIGNER SA GUEULE DE BOIS

La seule façon réellement efficace de lutter contre la gueule de bois est… d'empêcher son apparition.

D'où vient la gueule de bois ?
Mal au crâne, envie de vomir, crampes, sensation de fatigue intense ?
Et vous avez bu quelques verres la veille ? Pas de doute, vous avez la gueule de bois.
La première cause est toute simple : vous êtes déshydratés, c'est une conséquence classique de l'élimination de l'alcool par les reins. À cette gêne s'ajoutent les effets d'une hypoglycémie, les conséquences de substances inhérentes à l'alcool, comme le méthanol et certains polyphénols ainsi que d'autres substances particulièrement présentes dans les alcools de mauvaises qualités (vins et autres) : sulfites en grande quantité, additifs…

Que faire le soir même ?
Boire de l'eau, beaucoup d'eau AVANT de se coucher. Un demi-litre si possible, un litre, c'est encore mieux. C'est la règle la plus importante et la plus efficace pour contrer l'apparition des maux de tête. Elle est simple… à condition d'avoir encore assez de présence d'esprit pour y penser. Si vous le pouvez, pensez aussi à préparer une bouteille d'eau sur votre table de chevet. Si, dans votre sommeil, vous sentez que vous avez soif, buvez !

Que faire le lendemain ?
Au réveil, mangez une banane ou prenez de la vitamine C. Vous avez besoin de récupérer des vitamines, mais il est possible que vous ayez des brûlures d'estomac, avec l'acidité des boissons ingurgitées la veille. Évitez alors le jus d'orange, qui ne fera qu'empirer les brûlures, et rabattez-vous sur un fruit bourré de protéines, de vitamines et de sucre : la banane.
Sinon, buvez un bouillon ou une soupe chargée en minéraux. Les huîtres seraient également extrêmement efficaces pour leur teneur en zinc.

Soigner le mal de ventre
Si vous avez mal au ventre, diluez une cuillère à café de bicarbonate de sodium dans un verre d'eau. Vous limiterez ainsi les dégâts de l'acidité.
Buvez une tisane détox ou une camomille. Le thé et le café sont trop diurétiques et accentuent la déshydratation.
Mangez du riz. Il tapisse l'estomac et apporte des sucres lents dont vous allez avoir besoin pendant la journée.

En dernier recours
Tentez un Bloody Mary. Préparez ce cocktail à base de jus de tomate, vodka (ayez la main légère), céleri et Tabasco. La vitamine C de la tomate requinque, et la vodka, pauvre en méthanol, coupe la descente d'alcool. Mais cette solution est loin de faire l'unanimité.

« J'aime beaucoup ce vin ! Ce qui me plaît, c'est…
– Oui ?
– Cette odeur de…
– De ?
– De vin ! Cette bonne odeur de vin ! »

Scène vécue par des millions de personnes. Dont Gustave. Gustave aime le vin, mais il n'y connaît rien de rien. Alors il se contente d'un « c'est bon », ce qui n'est déjà pas mal. Pourtant, Gustave aimerait bien, quand il goûte un verre, savoir quoi en penser et quoi en dire. Gustave n'a pas l'oreille musicale, mais cela n'a aucune importance dans le vin. Il suffit qu'il utilise avec brio ses autres sens : ses yeux affûtés, son nez bien mouché, son palais briqué et sa langue impatiente.

Se concentrer pour regarder, sentir, goûter et ressentir. Puis qualifier chaque étape d'un adjectif. Un seul, au début, c'est suffisant. Il se rend alors compte que la dégustation n'est pas bien compliquée, à condition de s'entraîner régulièrement (et non « excessivement »).

En soirée désormais, Gustave ne hurle pas des « oh ! » et des « ah ! » en se collant le nez sur le verre pour épater plus que nécessaire. Il évalue vite le caractère du vin et profite de sa soirée. Puis, avant chaque gorgée, il prend quelques secondes pour le dévisager du nez et de la bouche afin d'en surveiller l'évolution. Gustave ne boit pas plus, mais il goûte mieux. Il ne juge cet invité ni sur son apparence ni sur son nom. Il fait simplement connaissance avec le vin.

Ce chapitre est pour tous les Gustave.

GUSTAVE

APPREND LA DÉGUSTATION

Les robes du vin • Les arômes du vin
Dans la bouche • Trouver le vin de ses rêves

LES ROBES DU VIN

Pourquoi les amateurs de vins contemplent-ils leur verre avant de boire ? Ce n'est pas pour se donner un air pénétré. Ni pour s'admirer dans le reflet. Vous regardez la couleur d'un vin parce que celle-ci vous en dit long sur l'état de ce que vous vous apprêtez à boire. Avant d'entrer dans un magasin de vêtements, vous regardez la robe en vitrine. Là, c'est pareil, vous regardez la robe.

La couleur et sa nuance

Pour faire comme les pros

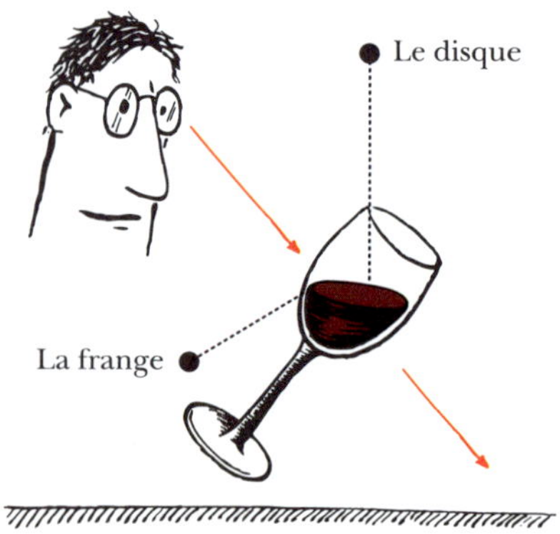

Pour mesurer la couleur d'un vin, placez le verre devant une nappe blanche. Vous observerez alors le disque ou la frange qui borde le vin. À travers la nuance de sa couleur, le vin vous parle de son âge.

Quelles nuances ?

Vin jeune s'il possède une nuance violette pour un rouge, verte pour un blanc.

Vin à son apogée s'il est rouge/rubis/grenat ou citron/doré/paille. Il est temps de le déguster.

Vin vieux (voire trop vieux) s'il tend vers le tuilé ou l'orangé, en rouge comme en blanc.

Vocabulaire

La nuance d'un vin blanc est (au choix) : verte, grise, citron, paille, dorée, miel, cuivrée, ambrée, marron.

La nuance d'un vin rouge est (au choix) : violacée, pourpre, rubis, grenat, cerise, fauve, acajou, tuile, orangée, marron.

Les vins vieux

Attention, un vin vieux ne signifie pas forcément qu'il a plus de dix ans. Selon son squelette et selon la vie qu'il a menée, il vieillit plus ou moins rapidement. S'il a été exposé à de forts écarts de température, s'il a pris l'air ou la lumière, il sera vieux plus tôt qu'une bouteille jumelle reposant peinarde dans une cave à 12 °C. De plus, certains vins sont nés pour vivre longtemps. À 10 ans, ils auront encore le teint frais. D'autres, au contraire, seront à leur apogée… dès la première année.

La couleur et son intensité

L'intensité et l'âge du vin

Comme la nuance, l'intensité de la couleur témoigne de l'âge du vin. Un vin rouge a tendance à perdre ses pigments colorants en vieillissant. Ils précipitent et forment un dépôt au fond de la bouteille. À l'inverse, un blanc prend de la couleur avec l'âge. Ainsi, les robes d'un rouge et d'un blanc ont tendance à se confondre après plus d'un siècle.

L'intensité et l'origine du vin

Même s'il existe des vins qui échappent à cette règle, l'intensité parle souvent de l'origine d'un vin. Fréquemment, le raisin qui grandit sous des latitudes fraîches donne un vin à la couleur plus légère que sous un soleil de plomb. Les cépages utilisés pour produire du vin varient selon les régions et les climats. Les raisins qui résistent à la chaleur ont la peau plus épaisse, davantage chargée de pigments colorants que les raisins qui poussent dans le froid.

Vin généralement léger et/ou délicat issu d'un climat frais (ex. : vin de Bourgogne)

Vin généralement fruité issu d'un climat doux (ex. : vin de Bordeaux)

Vin généralement puissant issu d'un climat ensoleillé (ex. : malbec du Sud-Ouest)

Vin généralement vif et croquant issu d'un climat frais ou tempéré (ex. : sauvignon de Loire)

Vin généralement rond et aromatique issu d'un climat tempéré ou élevé en fût (ex. : vin de la Côte de Beaune)

Vin généralement puissant et élevé longtemps en fût ou liquoreux (ex. : sauternes)

La couleur n'indique rien sur l'origine du rosé.

Vocabulaire

L'intensité d'un vin est (au choix) : pâle, légère, soutenue, foncée, profonde, très sombre.

L'intensité et le goût du vin

Un vin clair sera souvent plus acide et plus fin qu'un vin foncé. Et un vin sombre sera, la plupart du temps, plus fort en alcool, plus gras, plus sucré ou plus tannique.

Et la couleur d'un rosé ?

Elle n'indique rien ! Contrairement au blanc et au rouge, la couleur d'un rosé dépend de l'envie du producteur. C'est lui qui stoppe la coloration quand il veut. Pour obtenir du rosé, on se sert de raisins rouges (on ne mélange pas le vin blanc et le vin rouge, sauf pour le champagne). C'est la peau du raisin qui colore le jus, la chair est incolore. Plus les peaux des raisins infusent avec le jus, plus le raisin choisi est foncé, et plus le vin sera coloré. Pour obtenir un rosé pâle, à l'inverse, on sépare rapidement le jus de la peau.
Un rosé très foncé est parfois, mais pas toujours, plus « fort » en goût ou en alcool qu'un rosé pâle. Sachez enfin que la robe d'un rosé obéit à des modes. Après une vogue de rose très soutenu, les bouteilles affichent désormais des teintes de plus en plus pâles.

Vocabulaire

Un rosé est (au choix) : gris, abricot, pelure d'oignon, saumon, bois de rose, chair, pivoine, corail, cerise, groseille, grenadine, framboise, cuivré.

LA BRILLANCE ET LA LIMPIDITÉ

Après avoir observé la couleur, sa nuance et son intensité, regardez les reflets et la limpidité : y a-t-il des matières en suspension ou un voile léger ?

Les reflets dans le vin

Dans de rares cas, une maladie microbienne rend le vin très terne et impropre à la consommation. Mais, le plus souvent, la brillance n'est qu'une qualité esthétique et n'indique rien sur la qualité gustative.

Le dépôt au fond de la bouteille

Ce n'est pas grave. Ce sont des éléments instables qui ont précipité en matière solide. Il peut s'agir de cristaux de tartre (pour les vins blancs), de tanins ou de matières colorantes (pour les vieux vins rouges). Dans tous les cas, ça ne gâche pas le vin et ne doit pas vous empêcher de le boire. Bien sûr, ce n'est pas très agréable sous la dent, alors évitez de vider le fond de la bouteille dans le verre du voisin.

Les matières en suspension ou un vin flou

C'est de plus en plus fréquent et, paradoxalement, de moins en moins grave. Hier, tous les vins étaient filtrés avant d'être mis en bouteille. Un trouble était donc anormal. Aujourd'hui, de plus en plus de producteurs de « vins naturels » ne filtrent plus leurs vins. Ils présentent donc un voile naturel peu séduisant, sans que cela n'entache leur goût. Souvent, les vignerons qui ne filtrent pas le précisent sur l'étiquette, en ajoutant la mention « un léger voile peut apparaître ». En revanche, si le vin est franchement trouble, méfiance.

V Vocabulaire

Un vin est (au choix) : cristallin, limpide, voilé, trouble.

LES LARMES, LES JAMBES DU VIN

Vous ne pouvez pas aimer les jambes d'un vin sans aimer… ses larmes. Jambes et larmes sont deux termes qui désignent une chose identique : les traces laissées par le vin sur la paroi du verre. Pour les observer, il suffit de remuer deux fois votre verre. Et d'admirer les belles jambes de votre vin. S'il en a.

Que signifient les larmes du vin ?

Les larmes indiquent le degré d'alcool et la quantité de sucres. Plus il y a de larmes, plus le contenu de votre verre est chargé en alcool ou en sucre. Un muscadet ne laissera presque pas de traces, tandis qu'un costières-de-nîmes pleurera tout son saoul. Pour avoir un point de comparaison, vous pouvez vous servir un verre d'eau et un verre de rhum. La différence est flagrante.

Le degré d'alcool

Si cette technique permet d'avoir une idée du degré d'alcool de votre vin, cela ne signifie pas forcément que vous le sentirez en bouche. Parmi les vins qui boxent dans la catégorie des plus de 14 % d'alcool, les meilleurs compensent en offrant également une forte acidité et une belle structure tannique. Ainsi, ces vins ne vous brûleront pas la gorge, mais vous sembleront étrangement… équilibrés.

Attention, la propreté d'un verre peut tout changer

Un verre sale avec des traces de graisse provoquera davantage de larmes. À l'inverse, s'il reste des résidus de savon, le vin prendra ses jambes à son cou !

L'EFFERVESCENCE

L'effervescence ne concerne bien sûr que les vins… effervescents ! La bulle est la star de cette étape.

La taille des bulles

La taille des bulles vous donne une indication sur l'âge du vin effervescent que vous vous apprêtez à goûter. Quand la bulle est fine, elle témoigne d'une fermentation soignée et d'un long vieillissement en cave. Mais de récentes études ont révélé un phénomène surprenant : plus la bulle monte dans le verre et plus elle grossit. La taille de la bulle de champagne qui éclate à la surface peut donc varier selon la hauteur du verre choisi. N'hésitez pas à observer le trajet de l'une d'entre elles.

La quantité de bulles

La quantité de bulles visibles dans un verre dépend… de la propreté du verre ! Incroyable mais vrai, plus un verre est propre, moins il y a de bulles qui s'en échappent. Dans un verre parfaitement lisse, il n'y a pas de bulles du tout. Elles n'apparaissent qu'en bouche ! À l'inverse, un verre un peu sale ou nettoyé au chiffon bullera énormément.
En effet, les bulles se forment grâce aux aspérités microscopiques de la paroi. Ainsi, les sommeliers recommandent de sécher vos verres au torchon afin que de minuscules fibresde coton s'y déposent et accrochent les bulles. Vous pouvez aussi frotter le fond avec du papier de verre.

Les bulles en bouche

Ne perdez pas votre temps à compter les bulles. Il est préférable de les juger directement dans la bouche : délicates, agressives, molles…

N.B. Des bulles là où il ne devrait pas y en avoir

Vous sentez des bulles alors que le vin n'est pas censé en avoir ? C'est normal pour les vins très jeunes. Il s'agit d'un reste de gaz carbonique produit pendant la fermentation alcoolique. Il disparaît en agitant le verre.

V Vocabulaire

Quand un vin n'est pas **effervescent**, on dit qu'il est tranquille. Un vin **tranquille** qui a gardé un peu de CO_2 perceptible en bouche est décrit comme **perlant**.

LES ARÔMES DU VIN

Il est temps pour Gustave de pénétrer dans l'antichambre du plaisir. Sentir un vin est parfois aussi excitant que de le boire. Un jour, peut-être, vous hésiterez même à y tremper les lèvres de crainte d'être déçu tant le parfum était exquis. Sentir un vin, c'est accepter d'être séduit. Avant même d'y goûter.

Comment sentir le vin ?

– 1 –

Le 1er nez du vin
Ce sont les arômes qui se dégagent lorsque le vin est au repos. Lors d'une dégustation, ne remplissez jamais le verre au-delà du tiers. Il faut que les arômes aient de la place pour s'exprimer.

– 2 –

Libérez les arômes
Aérez le vin pour libérer davantage d'arômes. Remuez le verre en formant un petit cercle avec le pied, sur une table ou en l'air (pour les plus habiles).

– 3 –

Le 2e nez du vin
Ce sont les arômes qui peuvent apparaître ou différer après aération. Normalement, les odeurs sont plus nettes et plus intenses. Si elles restent peu perceptibles, secouez encore plus vigoureusement : le vin est sans doute endormi, on dit qu'il est **fermé**.

Pour un très vieux ou un très grand vin
Évitez de le secouer dans le verre, vous risquez de l'épuiser. Penchez doucement le verre et sentez le vin à différents endroits : au centre, sur les bords… cela suffit à percevoir toute la complexité du bouquet.

Renifler plutôt qu'inspirer

Pour sentir un vin, ne prenez pas de grandes inspirations, au risque de saturer votre nez. Pensez plutôt… à Pluto, ou tout autre chien qui renifle une piste : il faut humer doucement à plusieurs reprises, en laissant votre esprit le plus ouvert possible. Fermez les yeux si cela peut vous aider à vous concentrer. Ne vous focalisez pas sur une odeur en particulier, laissez les arômes vous envahir.

On en parle…

Dans le vin comme dans la vie, le vocabulaire évolue. Qui a encore envie de décrire un vin comme un « petit Jésus en culotte de velours » ou de dire qu'il sent le ventre de lièvre ? Qu'ils soient imagés, métaphoriques ou descriptifs, utilisez des termes qui vous semblent naturels et que les autres comprendront.

LES FAMILLES D'ARÔMES

Les grandes familles d'arômes

Il existe des centaines d'odeurs différentes dans le monde du vin. Elles ne sont pas toujours faciles à reconnaître. Pour se repérer, les dégustateurs les regroupent en grandes familles. La définition des familles et les odeurs qu'elles contiennent peuvent varier : les fruits peuvent être classés en fruits à noyau ou à pépins, en baies, en fruits du verger… Vous pouvez également ajouter des arômes à cette liste que nous vous proposons, par exemple les différentes variétés de pommes.

Éduquer son odorat

Y a-t-il des odeurs qui ne vous parlent pas ? Pour chaque arôme, essayez de vous représenter l'odeur. Si vous n'y parvenez pas, il est temps d'aller la sentir. Achetez des fruits, des fleurs de saison (ou sentez des soliflores en parfumerie), croquez du chocolat, promenez-vous dans les bois, léchez des cailloux, s'il le faut ! Comme un musicien fait ses gammes, un dégustateur doit faire répéter son nez. Vous pouvez également, le jeu peut être très amusant, acheter un coffret reproduisant les principales odeurs en fioles.

Les fruits

Les fruits

Les confiseries

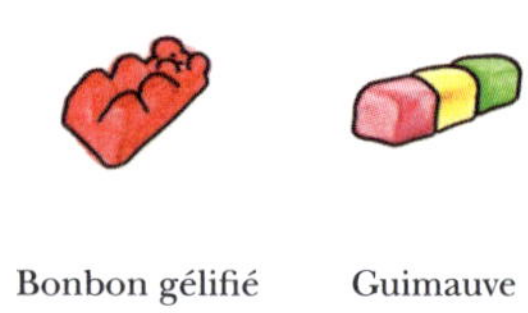

Les fleurs

Acacia | Aubépine | Camomille | Chèvrefeuille | Fleur d'oranger | Giroflée | Iris | Jasmin

Lilas | Œillet | Pivoine | Rose | Violette | Par extension : miel

Les pâtisseries

Beurre frais | Biscuit | Brioche | Crème pâtissière | Crème fraîche | Lait | Levure | Mie de pain

Pâte à tarte | Pâte d'amandes | Yaourt

Les boisés

Balsa | Bois neuf | Cèdre | Chêne | Noix de coco | Patchouli | Pin | Résineux

Santal

Les végétaux frais et secs

Citronnelle | Eucalyptus | Fenouil | Foin | Fougère | Herbe fraîche | Lavande | Menthe

Poivron | Sureau | Tabac | Thé | Tilleul | Verveine | Garrigue

Les épices et aromates

Anis | Cannelle | Clou de girofle | Coriandre | Curry | Gingembre | Laurier | Muscade

Poivre blanc | Poivre noir | Réglisse | Romarin | Thym | Vanille | Safran | Paprika

Les grillés, brûlés et torréfiés

(aussi appelés empyreumatiques)

Cacao | Café | Caramel | Chocolat | Fumée | Goudron | Moka | Pain grillé

Praliné

Les sous-bois

Champignon de Paris

Feuille morte

Girolle

Humus

Mousse

Terre

Truffe

Les animaux

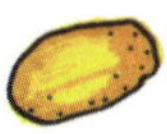
Ambre

Cire d'abeille

Civette

Cuir

Fourrure

Gibier

Jus de viande

Musc

Les minéraux

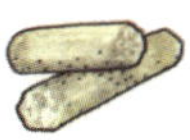
Craie

Galet (chauffé)

Hydrocarbures (entre le pétrole et le fioul)

Iode

Poudre (feux d'artifice)

Silex (chauffé)

Les notes minérales sont rares dans un vin. Mais elles existent. Si vous les sentez, il y a fort à parier qu'il s'agit d'un très bon vin.

Les défauts

Carton

Chou-fleur

Écurie

Géranium

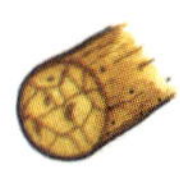
Liège

Moisi

Oignon

Pomme pourrie

Pourri

Rance

Remise

Serpillière

Soufre

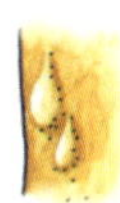
Sueur

Urine de chat

Vinaigre

LA RONDE DES SAISONS

Les arômes d'un vin ne sont jamais figés. Ils évoluent dans la bouteille, se modifient au cours des années. Ils changent même au fil d'une soirée, entre le moment où l'on sert le vin et la fin du repas.

Le cycle de vie ou les saisons du vin

Le vin suit un cycle de vie. Il est jeune et grandit, atteint l'âge adulte puis, après cette phase d'apogée, il entame son déclin, sa vieillesse, avant de s'éteindre. Les arômes, au cours du cycle de vie du vin, reflètent le cycle des saisons. Un vin jeune aura une allure printanière avant de prendre des accents estivaux. Pendant son apogée et au commencement de son déclin, il fera penser à l'automne, puis à l'hiver à la fin de sa vie. Ce cycle de vie est un bon moyen pour se repérer sur l'espérance de vie d'un vin et son niveau de maturité (qui varie fortement : à 5 ans, tel vin est encore jeune tandis qu'un autre est déjà vieux).

Vin jeune

Printemps

Verdure et végétaux, bourgeons, fleurs, fruits frais, fruits acides, bonbons.

Vin adulte

Été

Herbes sèches, aromates, fruits mûrs, fruits cuits, épices, arbres résineux, arômes grillés et torréfiés, arômes minéraux comme le pétrole.

Vin âgé

Automne

Fruits secs, fruits compotés, miel, biscuits, sous-bois, champignons, tabac, cuir, fourrure et autres odeurs animales.

Vin déclinant

Hiver

Fruits confits, gibier, musc, ambre, truffe, terre. S'il est trop vieux, viande faisandée, fruits pourris, champignons moisis. Et, enfin, plus aucun arôme.

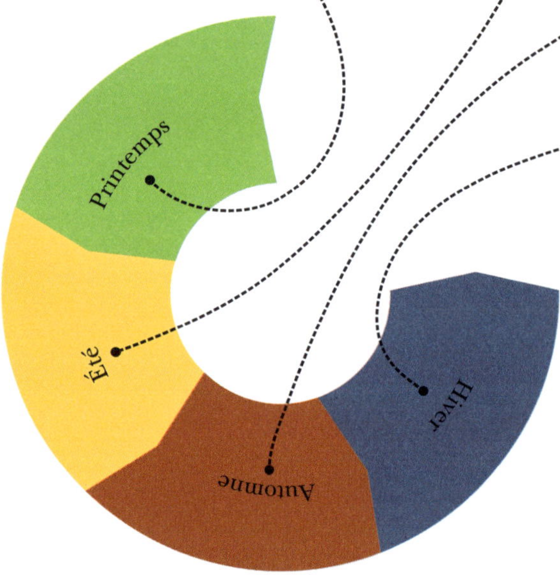

À chaque vin son âge d'or

Notez qu'un vin est rarement excellent sur toutes les phases de sa vie. Celui qui développe un beau bouquet d'arômes automnaux se montre rarement charmant dans ses accents juvéniles. C'est comme les hommes : un vieux philosophe fait rarement un bon footballeur !

ARÔMES PRIMAIRES, SECONDAIRES, TERTIAIRES

Fermentation et arômes

La plupart des arômes apparaissent pendant la fabrication du vin. Chaque type de raisin porte en lui un potentiel aromatique, qu'il soit intense ou discret. Mais ce potentiel ne s'exprime pas sans la fermentation qui donne naissance aux vins. Bien d'autres arômes apparaissent lors de la vinification et pendant le vieillissement. Produire du vin, ce n'est pas seulement produire de l'alcool, c'est aussi créer des arômes !
On découpe la fabrication du vin en trois phases : on parle alors d'arômes primaires, secondaires et tertiaires.

1 Arômes primaires

Les arômes contenus dans les raisins, libérés lors de la fermentation alcoolique.
Fruits, fleurs, végétaux, minéraux

2 Arômes secondaires

Les arômes créés par les levures, selon leur nature ou durant la fermentation malolactique et par l'élevage en fût.
Confiserie, pâtisserie, bois, grillé

3 Arômes tertiaires

Arômes dégagés le vieillissement en fût puis en bouteille.
Épices, notes torréfiées, sous-bois, champignons, odeurs animales

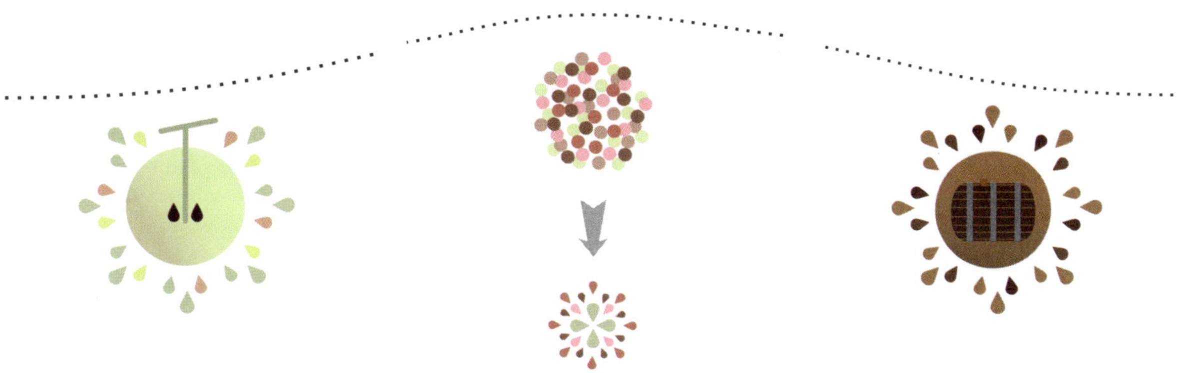

Ⓥ Vocabulaire

Le **bouquet** désigne les arômes d'un vin mature ou âgé. Il s'agit d'une bonne part d'arômes tertiaires, mais aussi quelques arômes primaires, souvent dans une version plus évoluée, patinée. Comme chez le fleuriste, la beauté d'un grand vin réside dans l'harmonie de son bouquet.

ÇA PUE !

Ça ne sent pas bon ? Il n'y a souvent pas grand-chose à faire, à part vider le verre dans l'évier.

Les défauts irrécupérables

Plusieurs odeurs désagréables peuvent apparaître dans le vin. Et pour plusieurs raisons.

Le raisin n'était pas assez mûr. Ça sent le pipi de chat, le gazon, le poivron vert.

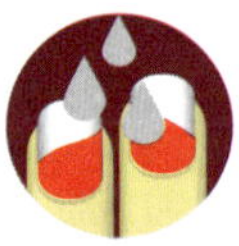

Le vin vire au vinaigre. Ça sent le vinaigre, le dissolvant pour les ongles.

Le vin s'est oxydé (sauf si c'est un madère ou un vin autre oxydatif, mais alors c'est agréable). Ça sent le madère, la noix, la pomme blette, voire pourrie.

Le vin est bouchonné. Il a été contaminé par une bactérie du liège (ça arrive sur 3 à 5 % des bouteilles). Ça sent le moisi, le bouchon pourri.

Le vin a été mal conservé. Cela peut arriver si le vin est exposé à la lumière ou dans un carton humide qui communique son odeur. Ça sent la poussière, le carton.

Le vin sent le mercaptan. Ce sont les levures qui, à cause du manque d'air, ont produit un composé soufré. Ça sent l'œuf pourri, la mauvaise haleine.

Le vin est contaminé par les brettanomyces. Affectueusement surnommées les bretts. Il s'agit d'une contamination du vin par des bactéries lors de l'élevage. Ça sent la sueur, l'écurie, la serpillière, les excréments.

La réduction : une erreur de jeunesse

Le vin est réduit. Ça sent le chou (tous les types de choux), l'oignon pourri, le pet.
C'est sans doute le moins grave de tous les défauts (même s'il sent parfois au moins aussi mauvais que les autres), car il est passager. On peut considérer ce défaut comme un mercaptan de petite intensité : l'odeur, dite de réduction, est provoquée par un manque d'oxygène du vin.

Il est possible de récupérer une bonne odeur de vin :

Aérer le vin
Un vigoureux carafage, voire un sérieux secouage, au pire quelques heures d'attente (oui, c'est raté pour le dîner, il faudra attendre le lendemain) et il n'y paraîtra plus.

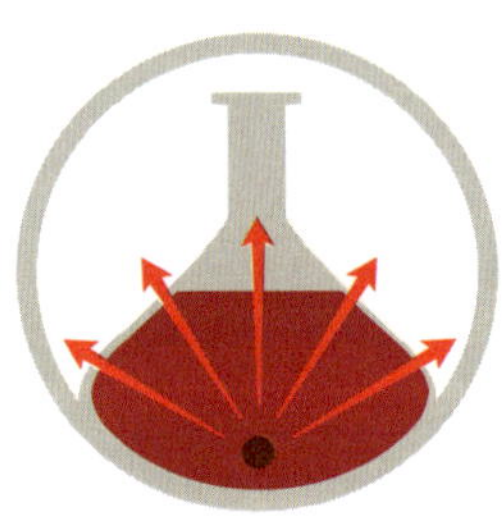

Le cuivre
Si vous êtes très pressé, vous pouvez plonger une pièce de cuivre (propre !) dans la carafe. Le cuivre fait précipiter les molécules de soufre.

Les mésaventures d'une dégustation

Nez bouché, vin fermé

Vous êtes enrhumé. Vos voies respiratoires sont encombrées, vos muqueuses sont bouchées, la dégustation est fichue. Oui, c'est frustrant. Soignez-vous, vous profiterez des vins un autre jour.

Le vin est fermé. Il arrive, quelques mois après la mise en bouteille, que le vin se recroqueville, fâché d'être enfermé. Cette phase grognon peut durer plusieurs mois. Il faut alors le réveiller en l'aérant dans une carafe. Certains, qui ont particulièrement mauvais caractère, ont besoin de plusieurs heures pour s'ouvrir. Si un vin reste fermé durant la soirée, conservez-le pour le déjeuner du lendemain.

Ce que vous sentez pue

Ouvrir une bouteille de vin peut vous conduire à de nombreuses mésaventures de dégustation : un bouchon poreux qui a laissé filtrer l'air et a tué le vin, un bouchon contaminé par une bactérie qui « bouchonne » le vin, un vin qui sent la sueur, l'urine, le fumier, bref qui sent mauvais. Goûter un vin, c'est prendre le risque d'être déçu, d'avoir dépensé des sous pour pas grand-chose. Il faut assumer et ne pas en faire toute une histoire en cas de déboire. Un bon vin ravit une soirée, un mauvais ne doit pas la gâcher.

Vous ne sentez pas comme les autres

Vous sentez une magnifique odeur de rhubarbe dans votre verre. Mais patatras, le sommelier demande : « Vous sentez ce bel arôme de pamplemousse ? » Euh… non ! Eh bien, cela n'a aucune importance ! Les perceptions des odeurs varient d'un individu à l'autre. Elles dépendent de votre culture gastronomique, mais aussi de votre patrimoine génétique. Il est important de ne pas se laisser influencer par ce que ressent le voisin mais de se concentrer sur ce que vous, vous sentez. Et si vous êtes le seul à sentir la rhubarbe, ne vous gênez pas pour le dire. Curieusement, si vous n'aimez pas une odeur, vous la détecterez plus facilement.

DANS LA BOUCHE

Comment goûter le vin ?

Il existe deux manières de goûter le vin. Notez bien que, dans les deux cas, il faut mettre le vin dans la bouche !

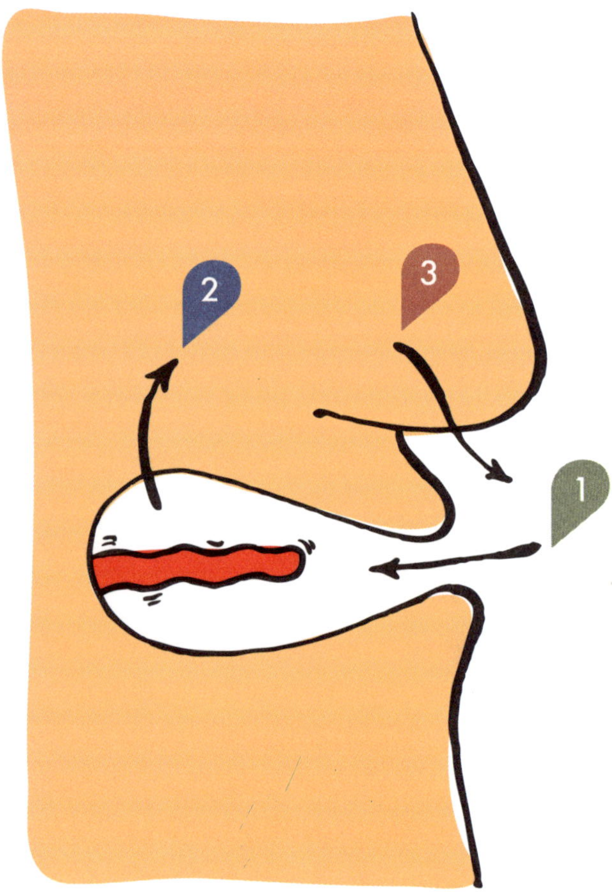

Grumer le vin

Quand un dégustateur fait un sifflement bizarre en goûtant un vin, c'est qu'il le grume ! En fait, il fait pénétrer un peu d'air dans la bouche tant que le vin y est encore. Pour y parvenir facilement :

1. Faites une « bouche en cul de poule ».

2. Aspirez de l'air. Ainsi, vous agitez le vin, le réchauffez et l'aidez à s'exprimer.

3. Soufflez par le nez pour que l'air circule et remonte, chargé d'arômes, vers les récepteurs olfactifs.

Mâcher le vin

Oui, comme on mâcherait un steak de bœuf ! Cette méthode, plus simple, a le même effet que la précédente : permettre au breuvage de s'exprimer pleinement.

Utilisez le procédé que vous préférez. Vous pouvez également combiner les deux : grumer puis mâcher le vin (ou le contraire). Ou même claquer la langue sur le palais. Le but est de percevoir toutes **les flaveurs du vin**, c'est-à-dire les saveurs (sucré, acide…), les arômes perçus en bouche et les sensations tactiles (picotements, assèchement…).

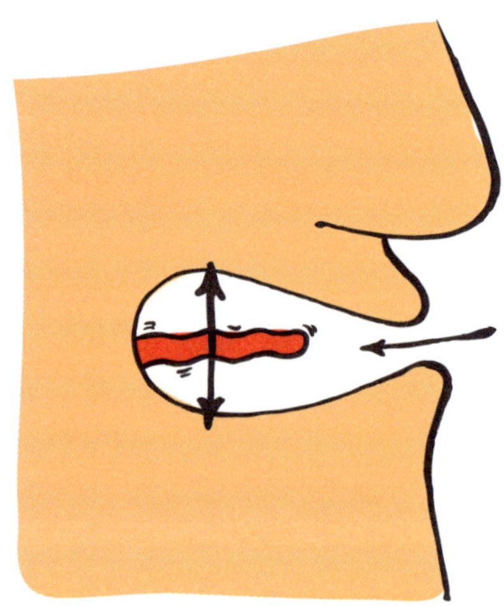

Les saveurs

L'amertume, quand elle est fine, est un signe d'élégance. On la retrouve dans certains cépages blancs : par exemple, dans un vin blanc à base de marsanne (Côtes-du-Rhône), mauzac (Sud-Ouest) ou de rolle (Sud-Est). Elle devient peu agréable si elle est trop présente ou accompagnée d'âpreté. L'amertume se note souvent « en fin de bouche », plusieurs secondes après les autres goûts. Ceux qui ne mangent pas d'endive, ne boivent pas de bière, de thé fort ni de café y sont généralement plus sensibles.

Le sucré est présent dans les vins… sucrés ! Vins blancs moelleux, liquoreux comme le sauternes, vins doux ou vins mutés comme le muscat de Beaumes-de-Venise, le maury, le banyuls… Un vin peut contenir entre 0 et plus de 200 g/l de sucre ! La perception du sucre est immédiate. Plus vous en consommez, moins vous y serez sensible.

Le salé est une saveur qui est de plus en plus évoquée dans le vin. Notable dans certains vins blancs vifs comme le muscadet (on parle alors de notes salines), certains vins rouges évoquent également, en fin de bouche, une sensation de salinité. C'est alors une grande qualité, le signe d'un vin élégant et d'un grand terroir.

L'acidité est la colonne vertébrale du vin, essentielle pour que le vin « se tienne debout ». Un vin sans acidité est un vin sans avenir. Une bonne acidité permet de faire saliver, de mettre en appétit. À l'inverse, un vin trop acide est désagréable en bouche, il contracte la langue et la gorge.

Très sucré

Vins blancs liquoreux (plus de 45 g/l de sucre). Parmi eux : sélection de grains nobles en Alsace ; sauternes, barsac à Bordeaux ; monbazillac, jurançon dans le Sud-Ouest ; bonnezeaux, quarts-de-chaume, vouvray, dans la Loire ; Trockenbeerenauslese en Allemagne ; vins de glace allemands, autrichiens ou canadiens ; tokay de Hongrie…

Sucré

Vins blancs moelleux : vendanges tardives en Alsace ; coteaux-du-layon, montlouis ou vouvray dans la Loire ; jurançon, pacherenc-du-vic-bilh, côtes-de-bergerac… dans le Sud-Ouest ; Auslese en Allemagne.

Légèrement sucré

Des champagnes secs et demi-secs ; des demi-secs de la Loire (montlouis, savennières) ; certains vins rouges du Sud, quelques blancs méditerranéens…

Vocabulaire

Pour qualifier un vin selon son acidité, de la plus faible à la plus forte : plat, mou, frais, vif, nerveux, mordant, agressif.

ÇA GRAISSE OU ÇA PIQUE ?

Au goût sur la langue s'ajoutent différentes sensations tactiles : métallique (désagréable), pimenté, gras, chaud…

Le gras

L'alcool, s'il est trop présent, chauffe la gorge. **Le glycérol**, formé pendant la fermentation, donne de l'onctuosité au vin : il graisse le palais comme du beurre. Ce gras ou moelleux ressenti fait la différence entre plusieurs types de vins.

La structure d'un vin

Pour envisager la structure d'un vin, on évalue principalement 2 sensations : **l'acidité** (ligne verticale des schémas ci-dessous) et **le gras** (ligne horizontale). Voici quatre exemples extrêmes représentant l'allure d'un vin.

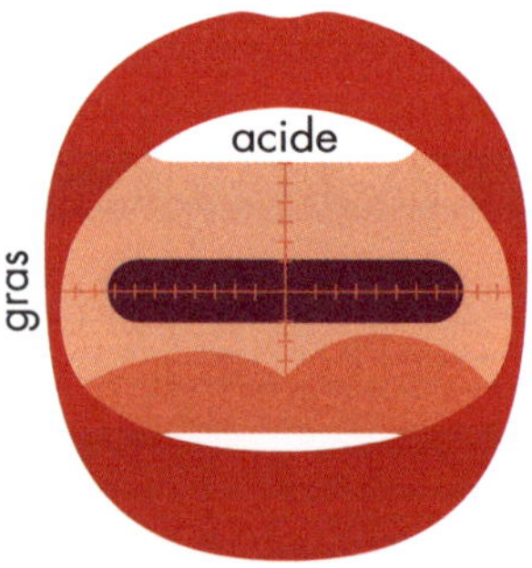

Le vin est capiteux, chaleureux, lourd, voire obèse. Il s'agit de puissants vins rouges charmeurs. S'il manque d'acidité, le vin est brûlant, fatigue le palais et devient écœurant. Il peut s'agir de vins dont les raisins ont trop chauffé au soleil, ou de blancs sucrés qui manquent d'acidité.

Rouges du Languedoc, sud de la France, Amérique du Sud ou Californie.

Le vin est frais, vif, acidulé, anguleux, voire agressif. Il peut s'agir de vins blancs très secs ou de rouges faciles à boire et rafraîchissants, dits « gouleyants ». Le vin est trop acide si le raisin n'est pas suffisamment mûr ni concentré.

Blancs : pinot blanc d'Alsace, muscadet de la Loire, petit chablis, bordeaux blancs, vins du Jura ou de Savoie. Rouges : gamays de Loire ou du Beaujolais, pinots noirs de Bourgogne.

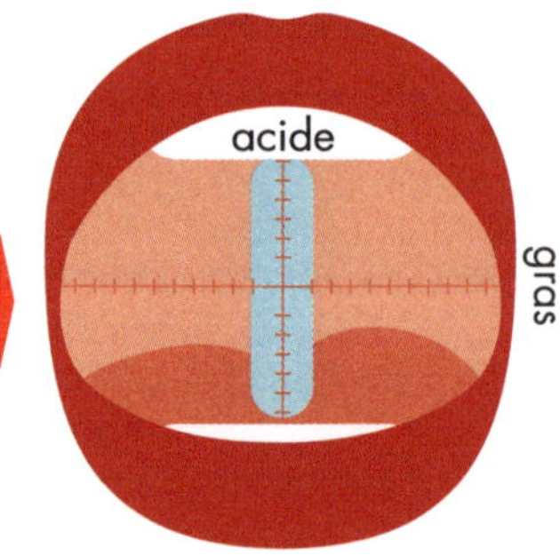

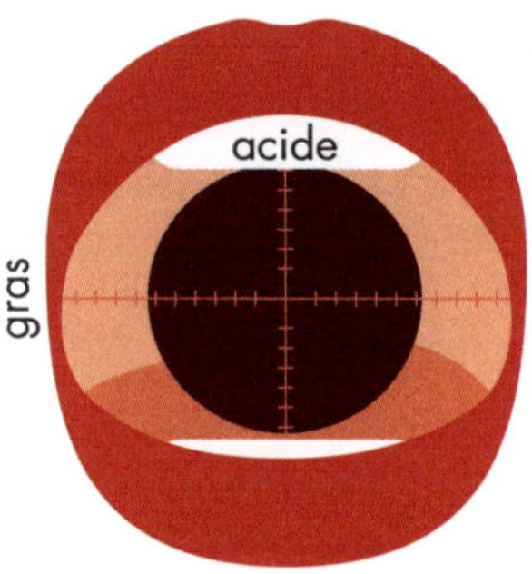

Le vin est charnu, étoffé, ample, plein. Ce vin est formidable ! Ce sont des vins puissants qui ont autant d'acidité que de gras, très agréables à boire. Ils ont souvent une bonne aptitude à vieillir. Et souvent, aussi, ils valent cher.

Blancs : bourgognes, bordeaux, Loire, Languedoc. Rouges : bordeaux, côtes-du-rhône, Sud-Ouest, bourgognes.

Vocabulaire

Qualifier un vin selon sa quantité de gras, de la plus faible à la plus forte : ferme, fondu, rond, gras, onctueux.

Le vin est petit, ténu, maigre, aqueux. Dans tous les cas, ce n'est pas un bon vin. Vous ne devriez pas boire cela.

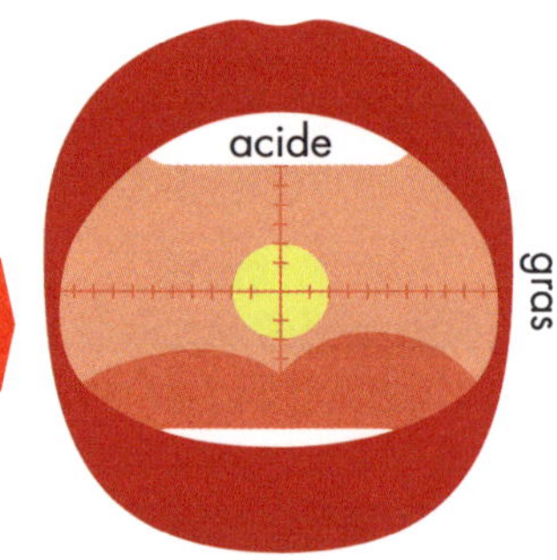

OÙ EST LA CUISSE ?

« Ah, voilà un vin qui a de la cuisse ! » Cette description désuète chère à Rabelais désigne un vin rond, charmant, bien en chair, tout en gardant de la nervosité. Les dégustateurs ne l'emploient plus guère. Néanmoins, on pourrait s'amuser à représenter les cuisses des vins, et constater que la cuisse d'un carignan du Languedoc est sportive et virile en diable, tandis que la cuisse d'un bourgogne rouge est plus élancée et délicate. À vous de voir ce que vous préférez boire selon l'occasion !

LES TANINS DANS LE VIN

Point fondamental pour qui veut goûter le vin : les tanins. Les tanins appartiennent plutôt à l'univers des vins rouges, parfois des rosés. Ils n'existent généralement pas dans les vins blancs.

Qu'est-ce qu'un tanin ?

Les tanins assèchent la langue, parfois même le palais tout entier. C'est la même sensation qu'un thé trop infusé, lui aussi chargé de tanins. Certains vins rouges ont peu de tanins, d'autres en ont beaucoup. Et dans ce cas, ceux-ci peuvent être plus ou moins élégants, âpres, voire astringents, vous râper la langue façon planche de bois, ou avoir le soyeux d'un foulard. Il faut donc essayer de distinguer la quantité, mais surtout la qualité des tanins d'un verre de vin.

D'où vient le tanin ?

Les tanins sont contenus dans la peau du raisin, les pépins et les rafles (la tige qui relie la baie à sa grappe, souvent ôtée avant de presser le raisin car trop tannique, justement).
Pour faire un vin rouge – contrairement à un vin blanc, on laisse macérer le jus de raisin pressé avec la peau et les pépins : ceux-ci communiquent les tanins.
Les tanins donnent de la structure au vin et lui assurent une longue vie.

Vocabulaire

Selon la présence des tanins, on parle d'un vin : coulant, souple, tannique, astringent, âpre.
Selon leur caractère, les tanins sont : grossiers, rugueux, fins, soyeux, veloutés.
Pour résumer, on pourrait les représenter ainsi :

tanins peu présents

tanins agressifs, grossiers

tanins astringents

tanins fins

tanins soyeux, veloutés

UN COUP D'ŒIL DANS LA RÉTRO

Savez-vous qu'on sent autant avec le nez… qu'avec la bouche ? Cette façon de sentir s'appelle la voie rétronasale. On parle aussi de rétro-olfaction. On la pratique au quotidien… en mangeant !

Il y a deux moyens de chatouiller les muqueuses olfactives : directement par le nez ou en passant par l'arrière du palais. C'est cette méthode qui nous permet de percevoir le « goût » des aliments. Essayez de vous pincer le nez en mangeant : vous ne savez plus ce que vous goûtez.

Selon les vins, la rétro-olfaction est faible à puissante. Elle apporte une confirmation des odeurs senties précédemment ou les complète par de nouveaux arômes jusque-là imperceptibles. Certains dégustateurs trouvent d'ailleurs cette voie plus sensible que le nez, car entraînée à chaque repas.

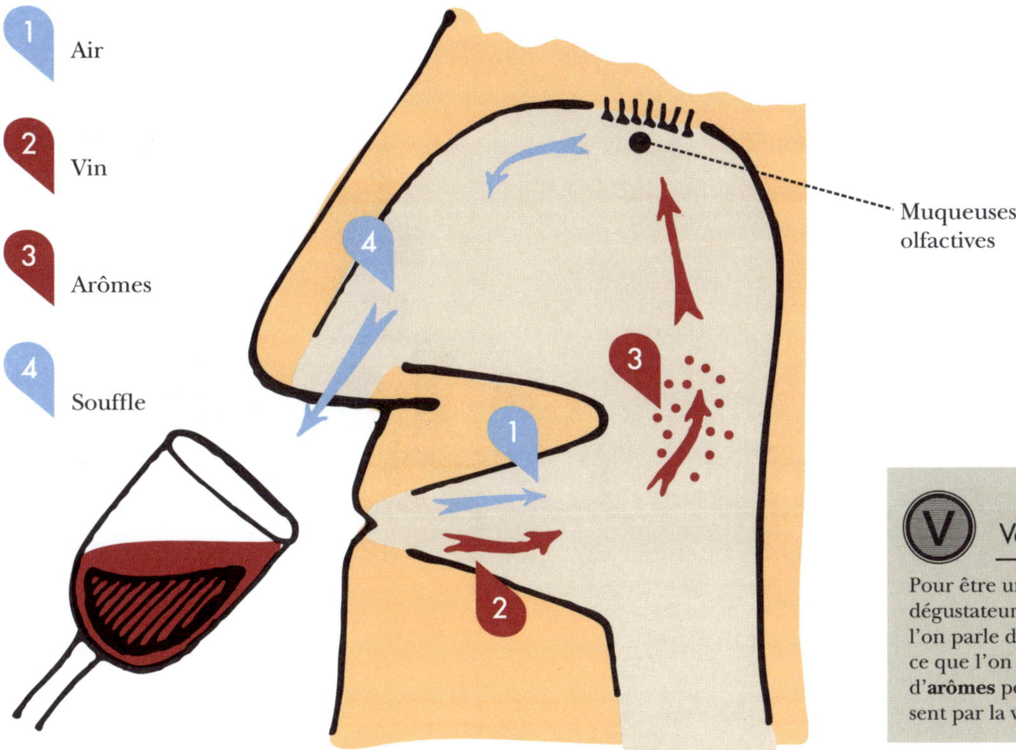

> **Vocabulaire**
>
> Pour être un parfait dégustateur, sachez que l'on parle d'**odeurs** pour ce que l'on sent au nez, d'**arômes** pour ce qu'on sent par la voie rétronasale.

Quand il n'y en a plus, il y en a encore

Après avoir bu un vin, il semble parfois rester sur le palais quelques secondes supplémentaires, comme s'il était toujours là. C'est **la persistance du vin**. Elle est à la fois aromatique et gustative. Ce moment peut durer plus ou moins longtemps : c'est **la longueur d'un vin**. Une longue persistance est le signe d'un bon vin, si elle est agréable, bien sûr !

> **Vocabulaire**
>
> La **caudalie** permet de compter la longueur d'un vin. En fait, il s'agit de secondes. Un vin qui voltige en bouche encore 7 secondes a donc une longueur de 7 caudalies. Attention ! ce terme n'est plus très usité, les dégustateurs le trouvant snob.

LA DÉGUSTATION À L'AVEUGLE

Pas besoin d'éteindre les lumières ! Déguster un vin à l'aveugle signifie qu'on le goûte sans avoir vu l'étiquette, et donc sans rien connaître de lui : ni son origine, ni son âge, ni son prix. C'est la façon la plus objective et la plus pédagogique de découvrir un vin. Il est possible aussi de goûter dans des verres noirs pour s'affranchir de la vue, qui n'est pas toujours bonne conseillère.

L'influence de la vue

Dans la vie quotidienne, la vue est le sens le plus sollicité, qui domine tous les autres. À tel point que la vue peut fausser le jugement, et même influencer les autres parties du cerveau : un plat semble moins bon s'il est laid (de la cervelle ou une fricassée d'insectes, par exemple), un vin semble meilleur s'il affiche sur son étiquette une appellation prestigieuse. De nombreux tests l'ont prouvé, même auprès de professionnels : un vin dont l'étiquette mentionne un grand terroir ou dont le prix est élevé est jugé supérieur au même vin portant une étiquette quelconque et un petit prix. Plus surprenant, il suffit de rajouter un colorant rouge à un vin blanc pour que la plupart des dégustateurs perçoivent des notes de fruits rouges ! L'odorat est très versatile et se laisse facilement berner par les autres sens. En matière de dégustation, méfions-nous donc de ce que nous voyons.

Goûter dans des verres noirs

Confondre un vin rouge et un vin blanc ? C'est possible. Des verres opaques permettent de pousser le jeu de la dégustation jusqu'au bout. Pour déterminer la couleur, le nez doit alors démarrer une enquête : des agrumes, de la brioche indiqueront un vin blanc ; des fruits noirs, du cuir, du tabac seront la signature d'un vin rouge.
Mais entre un puissant blanc boisé et un léger rouge fruité, l'erreur est vite arrivée. Le sésame est dans votre bouche. Elle seule pourra vous indiquer, en s'asséchant, s'il y a ou non des tanins dans ce vin. Il est alors fort probable que ce soit un rouge.
Si la langue se contracte sous l'acidité, il y a des chances que ce soit un vin blanc.
Reste une difficulté : le rosé ! À mi-chemin entre les deux, il doit normalement rappeler les arômes du rouge et la texture du blanc. Mais la confusion est très facile.

Comment procéder ?

Réunissez vous entre amis autour d'une bouteille rendue anonyme (à l'aide d'une chaussette, par exemple). Si possible, prenez des verres noirs opaques. Dégustez et notez vos commentaires. Inutile que cela dure plus de cinq minutes. Votre rôle sera de mener un véritable interrogatoire à votre verre, toutes les questions sont permises. Procédez par ordre et menez toujours une réflexion en entonnoir : de la constatation la plus large vers l'évaluation la plus fine.

1

Regardez

Il y a au moins trois points auxquels être attentif :
- la nuance de la couleur : elle renseigne sur la jeunesse ou la maturité du vin.
- L'intensité de la couleur : elle peut indiquer qu'un vin provient d'un climat clair s'il est pâle, d'un climat chaud si le vin est très coloré. Attention, il existe des pièges : un vin blanc élevé en fût sera plus doré qu'un vin blanc méditerranéen vinifié en cuve. Et il existe des cépages qui ne sont pas très colorés, même s'ils poussent sous des latitudes chaudes.
- Les larmes : si elles sont nombreuses et épaisses, le vin a sûrement un fort degré d'alcool ou un taux de sucre élevé.

2

Sentez

Démarrez par l'odeur la plus marquante, puis déterminez sa famille d'arômes.
Faites votre choix dans cette famille et notez éventuellement son degré de maturité.
Éliminez alors cette odeur de votre tête et tentez d'en capter une deuxième, une troisième…
Essayez d'interpréter ces odeurs : des notes boisées et vanillées indiquent un passage en barrique ; un fruité de compote montre que le raisin a reçu beaucoup de soleil ; des arômes de fruits acidulés ou verts, à l'inverse, pointent vers un manque de chaleur.

3

Goûtez

Une fois en bouche, analysez le vin sous 3 ou 4 angles : l'alcool, l'acidité, les tanins et éventuellement le sucre. Quel est le goût le plus marquant ? Avez-vous la gorge qui chauffe à cause de l'alcool ? Ou le palais asséché par les tanins ? Les arômes ont-ils évolué ? Ce vin est-il simple ou complexe ? Élégant ou festif ?
Finalement, qu'est-ce qui vous marque le plus ? Quelle impression globale vous fait-il ? Avez-vous un mot ou une expression pour le résumer ?

4

Déduisez

À partir de là, vous pouvez, si vous le sentez, envisager une région, une appellation et même un millésime. Si vous êtes en veine, tentez le nom du producteur, du château ou du domaine.

5

Comparez

Comparez les résultats avec vos amis. Et dévoilez la bouteille ! Notez que votre perception peut différer de celle du voisin. Vous vous êtes trompé sur toute la ligne ? Ce n'est absolument pas grave. Vous étiez peut-être fatigué, enrhumé, stressé… ou simplement émoussé par les verres précédents ! Profitez de votre soirée, vous ferez mieux la prochaine fois.

La vue :	Nuance				
Blanc	○ Vert	○ Gris	○ Citron	○ Paille	✕ Doré
	○ Miel	○ Cuivré	○ Ambré	○ Marron	
Rouge	○ Violet	○ Pourpre	○ Rubis	○ Grenat	○ Fauve
	○ Acajou	○ Tuilé	○ Marron		
Rosé	○ Gris	○ Chair	○ Abricot	○ Saumon	○ Pivoine
	○ Groseille	○ Grenadine	○ Fuchsia	○ Cuivré	
Intensité	○ Pâle	✕ Soutenue	○ Intense	○ Sombre	
Larmes	○ Légères	✕ Épaisses			
Bulles	○ Fines	○ Grosses	○ Rares	○ Épaisses	

Exemple de fiche de dégustation

Le nez :	Famille aromatique			Arômes
1er arôme	✕ Fruité ○ Pâtissier ○ Grillé ○ Minéral	○ Floral ○ Boisé ○ Animal ○ Défauts	○ Végétal ○ Épicé ○ Sous-bois	Fruit jaune : abricot, abricot très mûr
2e arôme	○ Fruité ○ Pâtissier ○ Grillé ○ Minéral	✕ Floral ○ Boisé ○ Animal ○ Défauts	○ Végétal ○ Épicé ○ Sous-bois	Fleur blanche intense : jasmin
3e arôme	○ Fruité ✕ Pâtissier ○ Grillé ○ Minéral	✕ Floral ○ Boisé ○ Animal ○ Défauts	○ Végétal ○ Épicé ○ Sous-bois	Entre les fleurs et la pâtisserie : du miel
Intensité olfactive	○ Faible	○ Moyenne	✕ Aromatique	○ Puissante

La bouche :	Famille aromatique			Arômes
La rétro-olfaction	✕ Fruitée ○ Pâtissière ○ Grillée ○ Minérale	○ Florale ○ Boisée ○ Animale ○ Défauts	○ Végétale ○ Épicée ○ Sous-bois	Un autre fruit jaune apparaît : le coing
La persistance aromatique	Le coing perdure avec le miel.			

Le sucre	○ Imperceptible	○ Faible	✕ Présent	○ Très présent		
Le moelleux	○ Ferme	✕ Rond	○ Gras	○ Onctueux		
L'acidité	○ Plate	○ Fraîche	✕ Vive	○ Nerveuse	○ Agressive	
Les tanins (quantité/qualité)	✕ Absents ○ Veloutés	○ Fondus ○ Soyeux	○ Souples ○ Fins	○ Présents ○ Rugueux	○ Astringents ○ Grossiers	○ Âpres
L'alcool	○ Dilué	○ Léger	○ Généreux	○ Chaud	○ Brûlant	
L'intensité gustative	○ Aqueuse ○ Maigre ○ Petite ○ Fraîche ○ Vive ○ Acidulée ○ Agressive ○ Capiteuse ○ Chaleureuse ○ Lourde ○ Pâteuse ○ Ample ✕ Étoffée ○ Pleine ○ Sévère ○ Corsée ○ Charpentée					
L'impression générale	C'est un vin doux, élégant et harmonieux.					

J'en déduis que : c'est un vin blanc un peu sucré, un moelleux, issu d'un cépage chenin. Donc, il est de France, produit dans la Loire. Vu son élégance et sa vivacité, je dirais que c'est un vouvray...

UNE QUESTION D'ÉQUILIBRE

Vous maîtrisez presque toutes les étapes de la dégustation ; il ne vous manque que la conclusion. Empiler toutes les caractéristiques d'un vin n'en font pas pour autant une description globale. Comparons avec les humains : 1,76 m, 75 kg, les yeux verts… ne suffisent pas à décrire votre meilleur ami. Est-il beau, surtout gentil, drôle avant tout ?

S'il y a un trait dominant

Chaleureux à cause de l'alcool, vif grâce à l'acidité, austère par ses tanins… le vin est forcément déséquilibré. Pour autant, il peut demeurer très agréable.

Si tout se vaut

Autant d'acidité que de gras pour un blanc ? Autant d'acidité, d'alcool et de tanins pour un rouge ? Il est équilibré ! Attention, un vin équilibré n'est pas le Graal. Certains vins s'épanouissent dans des déséquilibres. De plus, cette notion varie selon les régions : les vins méridionaux verseront plus du côté de l'alcool, les vins septentrionaux auront naturellement plus d'acidité.

Plus que l'équilibre, le plaisir

Il reste une question fondamentale à vous poser : avez-vous aimé ce vin ? Normalement, s'il vous a plu, vous devriez maintenant savoir pourquoi. Pour ses arômes, pour sa texture, pour… son harmonie ?
Il arrive qu'un vin corresponde bien à tous les critères demandés, mais ne vous plaise pas plus que ça. Un vin sans déséquilibre majeur ni défaut peut vous paraître sans intérêt, tout simplement parce qu'il est… ennuyeux ! Ne négligez pas cette notion. Un petit défaut peut faire tout le charme d'un vin : la légère note volatile (issue de l'acidité volatile, une odeur entre le vernis, la colle et le vinaigre) propre aux vieux château d'Yquem est justement plébiscitée par les amoureux de ce vin !

Les catégories de vins

Au terme de votre évaluation, vous devriez être capable de ranger les vins que vous goûtez dans l'une de ces catégories.

Les vins blancs

sec et vif — sec, gras et aromatique — intense et boisé — moelleux et fruité — sucré et confit

Les vins rouges

léger et gouleyant — simple et fruité — soyeux et capiteux — puissant et épicé

AVALER OU CRACHER ?

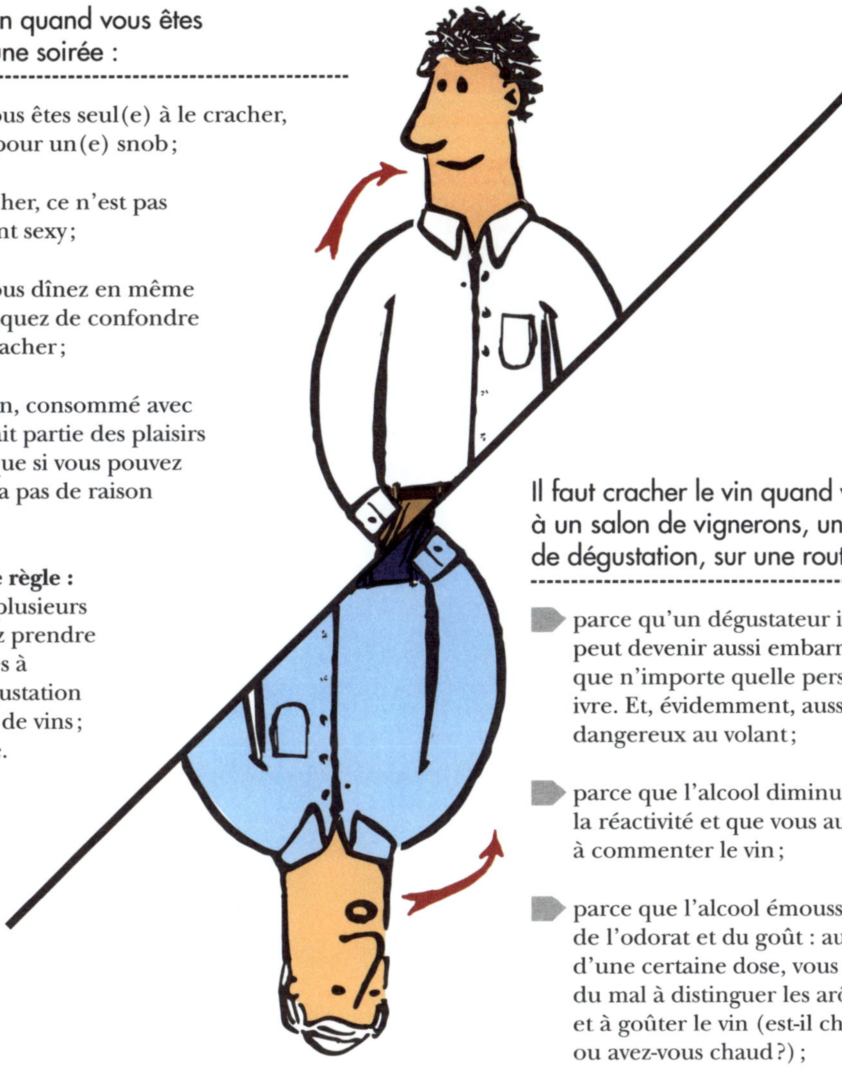

Il faut avaler le vin quand vous êtes à un dîner ou à une soirée :

- parce que si vous êtes seul(e) à le cracher, vous passerez pour un(e) snob ;
- parce que cracher, ce n'est pas formidablement sexy ;
- parce que si vous dînez en même temps, vous risquez de confondre ce qu'il faut cracher ;
- parce que le vin, consommé avec modération, fait partie des plaisirs de la table et que si vous pouvez en jouir, il n'y a pas de raison de se priver.

Exceptions à cette règle : vous allez goûter plusieurs vins et vous devrez prendre le volant ; vous êtes à une soirée de dégustation et il y a beaucoup de vins ; vous êtes enceinte.

Il faut cracher le vin quand vous êtes à un salon de vignerons, une table de dégustation, sur une route des vins :

- parce qu'un dégustateur ivre peut devenir aussi embarrassant que n'importe quelle personne ivre. Et, évidemment, aussi dangereux au volant ;
- parce que l'alcool diminue la réactivité et que vous aurez du mal à commenter le vin ;
- parce que l'alcool émousse les sens de l'odorat et du goût : au-delà d'une certaine dose, vous aurez du mal à distinguer les arômes et à goûter le vin (est-il chaud ou avez-vous chaud ?) ;
- parce que les sens ainsi anesthésiés, vous risquez d'acheter n'importe quoi.

Comment cracher avec élégance ?

Laissez faire la gravité.
N'essayez pas de diriger votre jet ailleurs que vers le bas.

Penchez la tête pour éviter la goutte sur le menton. Retenez vos cheveux, foulard, cravate, qui pourraient se trouver sur le chemin du jet.

Formez un « O » avec vos lèvres comme pour dire « le beauuuu vin » (sans regard bovin !).

Le truc en +

Expulsez le vin avec la même force que pour siffler. Si vous laissez simplement le vin couler vers le crachoir, il fera le bruit, pas élégant, de quelqu'un qui fait pipi.

DE L'AMATEUR À L'IVROGNE

Les méfaits de l'alcool, les bienfaits du vin

Tout amateur de vin souhaitant déguster se doit d'adopter une consommation responsable.

« C'est la dose qui fait le poison » : vous retiendrez le principe de Paracelse, médecin du XVe siècle.

Les demi-verres : à préférer lors d'une dégustation. Ainsi, en buvant 3 verres, vous goûterez 6 vins différents.

Les recommandations de l'OMS (Organisation mondiale de la santé) : ne pas dépasser trois verres de vin par jour pour les hommes, deux pour les femmes, ne pas consommer plus de quatre verres durant une fête, respecter un jour d'abstinence par semaine.

Un verre d'eau : toujours à portée de main. Respectez l'adage : de l'eau pour étancher sa soif, du vin pour étancher son plaisir.

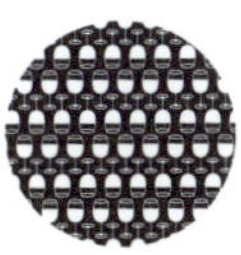

Consommé en excès : l'alcool s'attaque au foie, au pancréas, à l'estomac, à l'œsophage, à la gorge, au cerveau… avec son lot de cirrhoses, de cancers. Une consommation régulière entraîne une accoutumance, puis une dépendance physique extrêmement tenace. En France, l'alcoolisme est la 2e cause de mortalité évitable (après le tabac).

Le French Paradox

Pourquoi les Français, premiers consommateurs de vin au monde par habitant (50 litres par an), ont-ils moins de maladies cardio-vasculaires que les habitants d'autres pays ? C'est le « French Paradox ». Consommé avec modération, le vin peut en effet apporter quelques bienfaits : une analyse publiée en 2011 reprenant les résultats de 18 études scientifiques démontre que le vin peut diminuer jusqu'à 34 % le risque de mortalité cardio-vasculaire à dose modérée (1 verre par jour), participe à la prévention du diabète de type 2 et des maladies neuro-dégénératives (Alzheimer, Parkinson). Dans le Sud-Ouest, où l'on mange gras mais où l'on boit des vins tanniques, aux propriétés anti-oxydantes étonnantes, les maladies cardio-vasculaires sont plus faibles que dans le Nord.

TROUVER LE VIN DE SES RÊVES

Il est temps, désormais, de cerner ce que vous aimez à partir de vos expériences de dégustation. Ainsi, vous aurez plus de chances d'acheter un vin qui vous plaît vraiment.

En cuve ou en fût ?

Vous aimez

Surtout, et avant tout, les arômes de fruits, de fleurs, d'herbes sèches ou aromatiques, d'infusion ?
Vous aimez avoir la sensation d'une matière bien croquante, aérienne, vive, un peu acide ? Vous êtes un adepte des vins élevés en cuve.

Pourquoi ?

Parce qu'un vin qui sommeille en cuve, qu'elle soit en béton ou en inox, ne reçoit aucun élément aromatique ni gustatif de la part de son contenant. On dit qu'il est neutre. C'est donc le raisin qui s'exprime, aidé par la patte du vigneron.

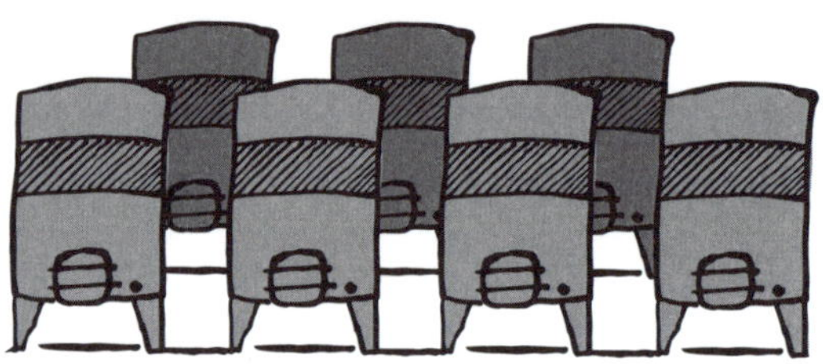

Vous aimez

Que les fruits se mêlent d'odeurs boisées, de chêne ou de résineux, de vanille, de noix de coco, de clou de girofle, d'arômes comme le pain grillé, le praliné, le caramel ? Vous aimez la suavité en bouche,la rondeur, le velouté ? Alors vous aimez quand le bois pose sa signature dans le vin.

Pourquoi ?

Parce qu'un fût (ou une barrique) échange avec le vin. Il lui transmet de nouveaux arômes, une structure en bouche différente. Les tanins évoluent et se patinent.

Le goût « boisé »

Pendant les vingt dernières années, les vins largement boisés étaient très en vogue. À tel point que de nombreux domaines ont choisi de vinifier dans des cuves en y ajoutant planchettes ou copeaux de bois afin de reproduire l'effet de l'élevage en fût sans en subir le coût… Aujourd'hui, le trop boisé ne fait plus rêver.

Le processus de fabrication du tonneau a beaucoup d'influence sur le goût final du vin.

Le choix du bois
Le chêne est très largement dominant.
Le châtaignier, peu qualitatif, tend à disparaître, mais on trouve des essences plus rares, utilisées pour des productions confidentielles, comme le quebracho ou l'acacia.

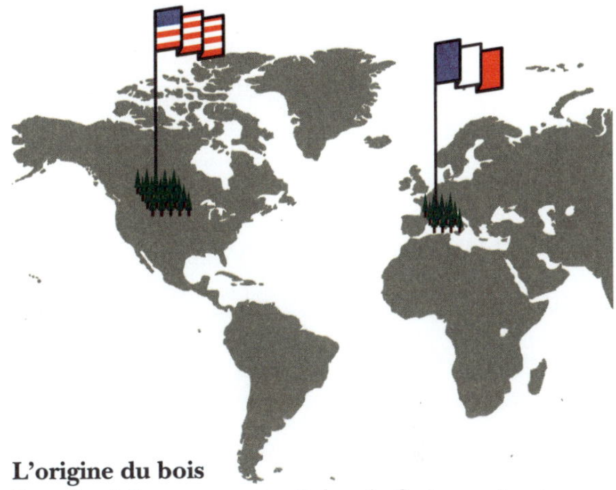

L'origine du bois
Pour le chêne, son potentiel varie fortement entre un chêne américain (arômes de noix de coco, sucrosité) et un chêne français (vanille), surtout quand il vient de la prestigieuse forêt de Tronçais, dans l'Allier.

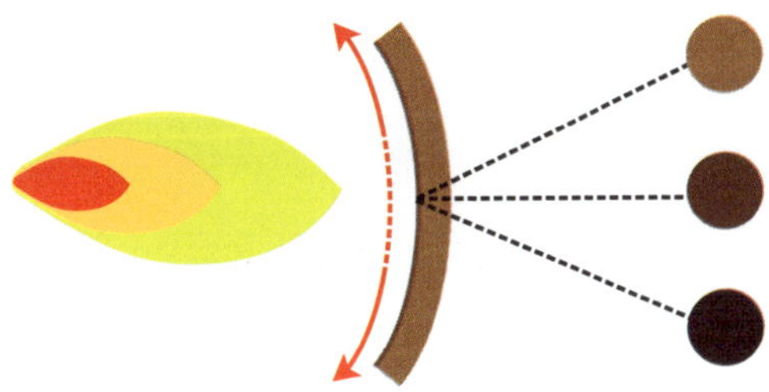

La chauffe du tonneau
Lors de la fabrication d'un fût, le tonnelier chauffe le bois avec un brasero. Selon l'intensité, de faible à forte, les arômes seront épicés, grillés ou brûlés. Les arômes varient ainsi de la vanille au caramel en passant par le café ou le toast.

L'âge du fût
Un fût neuf va transmettre beaucoup d'arômes et de tanins. Parfois trop si le vin n'a pas la puissance et la structure nécessaires pour les absorber et les fondre aux siens. On dit alors que le bois masque le vin. À l'inverse, un fût âgé de plus de quatre ans ne communique presque plus aucun arôme, c'est un contenant presque neutre. En fonction du vin, le vigneron adaptera l'âge de ses fûts.

Jeune ou vieux ?

C'est une question de goût… mais aussi de portefeuille ! Acheter un vin vieux est généralement beaucoup plus cher. Quoi qu'il en soit, ne vous sentez pas obligé d'aimer les vins vieux au prétexte que ce serait plus chic. Les odeurs d'humus, de terre, de champignons, de gibier sont très spéciales… et pas au goût de tous !

Vin jeune

Vous aimez les couleurs vives, les champs couverts de fleurs, les pommes croquantes, les fraises juteuses, la burrata, les pizzas, flâner dans les vergers en été, la cueillette de fruits ? Bingo, vous aimez les vins dans leur jeunesse, pimpants et gorgés d'arômes.

Vin vieux

Vous aimez l'automne, les balades dans des forêts rougies, l'ambiance fauteuil club et fumoir, les daubes de sanglier, les noix, la truffe ? Tant pis pour votre compte en banque, ce sont des vins vieux que votre palais réclame.

Variétal ou terroir ?

On dit qu'un vin est variétal quand il reflète la variété de raisin dont il est issu. À l'inverse, un vin de terroir met davantage en avant la terre, son climat et le vigneron.

Vin de cépage

Vous aimez les vins pas chers (mais pas mauvais pour autant), les vins sans esbroufe ni complication, les soirées télé, les chips entre amis ? Ne vous prenez pas la tête et prenez un vin de cépage. S'il est bien fait, il ne sera certes pas d'un grand raffinement et ne vous fera pas chavirer, mais il tiendra sympathiquement la soirée sans s'imposer ni incommoder. Quitte à prendre un prix plancher au supermarché, mieux vaut un modeste vin de cépage (un sauvignon ou une syrah par exemple) qu'une bouteille qui tente de se faire passer pour un grand château.

Vin de terroir

Vous cherchez l'émotion dans un vin, sentir le gras de l'argile ou l'acidité des cailloux, la rondeur d'une année chaude, l'amertume d'un cépage ancestral et oublié, la délicatesse du vigneron ? Pas de doute, vous voulez un vin « de terroir », qui demande de l'attention et du soin. Il n'est pas forcément cher, mais vous le trouverez rarement au supermarché. Direction le petit caviste ou chez le vigneron pour identifier les bons terroirs.

Ancien ou Nouveau Monde ?

Même si certains vins du « Nouveau Monde » (continents américain et australien) ressemblent parfois à s'y méprendre à nos vins européens – et vice versa –, on observe généralement des différences dans leur profil aromatique et gustatif.

Vin « Nouveau Monde »

Vous aimez boire sucré, les mets onctueux, voire gras ? Il y a de fortes chances que les vins du Nouveau Monde vous séduisent. Faciles à boire, extravertis dans la vanille et le crémeux, beaucoup de rondeur, parfois un peu d'obésité, les vins blancs comme les vins rouges sont charmeurs, aguicheurs même. Ils peuvent verser dans la confiture, manquer de complexité, mais sont si immédiatement plaisants ! Et d'un rapport qualité/prix intéressant. Dans les blancs, on retrouve souvent des arômes de fruits exotiques assez rares sous les latitudes européennes. Attention néanmoins, il existe de plus en plus de domaines qui travaillent avec beaucoup de délicatesse, produisant des vins vifs et fins qu'on aurait tort d'ignorer.

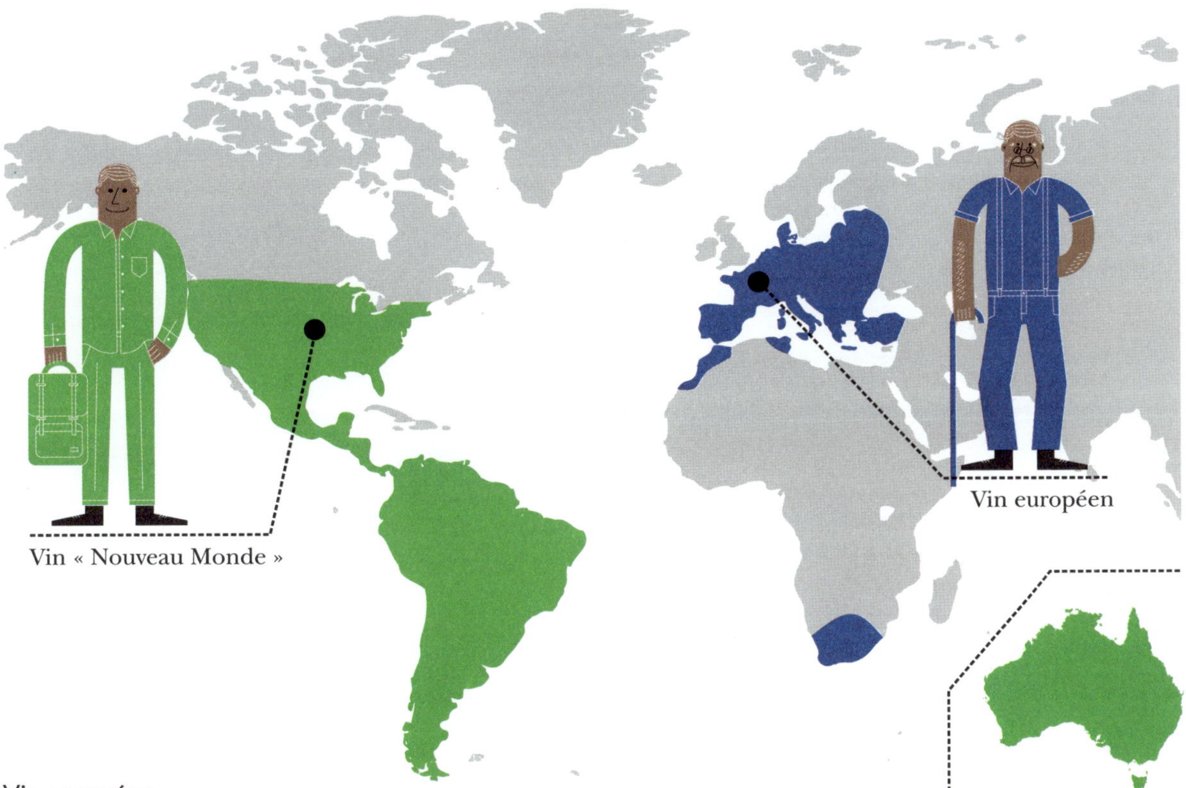

Vin européen

Vous aimez la fraîcheur, la tension acide, vous préférez l'austérité à l'outrancier ? Les vins européens vous tendent les bras. Critiqués pour les mêmes raisons qu'ils sont encensés, ces vins peuvent manquer de suavité, afficher une acidité et des tanins parfois sévères, mais c'est pour mieux gagner en subtilité et en élégance quand ils sont réussis. Là encore, veillons à ne pas sombrer dans la caricature : certains vins d'Italie, d'Espagne ou du sud de la France peuvent se montrer particulièrement câlins.

Technique, bio, sans soufre ou nature(l) ?

Vin technique

Ce sont des vins qui, indépendamment du millésime, et parfois de leur sol, présentent un équilibre à toute épreuve. Rien ne dépasse, ils sont toujours en place. Un vin idéal pour les repas d'affaires, les discussions tirées au cordeau. Mais aussi les moments de détente où le vin n'est qu'un accessoire. La viticulture moderne a en effet permis l'éclosion de vins travaillés à l'extrême pour plaire au plus grand nombre. En contrepartie, ils sont faciles à apprécier et certains deviennent des valeurs sûres, pratiques en toute occasion. Les rosés, pour être réussis, demandent une vraie technique.

Notre conseil
Soyons francs, les vins passe-partout ne font pas partie de nos chouchous : ils sont parfois lisses et ennuyeux. Mais ils ont l'avantage de ne faire grimacer personne. Beaucoup de vins de supermarché sont dans ce style. Et ils viennent souvent de grandes marques de négociants. On peut donc les trouver facilement, ce qui est un avantage indéniable.

Vin bio

À prix égal, un vin bio ne sera pas forcément meilleur qu'un autre né de l'agriculture raisonnée (dont l'utilisation des produits chimiques est dite « raisonnable »). Quant à votre santé, sachez que l'alcool causera des dommages bien avant les pesticides contenus dans le vin. Celle des ouvriers viticoles, en revanche, est plus problématique. Ainsi que celle du sol et de la biodiversité. Les traitements par le cuivre des vignerons bio ne sont pas exempts de problèmes, mais la viticulture intensive en cumule davantage. Choisir un vin bio est donc une décision plus politique que gustative.

Notre conseil
Face à une terre épuisée par un trop-plein de chimie (ou de cuivre), un sol qui n'en a jamais connu produira des vins de plus grandes longueur et complexité. À condition, bien entendu, que les raisins soient bons et que le travail au chai suive les mêmes principes que la viticulture. On compte de plus en plus de vins bio ou en biodynamie parmi les meilleurs domaines du monde. Tous possèdent un label Écocert, AB, Demeter ou Biodyvin.

Vin sans soufre

Les vins sans soufre ajouté, quoique assez confidentiels, sont de plus en plus en vogue dans les bars à vins et se trouvent désormais chez les cavistes et dans les supermarchés. Il ne faut pas les confondre avec les vins vegan (voir page 136). Les progrès de l'œnologie et des techniques de vinification plus précises permettent de commercialiser des vins sans ajout de soufre lors de la vinification ni lors de la mise en bouteille (attention, on précise : sans soufre ajouté, car le vin peut en produire naturellement). Cela donne généralement des vins à boire jeunes, très fruités, vifs et plaisants. Mais ils sont fragiles sur la durée, car le soufre a pour vertu de protéger et de stabiliser le vin.

Notre conseil
Il faut savoir que de plus en plus de vins sont commercialisés avec cette mention, ce n'est donc pas le gage d'un vin nature(1) : certains vins sans soufre sont flash-pasteurisés ou stabilisés à la vitamine C. Ils sont donc moins fragiles, mais peuvent perdre le côté « vivant » apprécié dans un vin sans soufre. Dans tous les cas cependant, ils causent moins de maux de tête qu'un vin lourdement soufré.

Vin nature ou naturel

Impossible de choisir entre vin « nature », employé dans la presse francophone, ou vin « naturel », revendiqué par ses adeptes. On parle aussi de vin « vivant ». En fait, ils sont à la croisée des deux précédents : bio a minima (voire en biodynamie), et avec aucun apport lors de la vinification (seule une dose minime de soufre est admise). En effet, lors d'une vinification conventionnelle, la loi autorise l'ajout d'une quarantaine de produits (adjuvants, stabilisateurs, correcteurs), et, même s'ils auront été éliminés avant la mise en bouteille, ils auront influencé le goût du vin. En bien parfois, mais pas toujours.

Notre conseil
Attention, jusqu'à très récemment, il n'y avait aucune réglementation légale concernant ces vins et beaucoup en ont profité. Voir « nature » écrit en gros n'est donc pas un gage de confiance, c'est même plutôt l'inverse. Un vigneron qui désire travailler de la manière la plus épurée possible doit être extrêmement soigneux dans son travail, avec un chai parfaitement sain. Dans le verre, certains vins sont décevants, voire ratés ; d'autres sont fabuleux de richesse et de profondeur. Mieux vaut s'adresser à un caviste spécialisé dans ce type de vins.

Fin août, début septembre. Pour les écoliers et nombre de leurs parents, ces jours sont synonymes de rentrée scolaire, de retour au travail, de recommencement. Mais pour les vendangeurs, cette période est au contraire le signe d'un achèvement. Et un moment de grande joie.

Hector, avant d'entamer sa dernière année de fac, a voulu faire un job d'été au grand air. Hector est un garçon tonique et vaillant. C'est important car il a choisi un travail qui demande ces deux qualités : les vendanges. Il est parti dans le Languedoc, au pic Saint-Loup, sans oublier sa casquette pour se protéger du soleil. On lui a prêté un sécateur, il a ramassé des raisins de syrah, de grenache et de mourvèdre. Il a appris alors les différences entre ces cépages, mais aussi l'âge de la vigne, son cycle de vie, ses traitements. Le soir, il a dîné et trinqué avec du vin du domaine avec les autres vendangeurs. Et, à la fin, ils ont fait une grosse fête. Comme il lui restait quelques semaines avant la reprise des cours, Hector a décidé de rester pour assister à la vinification, le vigneron a accepté. Il a alors découvert comment on faisait le vin, l'importance du millésime et de l'élevage.

Depuis, il comprend mieux comment a été créé le vin qu'il goûte, et pourquoi il a des bulles ou du sucre.

Ce chapitre est pour tous les Hector qui aiment comprendre l'origine de ce qu'ils boivent.

HECTOR

PARTICIPE AUX VENDANGES

Le raisin, de la baie au cépage • Quelques cépages blancs
Quelques cépages rouges • La vie de la vigne
Le moment de la vendange • Du raisin au vin • L'élevage

LE RAISIN, DE LA BAIE AU CÉPAGE

Dissection d'une baie

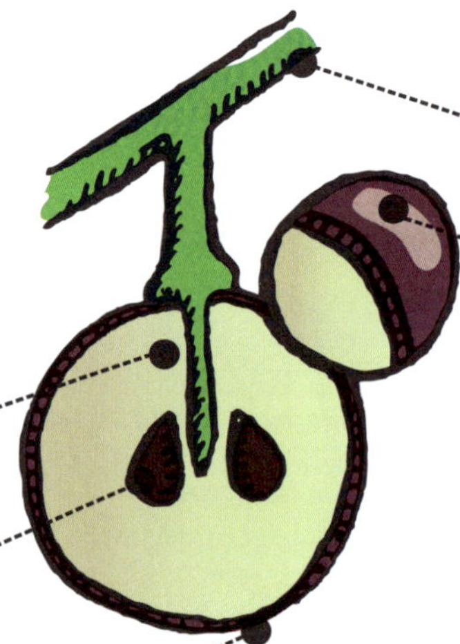

La rafle : elle est riche en tanins et possède des flaveurs herbacées puissantes. Souvent, le vigneron la retire avant de faire du vin : il érafle.

La pulpe : elle est incolore, excepté pour quelques variétés de raisins nommées « cépages teinturiers ». Elle contient principalement de l'eau, du sucre et des acides.

La pruine : c'est la couche cireuse et blanchâtre. Elle protège la baie des agressions et renferme des levures qui, au contact du sucre, provoquent la fermentation alcoolique.

Les pépins : ils contiennent de jolis tanins (quand vous en croquez un, ça râpe). Ils sont essentiels dans la structure du vin rouge.

La pellicule : elle possède des pigments colorants. Elle donne la couleur au vin. Elle contient aussi des substances aromatiques.

Par rapport aux raisins de table

On ne cherche pas les mêmes qualités. On aime croquer des baies au dessert, qui sont bien juteuses avec une peau fine et peu ou pas de pépins. À l'inverse, on préfère, pour faire du vin, une baie à la peau épaisse pour en extraire la couleur et les arômes, et des pépins qui donneront aux vins rouges les tanins garants d'une belle longévité.

Les différences entre les baies

Les baies diffèrent en taille et en caractère selon les types de raisins ou cépages. Pour une même variété, la météo, le terroir et le travail du vigneron ont aussi une influence. Si la vigne reçoit beaucoup d'eau, la baie va s'en gorger, se distendre. La pellicule s'affine. En période de sécheresse, le raisin sera à l'inverse plus petit et avec une pellicule épaisse, concentrant ainsi les arômes pour le vin à venir.

Un cépage de *Vitis vinifera*

10 000

Le cépage désigne les différentes variétés de pieds de vigne cultivées pour produire du vin. Chaque cépage possède des caractéristiques propres.
Il existe environ 10 000 cépages dans le monde, dont 249 sont autorisés en France. Pourtant, les trois quarts de la production vinicole sont issus d'une douzaine d'entre eux seulement.
Pour faire du vin de qualité, on utilise des cépages de l'espèce *Vitis vinifera.* C'est l'espèce la plus cultivée pour le vin, mais il existe également d'autres espèces, comme la *Vitis labrusca* américaine. Ces espèces appartiennent au genre *Vitis,* lui-même issu de la famille des Vitacées. Cette large famille regroupe toutes sortes de vignes, comme la vigne vierge qui décore les murs des maisons.

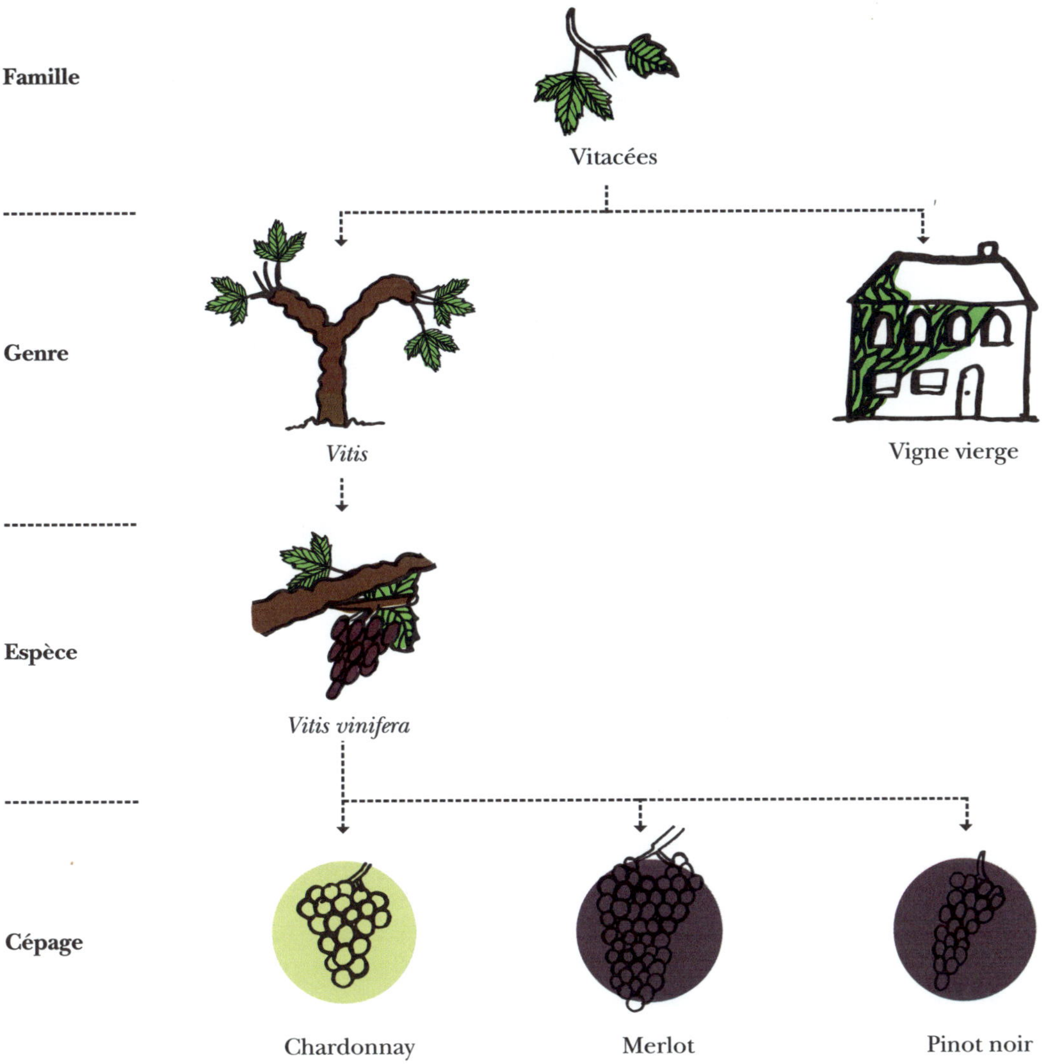

CHARDONNAY

SA SILHOUETTE

Il est versatile et change de peau selon la région, le terroir, le vigneron. Très floral ou très fruité, il peut aussi se révéler tranchant et minéral dans le nord de la Bourgogne comme à Chablis, ou sensuel et beurré comme en Californie.
À cause de sa personnalité d'éponge, il n'a pas de caractère aromatique très précis, mais regroupe généralement citron, acacia et beurre. Il est souvent élevé en fût de chêne pour mettre en valeur ses notes de toast et de brioche.

SA COTE D'AMOUR

Top absolu. C'est le raisin qui produit les plus grands vins blancs secs du monde. Et aussi les plus chers. Il est également utilisé pour le champagne.

CLIMAT CHAUD OU FROID ?

Chaud ET froid. Ce cépage s'adapte à tous les climats, d'où sa popularité, mais change de visage. Il sera plus sec avec des accents minéraux dans un climat froid, plus gras avec des arômes de fruits mûrs dans un climat chaud.

OÙ ÇA ?

En France : Bourgogne, Champagne, Jura, Languedoc, Provence.
À l'étranger : États-Unis (Californie), Canada, Chili, Argentine, Afrique du Sud, Chine, Australie.

SAUVIGNON

FRUITS

citron

citron vert

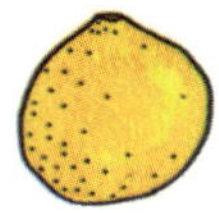
pamplemousse

bergamote

AVEC DE LA CHALEUR

ananas

fruit de la Passion

FEUILLES ET FLEURS

jasmin

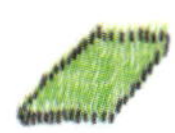
herbe fraîche/ tondue

bourgeon de cassis

sureau

BONUS

fumée

silex

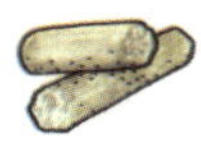
craie

SA SILHOUETTE

L'un des cépages les plus expressifs dans le verre. Il donne au vin des arômes rafraîchissants et vifs d'agrumes, d'herbes tendres qui évoquent le printemps et la joie de vivre. Avec l'aide du vigneron et d'un bon terroir, il peut s'enrichir d'odeurs de fumée et de cailloux. En bouche, il est aussi fringant qu'au nez, parfois nerveux. Lors de la vinification, il peut être utilisé seul ou assemblé avec son compagnon bordelais, le sémillon, pour des vins secs ou sucrés auxquels il apporte une touche de légèreté.

SA COTE D'AMOUR

Le sauvignon est devenu très populaire grâce à la renommée des sancerres de Loire et des bordeaux blancs. Il s'est alors exporté dans de nombreux pays. Très facile à boire et à apprécier, il est la star des blancs dits « variétaux », exprimant avant tout les arômes du cépage.

CLIMAT CHAUD OU FROID ?

Tempéré. S'il fait trop froid, il donne des arômes peu agréables de verdeur, voire de pipi de chat. S'il fait trop chaud, ses fruits se parent d'exotisme jusqu'à l'écœurement.

OÙ ÇA ?

En France : Centre-Val de Loire, Bordeaux, Sud-Ouest.
À l'étranger : Espagne, Nouvelle-Zélande, États-Unis (Californie), Chili, Afrique du Sud.

CHENIN

SA SILHOUETTE

Un cépage très surprenant de douceur et de vivacité. Son acidité et sa tendresse en bouche lui permettent de se décliner en vin effervescent, vin sec, demi-sec, moelleux et liquoreux. Du coing à la verveine, il peut prendre bien des visages, mais il se suffit à lui-même et n'a pas besoin d'être assemblé à d'autres cépages. Certains liquoreux peuvent vieillir des décennies.

SA COTE D'AMOUR

Encore confidentiel, car compliqué à travailler, ce cépage réunit pourtant de plus en plus d'aficionados purs et durs.

CLIMAT CHAUD OU FROID ?

Tempéré. Il est trop acide s'il fait trop froid, mais devient quelconque sous la chaleur.

OÙ ÇA ?

Loire, Afrique du Sud, États-Unis (Californie).

GEWURZTRAMINER

FRUITS

litchi

fruits exotiques

fruit de la Passion

écorce d'orange

FLEURS

rose

pivoine

ÉPICES

cannelle

muscade

réglisse

VERSION SUCRÉE

caramel

cuir

fruits secs

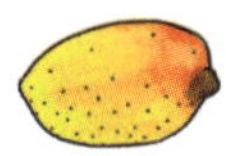
mangue

miel

pain d'épices

praliné

fruits confits

SA SILHOUETTE

Facilement reconnaissable à ses arômes uniques de rose et de litchi, il se pare volontiers d'épices. D'ailleurs, son préfixe vient du mot allemand *gewürz* qui signifie « épices ». Il est si ample en bouche et si aromatique qu'il peut devenir écœurant dans sa version sucrée quand il manque d'acidité. Mais c'est une véritable friandise quand il est bien fait.
Il n'est que rarement assemblé.

SA COTE D'AMOUR

Adoré ou détesté selon les goûts, il est généralement réservé aux apéritifs, desserts, repas de Noël ou mets asiatiques (chinois, thaï ou sushi).

CLIMAT CHAUD OU FROID ?

Froid. C'est un cépage du Nord ou des régions continentales. Il résiste bien aux gelées d'hiver.

OÙ ÇA ?

Alsace, Allemagne, Autriche, nord de l'Italie.

VIOGNIER

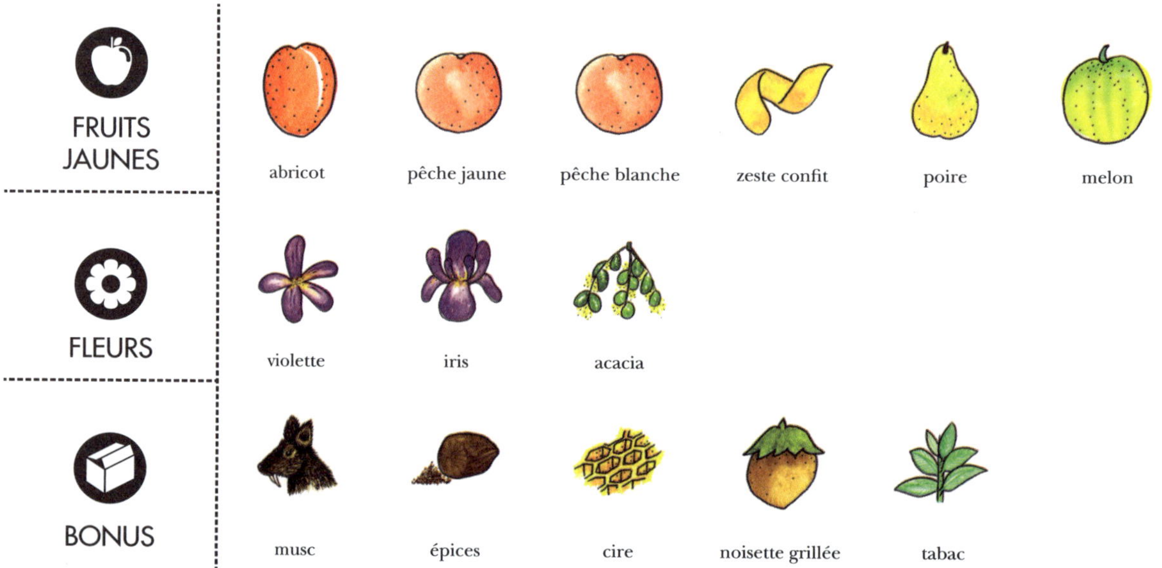

SA SILHOUETTE

Ce cépage produit un vin aux arômes marqués d'abricot et de pêche, souvent gras, corsé, voire capiteux. D'une rare élégance quand il est bien vinifié, il peut verser dans la lourdeur et le pâteux s'il est mal fait. Originaire du Rhône, il est vinifié seul pour les plus grands vins, mais se marie volontiers à d'autres cépages de la région comme la marsanne ou la roussanne. En rouge, quelques gouttes de viogner viennent parfois adoucir la syrah.

SA COTE D'AMOUR

Séduisant en diable dans les grands rhônes blancs, où il se vend à des prix élevés, il est peu connu des néophytes.

CLIMAT CHAUD OU FROID ?

Doux à chaud. Très difficile à cultiver et produisant peu, tout l'enjeu est d'atteindre un fragile équilibre entre son inévitable rondeur et une acidité correcte.

OÙ ÇA ?

En France : vallée du Rhône, Languedoc.
À l'étranger : États-Unis (Californie), Australie.

SÉMILLON

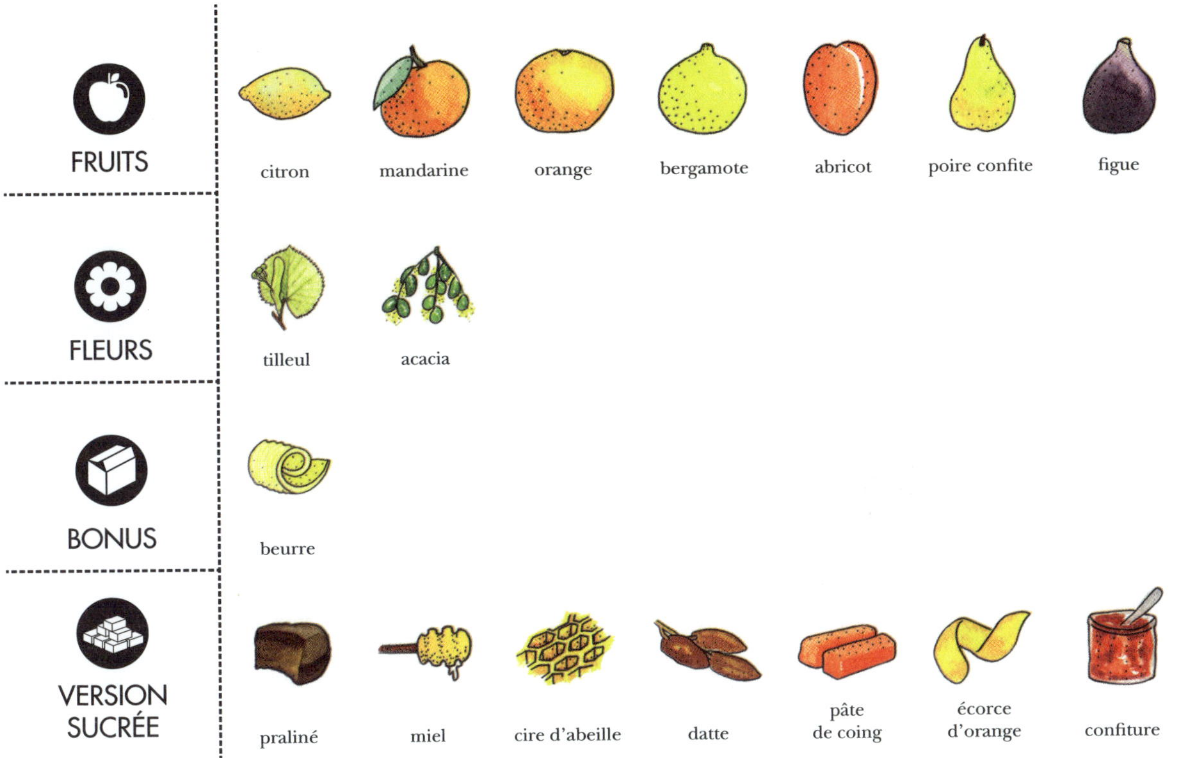

SA SILHOUETTE

Très sensible au botrytis (« pourriture noble » qui permet de concentrer le sucre des raisins pour donner naissances aux grands vins sucrés), le sémillon est le cépage phare des somptueux liquoreux de Bordeaux. Gras et peu aromatique dans les vins secs, dont il assure néanmoins une longue garde, c'est vraiment dans la version sucrée qu'il livre tout son potentiel. Son compagnon favori est le sauvignon à qui il apporte sa rondeur. La muscadelle complète parfois l'assemblage.

SA COTE D'AMOUR

C'est un champion. Les grands sauternes se vendent une fortune et sont prisés des amateurs de vins du monde entier.

CLIMAT CHAUD OU FROID ?

Océanique, tempéré à doux. Il faut que la pourriture noble puisse se développer à l'automne.

OÙ ÇA ?

En France : Bordeaux, Sud-Ouest.
À l'étranger : Australie, États-Unis, Afrique du Sud.

RIESLING

FRUITS

citron

citron vert

bergamote

pomme

mirabelle

FLEURS

chèvrefeuille

acacia

menthe

tilleul

BONUS

pétrole

silex

SA SILHOUETTE

Ce grand empereur germain se joue du sol : il retranscrit comme nul autre cépage le terroir qui lui donne naissance. Son arme est la pierre : plus que les arômes de fruits et de fleurs, ce sont les arômes minéraux qui surprennent dans les grands rieslings. Au cours de leur vie, certains délivrent une note de pétrole aussi caractéristique que marquante.
On y trouve aussi du caillou salé, enrobé d'agrumes et de fleurs délicates. On le boit sec ou liquoreux. Il est alors récolté en vendanges tardives à l'automne, en sélection de grains nobles à l'hiver, voire en vin de glace. Il se passe d'assemblage.

SA COTE D'AMOUR

C'est une star. Il est considéré par les dégustateurs comme l'un des deux meilleurs cépages blancs avec le chardonnay. Sous-estimé pendant une grande partie du XXe siècle, il plaît à nouveau aux consommateurs grâce à une production de plus en plus rigoureuse.

CLIMAT CHAUD OU FROID ?

Froid ! C'est le cépage septentrional par excellence. Il peut certes s'adapter à des climats plus chaleureux, mais il perd alors beaucoup de sa complexité, de son élégance et de son intérêt.

OÙ ÇA ?

Alsace, Allemagne, Luxembourg, Australie, Nouvelle-Zélande, Canada.

MARSANNE

FRUITS

amande verte

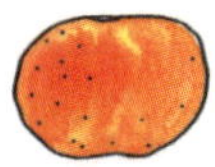
pêche

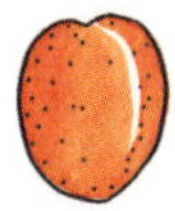
abricot

pomme

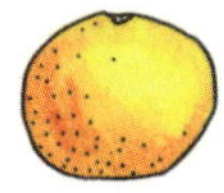
orange

fruits secs

FLEURS

jasmin

acacia

BONUS

noix

truffe

pâte d'amandes

cire d'abeille

SA SILHOUETTE

Ce cépage apporte de la puissance et de la rondeur à un vin. Il développe des arômes d'amande sous toutes ses formes mais aussi des odeurs de jasmin, de cire. Rarement présent à 100 % dans un vin, il complète harmonieusement d'autres cépages, notamment la roussanne, originaire comme lui de la vallée du Rhône.

SA COTE D'AMOUR

Pas très connue mais pourtant très présente sur le territoire français avec la roussanne.
La marsanne s'allie également au rolle-vermentino, au grenache blanc et au viognier.

CLIMAT CHAUD OU FROID ?

Chaud. Avec des cailloux à ses pieds.

OÙ ÇA ?

En France : vallée du Rhône, Languedoc et sud de la France.
À l'étranger : Australie, Californie.

ROLLE-VERMENTINO

FRUITS

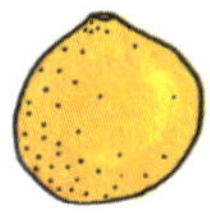
pamplemousse

poire

pomme golden

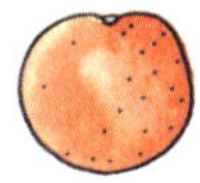
pêche

ananas

amande verte

FLEURS

aubépine

camomille

aneth

fenouil

anis

SA SILHOUETTE

Les vins blancs corses sont 100 % vermentino. Mais sous le nom de rolle, il se marie à une multitude de cépages en Provence : ugni blanc, marsanne, grenache blanc, clairette, chardonnay, sauvignon. Très frais et très aromatique, il dégage des arômes de poire et surtout des notes anisées comme le fenouil. En finale, une fine amertume se dégage, délicieuse quand elle n'est pas imposante.

SA COTE D'AMOUR

Très apprécié avec des plats de poisson en été, ce cépage a plus de mal à s'imposer durant les repas d'hiver. À tenter pourtant, dès qu'on a envie de vacances.

CLIMAT CHAUD OU FROID ?

Chaud ! Ce cépage apprécie la griffe du soleil, les terres sèches et peu fertiles.

OÙ ÇA ?

En France : Languedoc-Roussillon, sud-est de la France, Corse.
À l'étranger : Sardaigne, Toscane.

MUSCAT

FRUITS

raisin

citron

pomme

FLEURS

tilleul

rose

VERSION SUCRÉE

cire d'abeille

pâte de coing

confiture

écorce d'orange

raisin sec

SA SILHOUETTE

Cépage originaire de Grèce, cultivé depuis l'Antiquité, le muscat à petits grains (appelé aussi muscat de Frontignan ou *moscato*) se trouve dans toute l'Europe. Sec et floral, il est le seul cépage à délivrer des arômes de vrai raisin à croquer. Fin et pétillant en Italie, il est fortifié dans le sud de la France et en Grèce. Il donne alors un vin sucré, confit, adapté aux desserts : le muscat de Beaume-de-Venise ou le muscat de Rivesaltes. À ne pas confondre avec le muscat d'Alexandrie (à gros grains), le muscat ottonel… ou le muscadet (vin sec de Loire dont le cépage est le melon de Bourgogne) !

SA COTE D'AMOUR

Très apprécié comme sucrerie par les grands-parents, il a moins la cote auprès des jeunes. C'est dommage, il peut réserver des trésors de finesse.

CLIMAT CHAUD OU FROID ?

Doux. Il s'adapte facilement.

OÙ ÇA ?

Alsace (sec) et sud de la France (vin fortifié), Corse, Italie (*moscato* sec et pétillant), Grèce (muscat doux de Samos), Espagne, Portugal, Australie (nommé *rutherglen*), Autriche, Europe de l'Est, Afrique du Sud.

MELON DE BOURGOGNE (MUSCADET)

FRUITS

citron

citron vert

mandarine

pomme verte

poire

BONUS

iode

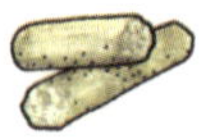
craie

hydrocarbures

galet

silex

poudre

SA SILHOUETTE

Malgré son nom, le melon de Bourgogne est bien un cépage de la Loire, au bord de l'océan, près de Nantes. On l'appelle ainsi à cause de la forme de ses feuilles, rondes comme des melons, et de sa provenance, la Bourgogne, vers 1635. C'est le cépage roi du muscadet, le seul autorisé pour produire cette appellation, ce qui explique qu'on ne le trouve jamais en assemblage. Ce cépage a la faculté de retranscrire le goût de l'océan. Ses notes aromatiques sont vives, délicates, citronnées et iodées. Quand il est bien vinifié, il délivre toujours une sensation salée en fin de bouche, avec l'impression de lécher les cailloux ou la roche qui composent son terroir. Il s'impose naturellement avec les fruits de mer.

SA COTE D'AMOUR

Il est assez peu connu, alors que le nom de muscadet est, lui, célèbre dans le monde entier. Hélas, sa popularité s'est accompagnée d'une image de petit vin pas cher et peu complexe, alors que, bien soigné, c'est un vrai vin de terroir qui peut vieillir jusqu'à 40 ans !

CLIMAT CHAUD OU FROID ?

Froid et humide. Il s'est imposé sur les coteaux de la Loire à la suite d'un terrible hiver, en 1709 (même l'océan gela le long des côtes !), où il montra sa capacité à résister au froid.

OÙ ÇA ?

En France : Loire.
Aux États-Unis (rare) : Oregon, État de Washington.

PINOT GRIS

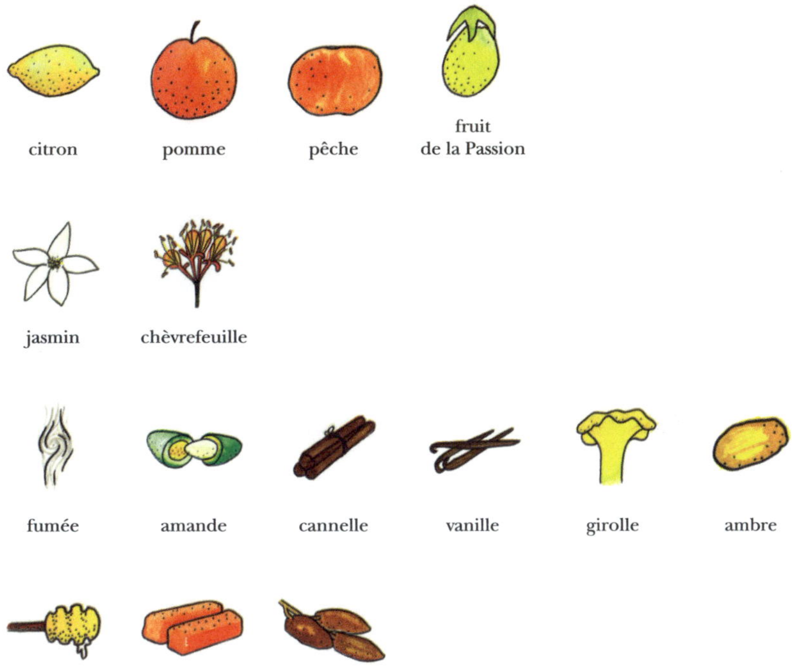

FRUITS	citron	pomme	pêche	fruit de la Passion		
FLEURS	jasmin	chèvrefeuille				
BONUS	fumée	amande	cannelle	vanille	girolle	ambre
VERSION SUCRÉE	miel	fruits confits	datte			

SA SILHOUETTE

Qu'on l'appelle pinot gris, en France, ou *pinot grigio*, de l'autre côté des Alpes, c'est toujours le même raisin, à la couleur surprenante, qui varie du gris rosé au parme, voire au gris lavande. D'ailleurs, la couleur de sa peau permet de produire un vin rosé très pâle dans le centre de la Loire. Mais c'est surtout pour sa complexité aromatique, sa belle finesse et sa capacité à livrer de grands liquoreux qu'on l'apprécie. Il est citronné et léger en Italie ; fumé, épicé et mûr en Alsace ; riche, corsé et puissant en vendanges tardives.

SA COTE D'AMOUR

En hausse ! Pas très répandu en France, il est donc peu connu, mais il gagne les cœurs à l'international. On l'aime dans sa version simple, on l'adore dans sa version concentrée.

CLIMAT CHAUD OU FROID ?

Froid. Même s'il peut s'acclimater à la chaleur, ce cépage a peu d'acidité et devient lourd si la température monte. En revanche, il résiste très bien aux hivers rigoureux.

OÙ ÇA ?

En France : Alsace, Loire.
À l'étranger : Italie, Allemagne, Autriche, Hongrie, Crimée, États-Unis, Australie, Nouvelle-Zélande.

PINOT NOIR

ARÔMES

cerise, framboise, fraise, cassis, iris

AVEC LE FÛT

bois, vanille, cannelle, tabac

EN VIEILLISSANT

fourrure, cuir, sous-bois, chypre (mousse), truffe, musc

SA SILHOUETTE

Ce roi bourguignon joue davantage sur la finesse que sur la puissance. Son vin est d'un rubis peu intense mais brillant, ses arômes de fruits rouges sont d'une beauté envoûtante et, en bouche, sa texture est fine et soyeuse, rarement asséchante. Mais c'est surtout en vieillissant, au bout de quelques années, qu'il va découvrir ses dessous affriolants. Il développe alors un bouquet de forêt en automne, de cuir et de truffe d'un chic fou. Le plus souvent, il est vinifié seul et se passe de la compagnie d'un autre cépage.

SA COTE D'AMOUR

Immense ! C'est l'un des cépages les plus appréciés (et les plus cultivés) au monde. Les prix des grands bourgognes atteignent des fortunes. Heureusement, on peut aussi trouver de jolis pinots noirs à petit prix, d'autant qu'ils sont très faciles à boire, en toute occasion.

CLIMAT CHAUD OU FROID ?

Frais. Sa peau est mince et, sous un climat chaud, le raisin mûrit trop rapidement et ses arômes ne sont pas intéressants.

OÙ ÇA ?

Partout où l'on cultive du vin, en Europe, Amérique du Nord et du Sud, Afrique du Sud… Mais ses terroirs les plus intéressants sont la Bourgogne, la Champagne, l'Oregon, la Nouvelle-Zélande et l'Australie.

CABERNET-SAUVIGNON

SA SILHOUETTE

Un autre monarque, côté bordelais cette fois. À l'image d'un marathonien, le vin issu du cabernet-sauvignon est fait pour durer. Ses abondants tanins sont un sésame pour traverser les décennies afin qu'il puisse développer un bouquet extrêmement complexe de cassis, tabac, viande de gibier, cèdre. Ce cépage produit un vin puissant, charpenté, assez sérieux, peu exubérant. Dans sa jeunesse, il peut paraître austère, voire revêche. C'est pourquoi il est souvent assemblé avec son compagnon débonnaire : le merlot.

SA COTE D'AMOUR

Gigantesque, comme le pinot noir. C'est le cépage rouge le plus répandu au monde. Et ses vins sont parmi les plus chers.

CLIMAT CHAUD OU FROID ?

Assez chaud. La peau de ses toutes petites baies est très épaisse et il mûrit tardivement. Il a donc besoin de soleil.

OÙ ÇA ?

Partout, de la France à la Chine. Notamment Bordeaux et le sud de la France.
À l'étranger : Italie, Chili, États-Unis, etc.

CABERNET FRANC

ARÔMES

framboise

cassis

mousse

eucalyptus

poivron

EN VIEILLISSANT

sous-bois

terre

SA SILHOUETTE

Ancêtre du cabernet-sauvignon, il est plus souple et moins dense que celui-ci. En monocépage, il donne des vins soyeux aux accents de cassis et de feuilles. S'il est récolté trop tôt, une touche de poivron peut apparaître. Il peut également être assemblé au merlot sur la rive droite de Bordeaux pour donner des vins à la fois ronds et rafraîchissants.

SA COTE D'AMOUR

Très apprécié dans les bistrots parisiens quand il vient de la Loire, il plaît aussi dans les bordeaux pour sa capacité à être bu jeune.

CLIMAT CHAUD OU FROID?

Tempéré. Il mûrit plus rapidement que le cabernet-sauvignon.

OÙ ÇA?

En France : Bordeaux, Loire, Sud-Ouest.
À l'étranger : Italie, Chili, Australie, États-Unis.

MERLOT

ARÔMES

pruneau

mûre

myrtille

cerise noire

violette

menthe

EN VIEILLISSANT

cuir

gibier

jus de viande

SA SILHOUETTE

Compagnon idéal du cabernet-sauvignon, dessinant ainsi un duo à la Laurel et Hardy (dans lequel il jouerait le rondouillard), il peut aussi être mis en bouteille sans assemblage tant il est immédiatement sympathique, opulent et doux au palais. Pour les grands bordeaux, il aime également s'acoquiner avec le cabernet franc qui prolonge sa durée de vie.

SA COTE D'AMOUR

Très apprécié pour un plaisir simple. Ce vin fruité et facile à boire jeune plaît beaucoup en vin de cépage. Il ravit également les amateurs de la rive droite de Bordeaux.

CLIMAT CHAUD OU FROID ?

Tempéré à chaud. Il est facile à cultiver et ses grosses baies à la peau fine mûrissent aisément.

OÙ ÇA ?

En France : Bordeaux, Sud-Ouest, Languedoc-Roussillon.
À l'étranger : Italie, Afrique du Sud, Chili, Argentine, Californie.

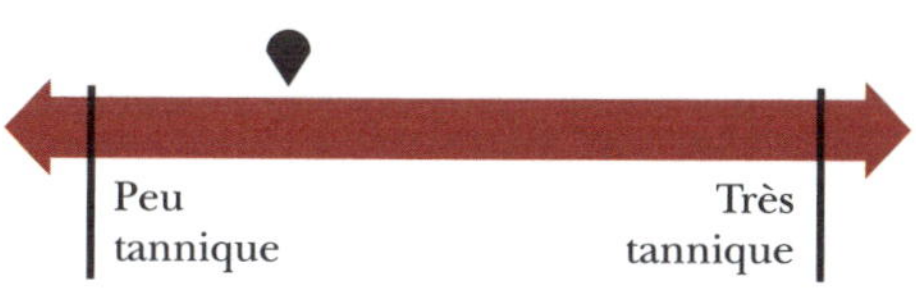

SYRAH

SA SILHOUETTE

La syrah est comme une robe du soir d'un violet profond. Ensorcelante, elle délivre de puissants arômes de poivre, de muscade et de réglisse, associés à la douceur de la violette. Elle produit des vins de longue garde, denses et puissants quand elle est vinifiée seule, plus fruités et faciles quand elle est mariée avec le grenache.

SA COTE D'AMOUR

Elle a fait la célébrité de l'hermitage, du côte-rôtie ou du saint-joseph, où elle ne s'apprécie qu'après quelques années de garde. C'est le cépage rouge le plus planté d'Australie.

CLIMAT CHAUD OU FROID ?

Tempéré ou chaud.

OÙ ÇA ?

En France : Rhône, sud de la France.
À l'étranger : Italie, Afrique du Sud. On l'appelle shiraz quand elle est cultivée en Australie, Nouvelle-Zélande, Chili, Californie.

GRENACHE

ARÔMES

figue

fraise

myrtille

noix de muscade

garrigue (thym, laurier, romarin)

cacao

cannelle

eau-de-vie

AVEC LE FÛT

vanille

café

réglisse

caramel

EN VIEILLISSANT

figue sèche

pruneau

moka

cuir

SA SILHOUETTE

Ce raisin d'origine espagnole produit des vins gourmands aux francs arômes de pruneau, de chocolat et de garrigue, à la bouche facilement sucrée, avec parfois un degré d'alcool très élevé. Il se décline du rosé au vin doux naturel (sucré) en passant, bien sûr, par le vin rouge assemblé ou en monocépage. Dans le Rhône, il aime flirter avec la grande syrah, adoucissant les tanins de cette dernière par sa rondeur.

SA COTE D'AMOUR

Aussi aimé que répandu dans les zones méridionales. Très prisé pour sa présence dans les grands châteauneuf-du-pape et les vins mutés comme le banyuls et le maury, on l'adore avec du chocolat.

CLIMAT CHAUD OU FROID ?

Chaud. Il craint les froides pluies de printemps mais pas la sécheresse.

OÙ ÇA ?

En France : Rhône, Roussillon, Provence, Languedoc.
À l'étranger : Espagne, Australie, Maroc, États-Unis…

GAMAY

FRUITS

cerise rouge

fraise

framboise

groseille

mûre

banane

FLEURS

jasmin

BONUS

chocolat

SA SILHOUETTE

Synonyme de Beaujolais, région où il occupe 99 % du vignoble, le gamay est un cépage on ne peut plus fruité et charmant. De nombreux arômes de fruits rouges gourmands, une bouche fraîche, souple et peu tannique, voilà qui fait un vin facile à boire en toute occasion. Malmené par la mode du beaujolais nouveau et une fermentation qui provoque un nez de banane et de bonbon, il peut aussi, quand il est bien fait, vieillir avec une grande beauté.

SA COTE D'AMOUR

Tombé en disgrâce à cause d'une production trop forcée, il revient sur les bonnes tables grâce à des vignerons soucieux de faire un vin alliant concentration et qualité.

CLIMAT CHAUD OU FROID ?

Frais à tempéré. C'est un cépage aussi précoce que productif.

OÙ ÇA ?

En France : Beaujolais, Pays de Loire, Ardèche, Bourgogne.
À l'étranger : Suisse, Chili, Argentine.

MOURVÈDRE

ARÔMES

mûre

réglisse

garrigue

cannelle

poivre

musc

EN VIEILLISSANT

cuir

gibier

truffe

SA SILHOUETTE

Le mourvèdre produit des vins presque noirs, puissants et souvent riches en alcool. S'il peut se montrer dur et terreux dans sa jeunesse, il développe avec l'âge des arômes de cuir et de truffe. Il est souvent utilisé lors d'assemblages pour donner une charpente aux vins du Sud, en rouge ou en rosé.

SA COTE D'AMOUR

Peu connu du grand public, ce cépage demande de la patience et produit les magnifiques bandols de Provence.

CLIMAT CHAUD OU FROID ?

Chaud ! Sa peau est épaisse, il a besoin de beaucoup de soleil pour mûrir.

OÙ ÇA ?

En France : Rhône, Languedoc-Roussillon, Bandol.
À l'étranger : Californie, Australie, Espagne.

MALBEC

FRUITS

cerise noire

myrtille

prune

BONUS

cèdre

cuir

chocolat

cacao

SA SILHOUETTE

Incontournable en Argentine, ce cépage y donne des vins colorés, à la fois riches et veloutés. Mais il peut revêtir un caractère plus rustique et tannique dans le sud-ouest de la France. Il est vinifié en rosé comme en rouge, seul ou en assemblage. Les vins rouges de malbec dégagent des notes très marquées de cacao et de chocolat, mêlées de cerise noire.

SA COTE D'AMOUR

Autrefois très répandu en France, il n'y est plus très connu. En revanche, il est populaire dans l'hémisphère américain.

CLIMAT CHAUD OU FROID ?

Plutôt chaud. Il est sensible au gel.

OÙ ÇA ?

En France : Bordeaux, Sud-Ouest.
À l'étranger : Argentine, Chili, Italie, Californie, Australie, Afrique du Sud.

CARIGNAN

FRUITS

mûre

banane

pruneau

BONUS

garrigue

réglisse

silex

SA SILHOUETTE

Parfois utilisé pour la production de masse, le carignan n'est alors pas très intéressant, acide et peu aromatique. Mais qu'on diminue les rendements, qu'on limite la chimie et qu'on laisse vieillir ses vignes et il produit alors un vin de caractère, puissant, coloré, généreux ; certes rustique, mais aux arômes de garrigue et de caillou inimitables. Il est largement utilisé dans des assemblages.

SA COTE D'AMOUR

Présent dans beaucoup de vins rouges et rosés du Sud, il reste méconnu. Difficile à cultiver, seuls quelques irréductibles le travaillent en monocépage pour le plus grand bonheur des amateurs avertis.

CLIMAT CHAUD OU FROID ?

Chaud. Il aime le soleil, la sécheresse et le vent.

OÙ ÇA ?

En France : Rhône, Languedoc, Provence.
À l'étranger : Espagne, Maghreb, Californie, Argentine, Chili.

SANGIOVESE

ARÔMES

EN VIEILLISSANT

SA SILHOUETTE

Italien jusqu'au bout des pépins, il produit des vins très différents dans le centre du pays, depuis le populaire chianti jusqu'au majestueux (et cher) brunello di Montalcino. Son nom signifie : « sang de Jupiter ». Il donne des vins à la robe rubis assez pâle, avec une acidité vibrante, des tanins fermes et des arômes caractéristiques de cerise noire et d'herbes aromatiques. Il peut vieillir pendant plus de 40 ans dans les appellations les plus prestigieuses.

SA COTE D'AMOUR

C'est le cépage le plus planté en Italie, notamment en Toscane. On lui doit les « super-toscans », mais il est aussi reconnu pour sa version corse, où il prend le nom de nielluccio et donne de superbes patrimonio.

CLIMAT CHAUD OU FROID ?

Chaud, avec des nuits fraîches. Si le cépage n'est pas mûr, il donne des vins trop pâles, acides et astringents.

OÙ ÇA ?

En France : Corse (sous le nom de nielluccio).
À l'étranger : Italie (Toscane, Ombrie, Campanie), États-Unis, Argentine, Chili, Australie.

NEBBIOLO

ARÔMES

mûre | myrtille | prune | figue | goudron | rose

violette | iris | anis | cacao | réglisse

EN VIEILLISSANT

truffe | confiture | champignon | fumée | cuir

SA SILHOUETTE

C'est l'un des cépages les plus estimés en Italie, car il donne naissance aux célèbres barolo et barbaresco dans la région du Piémont. Ces vins ont des tanins d'une puissance et d'une astringence monstrueuses quand ils sont jeunes. Ils ont besoin de beaucoup de temps (plus de 10 ans, souvent) pour délivrer une myriade d'arômes complexe. Infiniment exigeant à cultiver, ce cépage est sensible au gel et aux maladies.
Il a de faibles rendements de production, mais il peut donner des vins inoubliables.

SA COTE D'AMOUR

Il se mérite : ses vins sont rares, très chers et imposent une patience redoutable pour être bus à pleine maturité. Celle-ci atteinte, ce sont des vins extrêmement recherchés par les plus grands amateurs du monde entier.

CLIMAT CHAUD OU FROID ?

Doux et humide. Sa floraison est précoce, mais son mûrissement est tardif et demande une longue saison ensoleillée pour que les tanins perdent leur verdeur.
Son nom est un dérivé de *nebbia* (« brouillard »), car la région du Piémont est brumeuse, et que le brouillard d'automne est fréquent durant les vendanges.

OÙ ÇA ?

Italie (Piémont, Lombardie), Autriche, Bulgarie, Chypre, Grèce, États-Unis, Mexique, Chili, Argentine, Australie…

LA VIE DE LA VIGNE

Le vin est le résultat de deux périodes de labeur très différentes : d'abord le travail de la vigne, que l'on nomme viticulture. Puis le travail dans le chai pour transformer le raisin en vin : c'est la vinification.

Au fil de l'année : croissance, taille, maturation…

Hiver

La dormance : la vigne dort. Plus il fait froid, mieux c'est pour la prochaine vendange (à condition que la sève ne gèle pas dans le pied).

La taille : la sève ne circule plus. On en profite pour tailler la vigne, car elle s'épuiserait à alimenter trop de rameaux. Plus la vigne est fertile, plus on coupe court.

Début du printemps

La vigne se met à pleurer. C'est la sève qui remonte et pointe au bout de la taille.

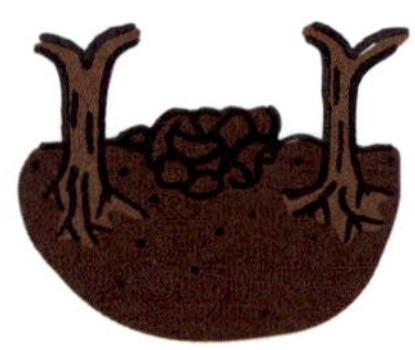

Le labour : il est temps de remuer la terre entre les rangs pour aérer le sol, favoriser la vie de la terre et permettre à l'eau de mieux y pénétrer. Selon la devise, un bon labour vaut plusieurs pluies.

Le débourrement : le bourgeon gonfle, s'ouvre et laisse apparaître une jeune pousse. Gare au gel tardif, qui tue instantanément le bourgeon.

Fin du printemps - début de l'été

La feuillaison : une à une, les feuilles apparaissent, se déroulent et s'étalent.

La floraison : le soleil et la chaleur sont plus présents, de toutes petites fleurs blanches apparaissent, elles sont déjà en forme de grappe.

La nouaison : les grains de raisin se forment dans les fleurs fécondées. Le viticulteur fait une première estimation de sa récolte.

L'écimage : le viticulteur coupe le sommet des rameaux pour que la vigne ne pousse pas trop et puisse concentrer ses forces dans le raisin.

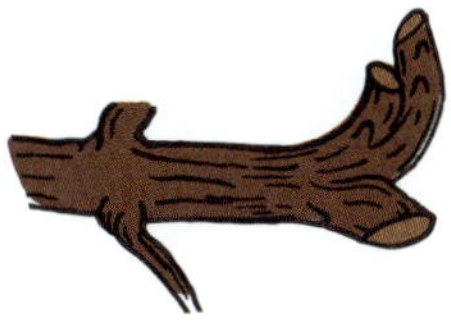

L'effeuillage : le viticulteur coupe les feuilles qui masquent les grappes du soleil levant. Selon les régions, on en laisse juste assez pour que les grappes reçoivent un ensoleillement optimal sans être brûlées par le soleil.

Risques lors de la vie de la vigne

La fécondation se passe mal, car il n'y a pas assez de vent, trop de pluie ou de chaleur. Risque de coulure : la sève ne monte pas vers le fruit et ce dernier tombe. Risque de millerandage : les baies ne grossissent pas. Risque de grêle qui hache le raisin.

Été

La vigne suit une phase de croissance pendant laquelle, si tout va bien, les grappes de raisin grossissent.

La vendange en vert : dans certains vignobles, quand la vigne est trop fertile, on coupe des grappes pour limiter les rendements et faciliter la maturation des grappes restantes. Des rendements faibles sont souvent gage d'un vin de qualité.

La véraison : jusque-là, le raisin était vert, opaque et dur. Pendant cette période, la baie modifie enfin sa couleur : jaune pâle pour les cépages blancs et rouge à bleu sombre pour les cépages rouges.

La maturation : elle dure jusqu'aux vendanges. C'est une période capitale, car elle joue un rôle fondamental sur le caractère du millésime. En mûrissant, le raisin gagne en sucre et perd en acidité, sa peau s'affine. Si la météo se détraque, cela aura une influence directe sur le vin.

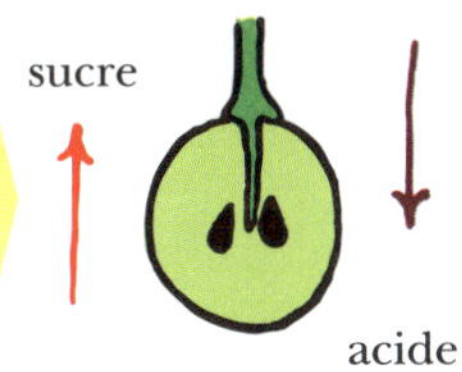

La vendange : environ une centaine de jours après la floraison, le raisin est prêt à être cueilli ! Le viticulteur attend que la maturité soit optimale pour récolter un raisin parfait, mûr mais pas trop.

Automne

Les feuilles changent de couleur et tombent. La vigne entre en repos hivernal.

LES DIFFÉRENTS LOOKS DE LA VIGNE

Selon la région, le climat et le cépage, le viticulteur choisit la taille la plus adaptée à sa vigne. Il ne faut pas oublier que la vigne est une liane : sans une bonne coupe en hiver, elle produit du bois au détriment du fruit.

Il existe différents systèmes de taille de la vigne :

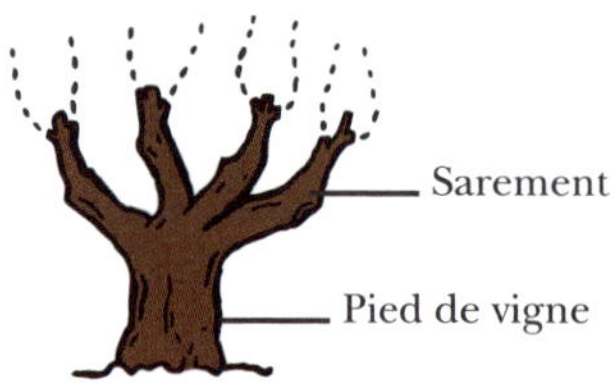

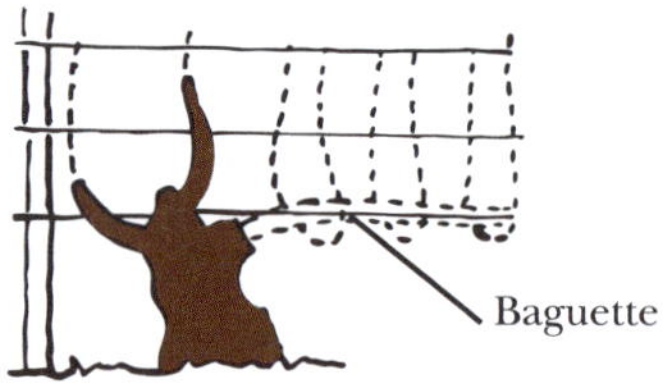

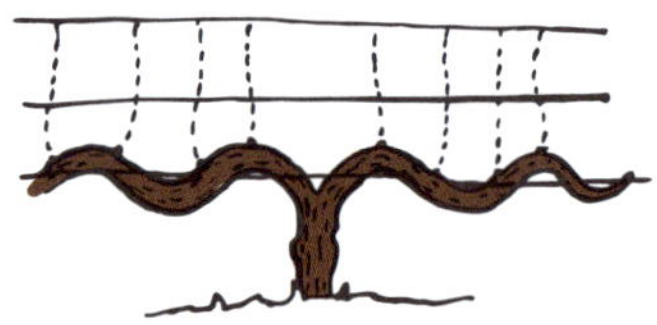

La taille en gobelet

Surtout présente dans les vignobles méditerranéens (Sud de la France, Espagne, Portugal, Italie), car les feuilles protègent le raisin du soleil. Le pied est très court et chaque bras porte un sarment, tels les doigts d'une main. Aucun fil de fer n'est nécessaire mais, en contrepartie, il est impossible de mécaniser le travail.

La taille en Guyot (simple ou double)

Cette taille est très répandue. Elle est souvent simple en Bourgogne (*cf.* schéma), double dans le Bordelais (il y a alors un long bras de chaque côté). Ce système très pratique permet d'avoir de bons rendements sur des cépages peu fertiles et de faire passer le tracteur dans les vignes. Comme cette taille fatigue vite la vigne, on utilise une baguette différente chaque année.

Le cordon de Royat

Cette vigne au pied très solide s'entretient facilement à la machine (taille et vendange), les grappes sont étalées et aérées. Cette taille est privilégiée pour les cépages vigoureux.

Le jeune cep et le vieux cep

Un cep (ou pied) de vigne peut vivre très longtemps, en moyenne 50 ans, mais certains sont centenaires. Plus la vigne vieillit, moins elle produit de raisin mais meilleur est le vin à l'arrivée. Une parcelle de vieilles vignes est donc un bien précieux que le viticulteur couve avec attention. Dans ses trois premières années, la vigne se développe mais ses raisins ne sont pas assez bons pour être transformés en vins. Entre ses 10 et 30 ans, elle est au top de sa forme pour produire en grandes quantités. Au-delà, elle s'assagit et concentre davantage le jus dans les baies. Sa vie n'est pas si différente de la nôtre : croissance, vigueur puis sagesse.

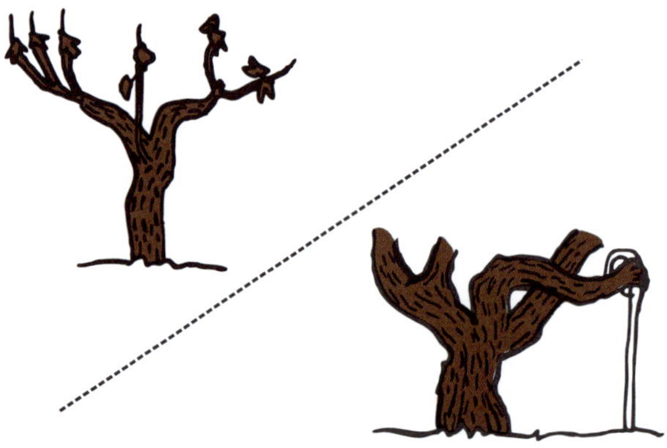

L'HISTOIRE DU PORTE-GREFFE

Aujourd'hui, 99,9 % des vignes françaises poussent sur des racines qui leur ont été greffées avant d'être plantées. Et c'est ainsi pour presque tous les pays viticoles de la planète. Quand un viticulteur a besoin de planter des vignes, il achète un cépage assemblé à la cire sur un porte-greffe.

Pour comprendre d'où vient cette habitude, il faut remonter le temps, jusqu'en 1863 et l'apparition du phylloxéra. Jusque-là, le vin européen se porte très bien. Mais soudain, dans le Gard, la vigne tombe malade. Et la maladie se propage, détruisant la majeure partie du vignoble français et créant, en vingt ans, une grave crise viticole et vinicole sur tout le continent.

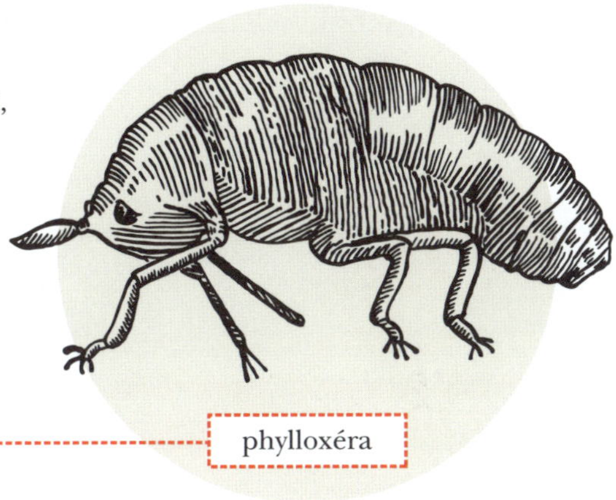

Le coupable ? Un puceron ravageur originaire d'Amérique du Nord. En quelques semaines, le phylloxéra (c'est son nom) s'attaque aux racines d'une vigne, l'affaiblit et la tue.

phylloxéra

La découverte aux États-Unis d'une vigne indigène immunisée contre le phylloxéra et la technique qui en découle révolutionne la viticulture moderne. La souche américaine sert de porte-greffe pour les cépages européens. La technique se généralise à partir de 1880 et relance les vignobles, mais il faudra un bon demi-siècle pour que les choses rentrent dans l'ordre.

Aujourd'hui, presque toutes les vignes du monde sont greffées. Ne subsistent que quelques exceptions, des cépages locaux résistants ou des vignes poussant sur un sol sableux, où le parasite ne survit pas.

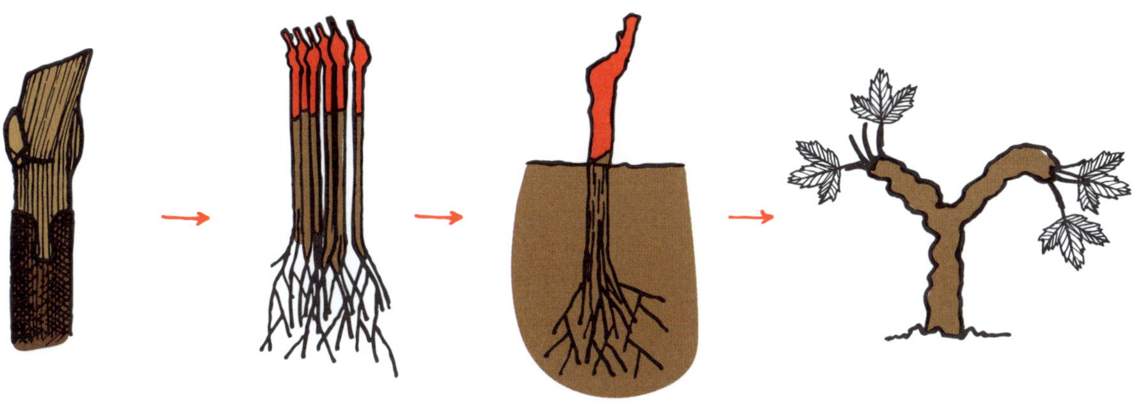

La fabrication → L'achat → Une fois planté → Quelques années plus tard

LES MALADIES DE LA VIGNE

De nombreuses maladies peuvent affecter la vigne et la récolte à venir. Elles diminuent la quantité de production mais aussi, parfois, la qualité gustative des raisins. Dans le pire des cas, elles peuvent entraîner la mort du cep. Il faut distinguer les maladies cryptogamiques, dues à des champignons, et les maladies causées par des insectes et des parasites.

Le mildiou

Ce champignon est le plus grand ennemi de la vigne. Il se développe principalement lors de printemps pluvieux et doux, mais ses attaques peuvent durer jusqu'à la véraison. Il contamine les feuilles et les baies, et peut entraîner d'importantes pertes d'une récolte. On le combat avec de la bouillie bordelaise et des traitements au soufre pulvérisés.

L'oïdium

Proche du mildiou, l'oïdium est également provoqué par un champignon qui s'attaque aux feuilles et aux raisins. Il apparaît particulièrement dans les atmosphères chaudes et humides, et menace jusqu'aux vendanges. L'attaque, discrète au départ, se traduit par l'apparition d'une poussière grisâtre et se propage rapidement dans les rangs de vignes.

La pourriture grise

De son vrai nom *Botrytis Cinerea*, cette pourriture a un double visage : elle est appelée « pourriture noble » sur certains terroirs et certains cépages, car c'est elle qui donne naissance aux grands vins liquoreux. Mais, quand elle se développe sur des vignes classiques, c'est la catastrophe. Active de la véraison aux vendanges, elle contamine rapidement le raisin et détériore son goût.

L'esca

C'est une des plus anciennes maladies de la vigne, mais elle est mal maîtrisée, car très complexe. Elle nécrose le pied de vigne et entraîne souvent sa mort. Une méthode bien particulière de taille de la vigne peut lutter contre sa prolifération.

La flavescence dorée

Cette bactérie transportée par la cicadelle (insecte) peut entraîner la perte de la totalité d'une récolte et, à terme, la mort de la vigne. Il n'existe pas de mode de protection directe. Une fois contaminé, le cep doit absolument être arraché et brûlé.

LES EFFETS DE LA MÉTÉO

Le climat et la météo sont deux concepts très différents. Le premier est constitutif d'une zone géographique. La France, par exemple, est traversée par un climat océanique sur les vins de Bordeaux, et un climat semi-continental sur la Bourgogne... Ces climats donnent des indications sur la conduite viticole : les cépages à privilégier, la taille adaptée, la date des vendanges. La météo, elle, signe le millésime. Une année chaude et sèche donnera au vin un caractère très distinct de celui d'une année froide et pluvieuse. C'est particulièrement vrai dans les semaines qui précèdent les vendanges.

Les inconvénients météorologiques

Il fait trop chaud : la croissance des raisins est ralentie. La concentration en sucre est trop forte : les vins auront un degré d'alcool plus élevé et manqueront d'acidité.

La grêle : elle peut survenir à n'importe quel moment de l'année et est le cauchemar des vignerons : en moins de 10 minutes, elle peut hacher la vigne et anéantir une récolte.

Le gel : quand il survient au printemps, pendant le débourrement (le bourgeon laisse apparaître la pousse), il cause des catastrophes dans le vignoble. Des bourgeons gelés meurent et ne donnent pas de raisins.

Il pleut trop : les vignes poussent trop, les baies sont trop volumineuses, peu sucrées, acides et pauvres en matières colorantes.
Il ne pleut pas assez : la vigne a soif et ne pousse plus. La maturation des raisins peut être stoppée.

Les effets du réchauffement climatique

Depuis plus de trente ans, les observations montrent une évolution de la maturité du raisin : il mûrit plus tôt, voire trop tôt dans les zones viticoles historiques. Conséquence : les raisins sont de plus en plus sucrés et les vins plus chargés en alcool. Ils deviennent pâteux et lourds à digérer. Pour les vignobles du sud de la France, d'Espagne, d'Italie, d'Australie et de certaines zones américaines, ce réchauffement est un problème. Comment conserver de la fraîcheur aux vins ? Il faut adapter la taille du feuillage, mais aussi les dates des vendanges, et même la nature des cépages. À l'inverse, ce réchauffement est une aubaine pour certains vignobles, comme la Champagne, qui ne s'inquiète plus d'avoir un raisin suffisamment mûr. De même, les raisins de la côte britannique s'épanouissent d'une manière inédite. À quoi ressemblera la carte des vignobles dans un demi-siècle ? Il est probable que la vigne, originaire de la Méditerranée, désertera ses terres de naissance et se déplacera vers les pôles. Il faudra inventer de nouveaux cépages… et de nouveaux terroirs !

LES TRAITEMENTS DE LA VIGNE

Tout au long de l'année, le viticulteur doit traiter la vigne contre les insectes, les champignons, les virus ou la pourriture qui la menacent. Il peut également nourrir la terre avec des engrais.

Les traitements

Le viticulteur dispose de tout un arsenal de traitements, chimiques ou non : engrais chimique ou naturel, pesticide, insecticide, bouillie bordelaise (mélange de sulfate de cuivre et de chaux), soufre, purin d'ortie… Il choisit les produits en fonction de son type d'agriculture : intensive, raisonnée, biologique ou biodynamique.

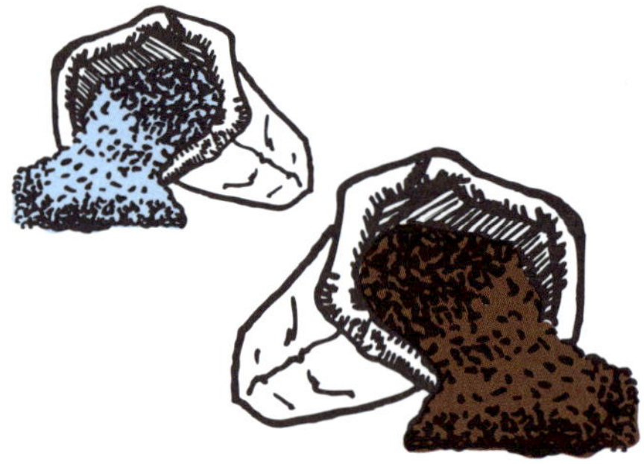

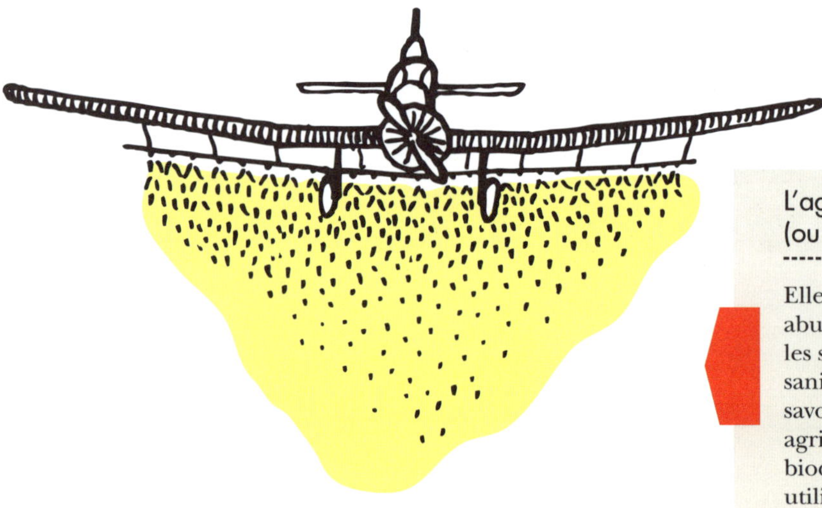

L'agriculture intensive (ou conventionnelle)

Elle est en régression. Une utilisation abusive des produits chimiques épuise les sols, sans parler des risques sanitaires pour les viticulteurs. Il faut savoir que la viticulture reste l'activité agricole la plus polluante pour la biodiversité (20 % des pesticides utilisés pour 3 % de la surface agricole française).

L'agriculture raisonnée

Elle gagne nettement du terrain : les traitements chimiques sont autorisés, mais utilisés en plus petite quantité. Au lieu de traiter préventivement, le viticulteur attend un certain seuil de nuisibilité avant de dégainer des produits phytosanitaires ciblés.

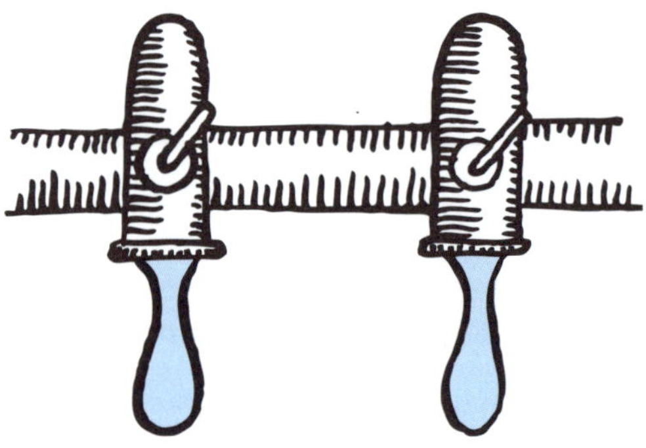

L'agriculture biologique

Un vin bio est tout d'abord un vin issu de l'agriculture biologique. C'est surtout dans les vignes que ça se passe.

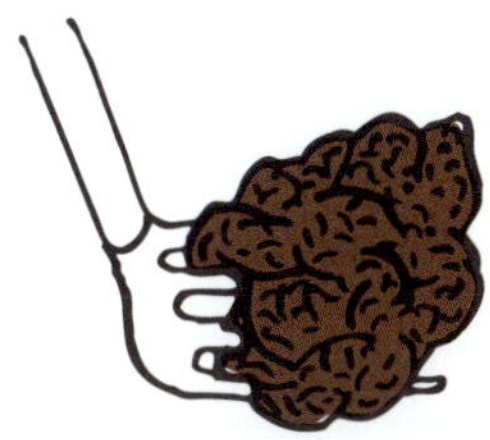

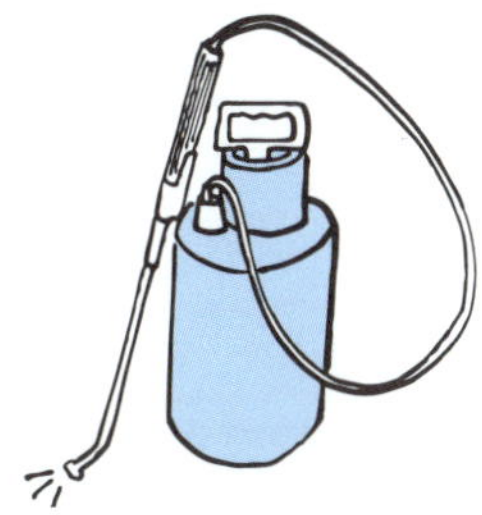

La viticulture

Pour obtenir le label « AB » (« agriculture biologique »), en Europe, il faut d'abord 3 ans de conversion. Le viticulteur n'a pas le droit d'utiliser d'engrais chimique, d'herbicide, de pesticide de synthèse ni d'insecticide. À la place, il opte pour un engrais naturel comme le fumier, et pour la confusion sexuelle contre les vers de grappe (utilisation de phéromones qui déroutent les papillons). Contre les maladies, il conserve le droit de pulvériser du soufre et d'épandre du cuivre dans les vignes. Néanmoins, ce dernier est néfaste pour les sols selon la quantité utilisée. Ce qui pose d'autres problèmes.

Le vin bio

Le vin bio existe officiellement depuis un règlement européen de 2012, qui fixe des normes plus strictes au chai, lors de la vinification : les apports utilisés (levures, etc.) doivent aussi être bio.
Le bio demande plus d'attention, plus de travail, plus de bras, plus d'argent. Il est compliqué à mettre en place sur des terroirs difficiles (comme à Bordeaux, où le climat est humide et propice aux maladies). Mais il est l'assurance d'une culture pérenne pour la biodiversité et d'une terre riche en nutriments et micro-organismes.

Les régions

L'agriculture biologique de la vigne est en pleine explosion en France. La Provence, la Corse et le Jura sont particulièrement dynamiques, suivis de l'Alsace, du Languedoc et du Rhône. Le Bordelais rattrape son retard. En 2017, 10 % du vignoble français était certifié « AB ».

L'agriculture biodynamique

La biodynamie va plus loin que l'agriculture biologique. Elle cherche à mettre en valeur l'énergie du sol et des éléments naturels pour favoriser l'épanouissement de la vigne. Encore peu pratiquée, elle bénéficie d'un engouement croissant de la part des consommateurs.

L'origine de la biodynamie

L'agriculture biodynamique, appelée couramment « biodynamie » s'appuie sur les travaux (contestés) du philosophe autrichien Rudolph Steiner, notamment une série de conférences donnée aux agriculteurs en 1924. Cette méthode considère tout domaine agricole comme un organisme vivant, diversifié et autonome, dont il faut comprendre le fonctionnement et le respecter. Ainsi, au lieu de traiter une maladie, le viticulteur s'efforce de corriger le déséquilibre qui crée cette maladie.

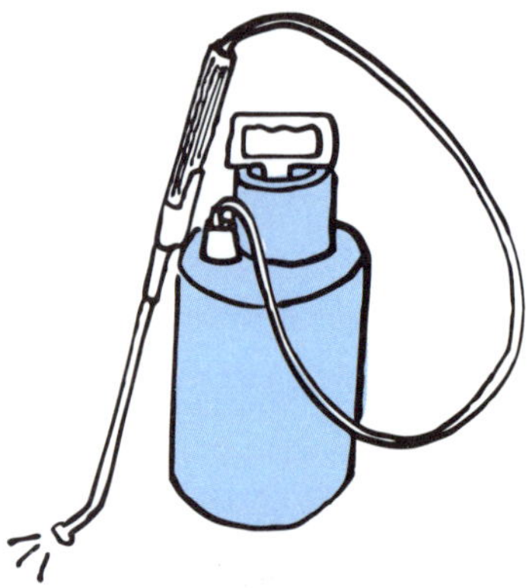

La méthode

Ce type de production reprend les principes de l'agriculture biologique, mais y ajoute des préparations qui reposent sur des principes ésotériques et qui prennent en compte les rythmes lunaires et planétaires. Ces préparations naturelles (les préparâts) sont pulvérisées à dose homéopathique pour renforcer la vigne, vivifier le sol et limiter le développement des parasites. Comme en bio classique, la bouillie bordelaise peut être utilisée contre le mildiou. Enfin, les vignes sont labourées.

Le label Demeter

Le label international de l'agriculture biodynamique est le label Demeter. Il suit un cahier des charges très précis, complétant celui de l'agriculture biologique par un calendrier spécifique pour les traitements et soins pour la vigne, selon l'influence de la lune, du soleil et des planètes.

Le label Biodyvin

Depuis 1996, le label Biodyvin, créé par le Syndicat international des vignerons en culture biodynamique, orne également les vins biodynamiques certifiés par Écocert. Ce label est notamment utilisé par quelques-uns des plus réputés vignerons français.

Exemples de traitements en biodynamie

La bouse de corne
Cette préparation, bien que cocasse, est l'une des plus célèbres et des plus utilisées en biodynamie. Elle vise à favoriser la vie du sol et la croissance des racines. Pour la préparer, il faut remplir une corne de vache de bouse, puis l'enterrer durant un hiver pour une bonne maturation. Son contenu est ensuite dilué dans l'eau, brassé énergiquement avant d'être pulvérisé dans le vignoble.

La lune ascendante et descendante
L'influence de la lune sur l'eau et les végétaux est primordiale dans les pratiques viticoles biodynamiques. On considère qu'il y a des périodes fastes pour le développement des racines, d'autres pour les feuilles, les fleurs ou les fruits. Il est conseillé, par exemple, de labourer et épandre le compost en phase descendante et de récolter les fruits en phase ascendante. Il ne faut pas confondre ces phases avec celles de la lune croissante et décroissante, qui suivent un autre rythme.

Les calendriers lunaires
Les viticulteurs en biodynamie utilisent un calendrier lunaire détaillant toutes les phases et le symbole du jour : racine, feuille, fleur ou fruit. Ces derniers sont parfois utilisés pour choisir les meilleurs jours pour la dégustation.

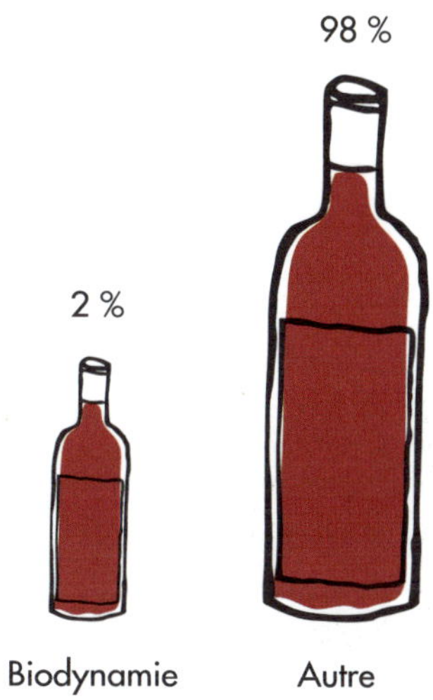

L'efficacité de la biodynamie

La biodynamie soulève de grandes interrogations quant à son efficacité réelle sur la viticulture, voire un certain scepticisme. Elle est néanmoins pratiquée avec succès par une poignée de vignerons à la renommée internationale, qui produisent des vins de grande qualité : Nicolas Joly, du domaine de La Coulée de Serrant dans la Loire, un des pionniers de la biodynamie dans la viticulture, ou encore le domaine de la Romanée-Conti, le plus réputé de Bourgogne.

Son accueil

Si elle est de plus en plus prisée des consommateurs dégoûtés des pesticides, elle reste pour autant très marginale et concerne moins de 2 % du vignoble français.

Vin nature

Le vin naturel existe-t-il ?

C'est l'argument principal de ses détracteurs : le vin n'existe pas à l'état naturel. Il est produit par l'homme. Accoler le mot « naturel » au vin relèverait donc de la malhonnêteté. De plus, quand bien même une fermentation spontanée transformerait un jus de raisin en vin indépendamment de toute volonté humaine, le destin de ce vin laissé aux mains de la nature serait de se transformer en vinaigre. D'où la plaisanterie classique des opposants à ce type de vin : « Qu'est-ce qu'un vin naturel ? Du vinaigre ».
Pourtant, les producteurs de vin naturel ne doutent pas de leur rôle dans la réussite de leurs vins ! En effet, « naturel » ne signifie pas qu'on laisse la nature faire, mais qu'on n'utilise aucun autre produit que le raisin.

Vin naturel ou vin nature ?

Tout comme « pâté en croûte » versus « pâté croûte », le débat n'est toujours pas tranché entre « vin nature » et « vin naturel ». Vous pouvez donc utiliser le terme que vous préférez. Pour en finir avec ces interminables discussions, le syndicat de défense de ce type de vins préfère l'orthographier ainsi : nature'L.

Enfin une reconnaissance légale !

En pleine pandémie de Covid, l'information est passée inaperçue dans les médias français. Et pourtant, c'est une grande victoire pour le monde du vin nature. Depuis mai 2020, l'Institut national de l'origine et de la qualité (INAO) et la Direction générale de la concurrence, de la consommation et de la répression des fraudes (DGCCRF) reconnaissent un label : « **Vin méthode nature** ».

Jusque-là, le vin nature n'avait aucune existence légale. La Commission européenne interdisant d'accoler « vin » et « nature » sur une étiquette, il est impossible de l'afficher tel quel sur la bouteille. Les vignerons rusent donc avec d'habiles jeux de mots ou des orthographes fantaisistes, mais il était jusqu'ici impossible de se fier à l'étiquette.

Désormais, le label officiel permet de donner une définition claire de ce qu'on attend d'un vin nature[1]. Il n'y a pour l'instant que quelques centaines de cuvées qui l'affichent sur leur bouteille. Mais ce n'est qu'un début !

La charte d'engagement

Un vin méthode nature se doit d'abord et avant tout d'être bio, et d'être officiellement certifié comme tel. Il peut être certifié Agriculture biologique, Ecocert ou Demeter (qui certifie un vin en biodynamie, mais un vin biodynamique doit auparavant être certifié bio). Exit, donc, les vins bourrés de chimie dans les vignes mais sans soufre. De plus, le vin doit être issu de vendanges manuelles. Enfin, il ne doit avoir subi aucun ajout ni aucune modification œnologique lors de la vinification. Pas de levures exogènes pour faciliter la fermentation, pas de flash-pasteurisation pour stériliser le vin, pas d'osmose inverse pour diminuer le taux d'alcool, pas de filtre à charbon pour le rendre plus clair et brillant.

Avec ou sans soufre ?

Pour beaucoup d'amateurs de vin, le vin nature ou naturel est d'abord un vin sans soufre. Ce qui n'est pas tout à fait exact. En effet, la législation du « Vin méthode nature » accepte jusqu'à 30 milligrammes de soufre par litre. Cela vous paraît beaucoup ? C'est au contraire très peu. La réglementation française accepte jusqu'à 210 mg/l de soufre pour les vins blancs ! Après plusieurs années de production sans soufre, certains vignerons, sans renier leur engagement nature, préfèrent ajouter cette mini-dose de soufre pour stabiliser le vin et lui assurer une meilleure longévité. D'autres n'en mettent pas, restant sur l'idée qu'un vin nature n'a besoin de rien d'autre que de beaux raisins.

Faux ami : le champagne brut nature

Il est aisé de se tromper et de croire, en voyant sur une étiquette de champagne la mention « brut nature », qu'il s'agit d'un vin naturel. Il n'en est rien. En Champagne, cette dénomination désigne l'absence de liqueur de dosage, le sucre que l'on rajoute avant de museler le bouchon. Cela reste très rare. Les maisons champenoises peuvent également écrire « brut zéro dosage », ce qui permet d'éviter toute confusion avec les vins nature.

LE MILLÉSIME

Le millésime désigne l'année de la vendange des raisins et de l'élaboration du vin. Il figure généralement sur l'étiquette, même s'il n'est pas obligatoire. Il est important, car il donne une indication sur le caractère d'un vin, selon que la météo a été clémente ou non dans la région !

Qu'est-ce qu'un bon millésime ?

On considère qu'un bon millésime survient quand la météo s'est montrée clémente, quand le raisin atteint facilement sa plénitude et qu'il est gorgé de sucre et d'acidité, sans perte ni pourriture.

À l'inverse, lors d'une année difficile, le raisin est profondément marqué par ce qu'il a vécu, et cela se ressent dans le goût du vin. Généralement, un bon millésime signifie que le vin est bon, mais un millésime exceptionnel signifie que le vin pourra vieillir plus longtemps.

Comment évaluer un millésime ?

En fonction de la météo, un millésime peut être excellent dans une région et médiocre dans une autre. Il y a malgré tout quelques années bénies comme, pour la France, 2005, 2009, 2010 ou 2015. Pour bien comprendre l'influence d'un millésime, l'idéal est de faire une dégustation verticale : goûter à la suite plusieurs millésimes d'un même vin. Généralement du plus jeune au plus vieux. Vous constaterez que le vin, en plus de vieillir, change de caractère selon les années. Parfois même, certains vins jeunes semblent plus vieux car le millésime était plus propice au vieillissement.

Que penser des notes de millésimes ?

Vous n'en trouverez pas dans ce livre, car nous n'y sommes pas favorables. En effet, un millésime bien noté indique souvent une grande capacité de vieillissement. Mais tous les vins ne sont pas faits pour vieillir ! Un « petit » millésime peut donner de très bons vins à boire rapidement. Surtout, tout dépend du talent du vigneron.
Le message est donc trompeur : une mauvaise note peut détourner un consommateur d'un vin pourtant délicieux, et une bonne note l'inciter à acheter un grand vin qui, bu trop tôt, ne donnera pas le meilleur de lui-même. Enfin, on a souvent vu un millésime mal évalué se révéler au fil des années bien meilleur (ou moins bon !) que la promesse initiale.

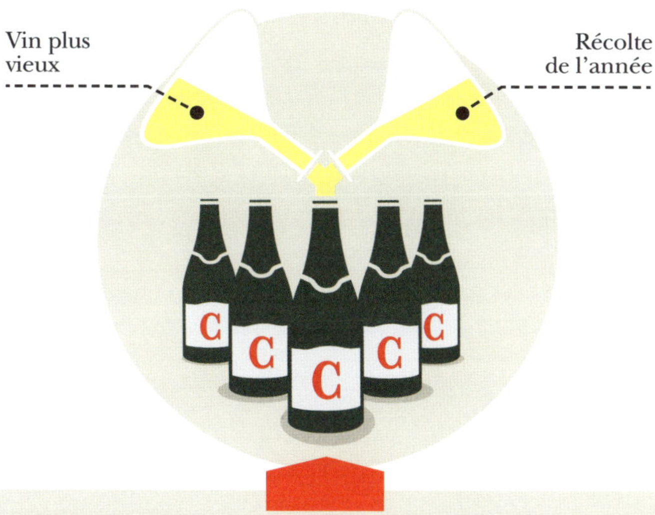

Cas particuliers : les champagnes et les crémants non millésimés

Avez-vous remarqué que la plupart des champagnes n'ont pas de « date » sur leur étiquette ? C'est que la récolte du millésime est assemblée avec des vins plus vieux, en fonction de leurs caractéristiques. L'objectif est de produire un effervescent identique d'une année sur l'autre. Les champagnes millésimés, beaucoup plus rares, reflètent le caractère d'une année spécialement favorable.

LE MOMENT DE LA VENDANGE

Quand vendanger ?

Le choix de la date des vendanges est crucial
Si le viticulteur cueille les raisins trop tôt, ceux-ci manquent de sucres et sont acides. Ils donneront des vins à leur image. Trop tard, le raisin est trop mûr, trop riche en sucre, trop pauvre en acidité, le vin sera lourd et pâteux. Les caprices de la météo compliquent encore la tâche : les pluies abondantes feront pourrir le raisin, une chaleur caniculaire le desséchera.

Tous les raisins ne mûrissent pas à la même allure
Cela dépend du cépage, bien sûr, mais aussi du terrain : le type de sol, l'altitude des différentes parcelle et leur exposition géographique peuvent hâter ou retarder la maturité. Pour récolter les raisins à leur niveau optimal, le viticulteur doit s'adapter à chacun de ces paramètres. Dans la région du Languedoc, par exemple, où l'on cultive du grenache, de la syrah, du carignan, du mourvèdre ou du cinsault, la période des vendanges peut s'étaler sur 15 jours à 3 semaines. On récolte les cépages les plus précoces, parcelle par parcelle, puis les cépages un peu plus tardifs.

Tout peut se jouer à quelques jours près
Une violente averse peut gorger d'eau les raisins prêts à être vendangés et les abîmer. Le viticulteur est donc particulièrement vigilant à quelques jours des vendanges, tant à l'état du ciel qu'à celui de ses grappes.

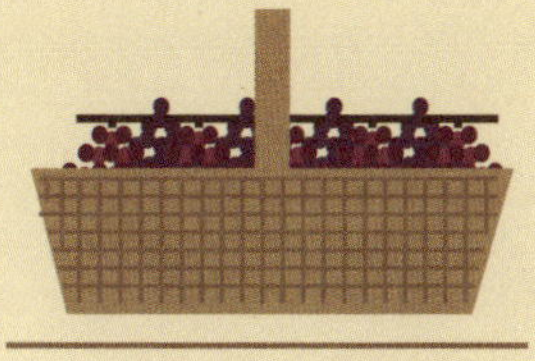

Les rendements

Selon la façon dont le viticulteur a dompté sa vigne pendant la saison, selon le sol, le millésime et le cépage, il récolte des quantités plus ou moins importantes sur une surface donnée. On parle en hectolitres par hectare. Il est toujours intéressant de connaître les rendements d'un domaine, car ils témoignent de l'objectif du viticulteur : produire beaucoup… ou concentrer le jus. Ainsi, les vins de tables et, pour d'autres raisons, les effervescents atteignent généralement 80 à 90 hl/ha. Tandis qu'un vin AOC classique tourne en moyenne autour de 45 hl/ha. Les grands vins dépassent rarement les 35 hl/ha.

Les vendanges tardives

Réservées aux vins sucrés, elles sont particulièrement compliquées. Les meilleurs vins liquoreux sont issus de raisins touchés par « la pourriture noble » : un champignon nommé *Botrytis cinerea*. Il touche les baies d'une merveilleuse façon, en desséchant le raisin, concentrant ainsi son sucre et ses arômes. Comme ce champignon ne touche pas toutes les grappes de façon homogène, il faut étaler les vendanges sur plusieurs mois (de septembre à fin novembre en Europe), en veillant à chaque récolte à ne cueillir que les baies parfaites, aux allures de raisins secs.

Les vendanges de glace

Pour faire du vin de glace, le viticulteur attend les températures négatives, en dessous de -7 °C, quand une pellicule de gel vient entourer les grains de raisins. Ils sont alors encore plus concentrés en sucres que les vendanges tardives et ne contiennent presque plus d'eau. En plus d'un travail harassant, les pertes sont énormes et les rendements affreusement bas (10 hl/ha), expliquant le prix élevé de ces bouteilles. Cette vendange est réservée aux pays dont les conditions climatiques le permettent, comme l'Allemagne et le Canada, mais elle est menacée par le réchauffement climatique.

LA VENDANGE À LA MAIN

Comment ça marche ?

Le viticulteur, selon la taille de son exploitation, fait appel à sa famille, à des amis ou embauche de la main d'œuvre saisonnière (comme Hector). Les vendangeurs coupent les grappes de raisin et les posent délicatement dans un panier. Ils sont relayés par des porteurs qui récupèrent le contenu du panier et l'entreposent dans de petites cagettes afin de ne pas écraser la récolte.

Les avantages

Les vendangeurs effectuent un travail de tri et de coupe très méticuleux et respectueux de la vigne. Ils peuvent intervenir sur tous les types de terrains et ne choisissent que les grappes parfaitement mûres. Dans le cas de certaines vendanges qui demandent du tri et plusieurs passages à plusieurs semaines d'intervalle, ils sont indispensables. Ce type de vendange est privilégié pour les vins de haute qualité.

Les inconvénients

Les vendangeurs doivent être nombreux sinon le raisin pourrait s'abîmer en restant au soleil. Il faut absolument éviter que les baies n'éclatent avant d'arriver au pressoir. Dans le cas contraire, le jus pourrait s'oxyder et se détériorer. Bien sûr, cette main d'œuvre est un coût important pour le viticulteur.

LA VENDANGE EN MACHINE

Comment ça marche

La machine passe entre les rangs de vignes et en secoue les pieds. Les baies de raisins mûres se détachent des grappes. La machine les récupère grâce à un système de tapis roulant. Si elle est correctement réglée et bien conduite, les baies sont en bon état, débarrassées de leur rafle. En revanche, un réglage un peu trop brusque, et les raisins sont abîmés. Cette méthode demande une machine sophistiquée et un ajustement très précis.

Les avantages

C'est un moyen économique et rapide de vendanger. Elle nécessite peu de main d'œuvre et peut intervenir au moment idéal, de jour comme de nuit.

Les inconvénients

Une vigne trop secouée meurt prématurément. Si la maturité des raisins n'est pas homogène, il faut effectuer un tri avant ou après la vendange pour ne garder que les bonnes grappes. De plus, son emploi reste compliqué, voire impossible, dans les vignobles en pente ou difficiles d'accès. Enfin, dans certaines appellations, comme en Champagne ou dans le Beaujolais, la vendange en machine est interdite.

COMMENT FAIRE DU VIN ROUGE ?

Après la vendange, les grappes de raisin sont acheminées, le plus rapidement possible, vers le chai pour être transformées en vin. Les mauvaises baies sont écartées lors de la vendange ou sur une table de tri après égrappage.

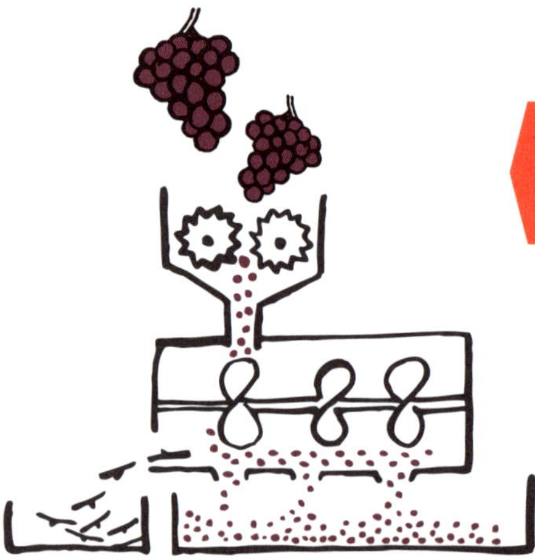

— 1 —

Égrappage (ou éraflage) et foulage
Le vigneron sépare les baies de raisin de la grappe. Il jette la rafle (la tige) qui contient des saveurs herbacées (sauf en Bourgogne, où le raisin n'est que partiellement éraflé pour garder de la structure tannique). Les baies de raisin sont foulées pour libérer le jus.

— 2 —

Macération
Les baies et le jus sont plongés dans une cuve pendant 2 à 3 semaines. Ce sont les pellicules qui colorent le jus.

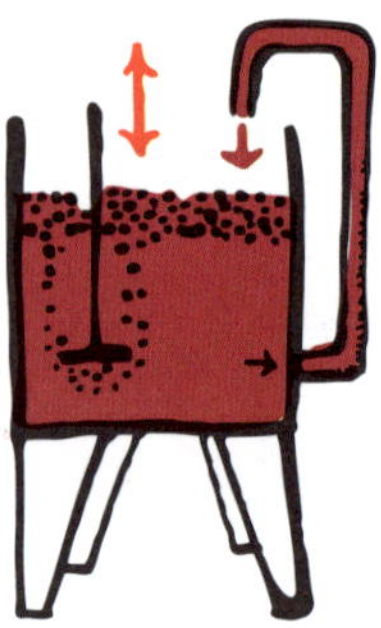

— 3 —

Pigeage ou remontage
Pendant la macération, les pellicules, la pulpe et les pépins remontent à la surface et forment un chapeau solide : le marc. Pour qu'il donne les arômes, la couleur et les tanins au jus, on casse le chapeau de marc et on l'enfonce dans le jus (pigeage), ou on pompe le jus par le bas et on le réintroduit au-dessus du marc (remontage).

Décuvage et pressurage du marc
On sépare le vin et le marc. Le premier vin est appelé : vin de goutte.
Le marc est pressé pour récupérer le reste du jus : c'est le vin de presse. Il est davantage chargé en tanins et en couleur que le vin de goutte.

— 5 —

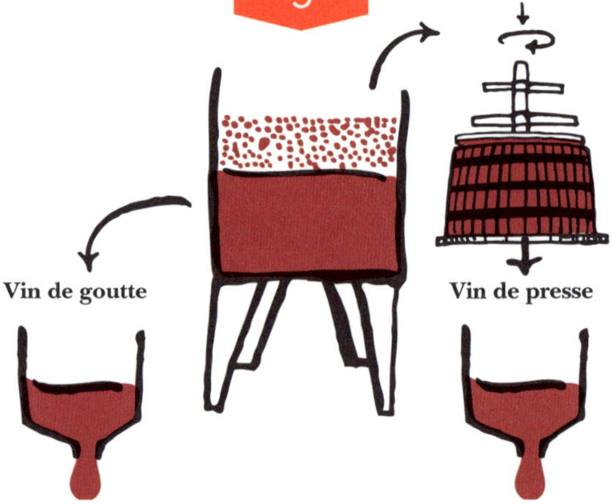

Fermentation alcoolique
Pendant la macération, les levures (présentes à l'état naturel ou ajoutées) transforment le sucre de la pulpe en alcool. Le vin est en train de naître ! La fermentation dure entre une semaine… et plusieurs mois.

— 4 —

Assemblage
On assemble le vin de goutte et le vin de presse.

— 6 —

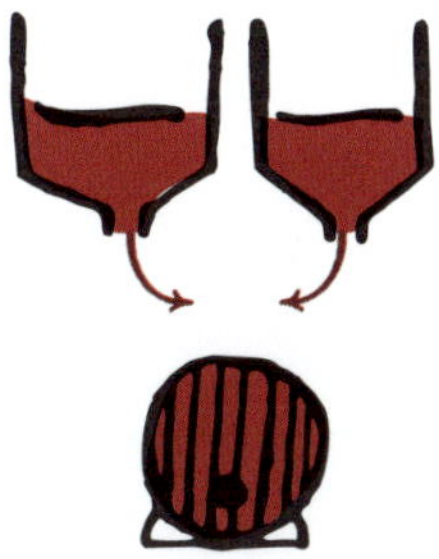

Élevage et fermentation malolactique
Dans une cuve ou dans une barrique, le vin est conservé quelques semaines à 36 mois (pour les vins de garde). Pendant cette phase de repos, les arômes et la structure du vin évoluent, se patinent.
Parallèlement, pendant 3 à 4 semaines, une deuxième fermentation se produit : la fermentation malolactique. Le vin devient moins acide et plus stable.

7

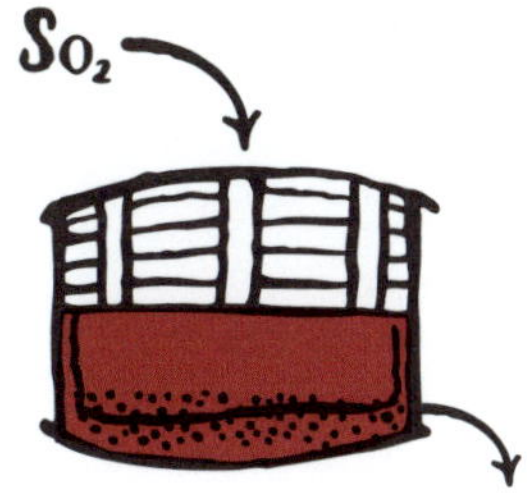

8

Soutirage et, éventuellement, sulfitage
Les levures et autres dépôts tombent dans le fond et sont éliminés. On peut ajouter un peu de soufre pour protéger le vin de l'oxygène.

Assemblage éventuel
Selon les régions, les différents cépages ou les parcelles vinifiées séparément peuvent être assemblés.

— 9 —

Collage et filtration éventuels
Pour agglomérer et éliminer des particules en suspension, on peut utiliser une colle protéique (comme le blanc d'œuf).
Pour rendre le vin plus limpide et plus brillant, on peut aussi le filtrer. Ces étapes ne sont pas systématiques, car elles peuvent influencer les arômes et la structure du vin.

10

Embouteillage
Le vin est mis en bouteille et fermé à l'aide d'un bouchon ou d'une capsule. Il peut être mis en vente dans la foulée, pour les vins les plus simples, ou vieillir encore en bouteille.

11

COMMENT FAIRE DU VIN BLANC ?

Contrairement au vin rouge, il n'y a pas de macération et le vin blanc est pressé dès son arrivée au chai. Selon le type de vin blanc souhaité, l'élevage se fait en cuve (pour les blancs secs et vifs) ou en fût (pour les blancs puissants et destinés à vieillir).

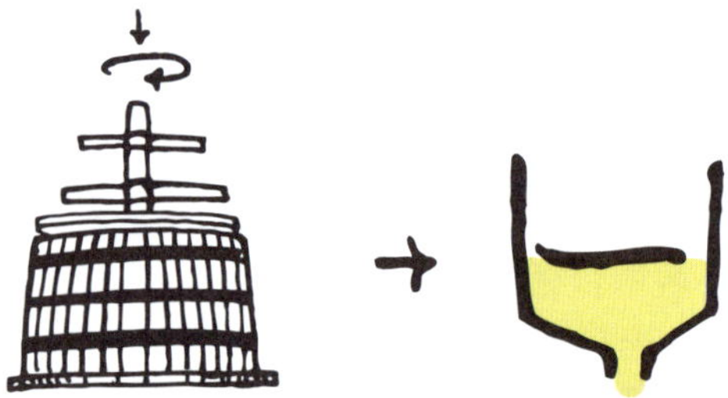

1

Pressurage
Après un éventuel égrappage, le raisin est directement pressé pour séparer le jus des pellicules. Seul le jus est recueilli.

Débourbage
Le jus est mis en cuve.
Des particules en suspension, issues du pressurage, tombent au fond de la cuve et sont éliminées. Cette étape permet d'obtenir des vins blancs plus fins.

2

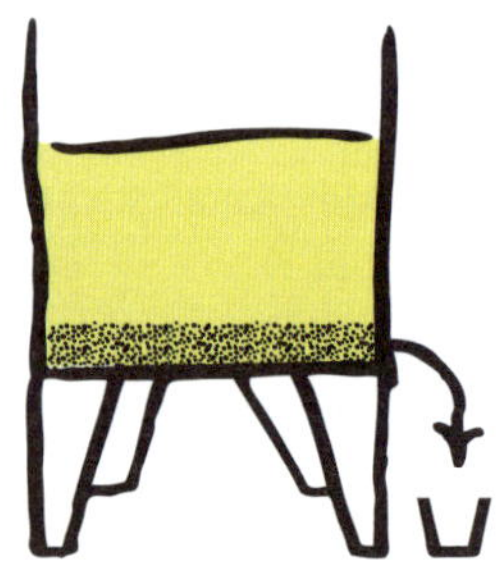

Fermentation alcoolique
Les levures (présentes à l'état naturel ou ajoutées) transforment le sucre en alcool. Le vin est en train de naître ! La fermentation dure environ 10 jours.

— 3 —

Première technique :

Pour un vin blanc vif à boire jeune :

— 4 —

Élevage
Le vin ainsi obtenu est transféré dans une cuve où il va reposer quelques semaines à peine pour se stabiliser. Cet élevage peut se faire en compagnie des levures : c'est un élevage sur lies. Sinon, il est soutiré (on élimine les levures).

A

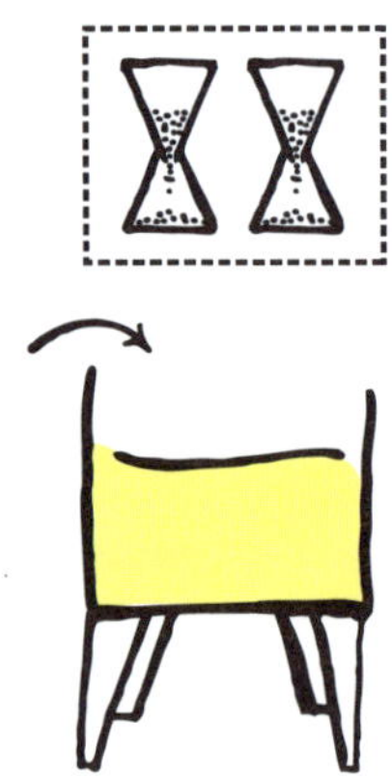

Seconde technique :

Pour un blanc puissant à faire vieillir :

— 4 —

— A —

Élevage en barrique et fermentation malolactique
Le vin est mis en fût. La deuxième fermentation, malolactique, démarre et donne gras et rondeur au vin.

— B —

Bâtonnage
Durant l'élevage, qui peut durer plusieurs mois, le vin est remué à l'aide d'une tige pour remettre les lies en suspension et ajouter davantage d'onctuosité au vin.

Pour les 2 blancs :

— 5 —

Éventuellement, il y a sulfitage, assemblage, collage ou filtration
Pour protéger le vin de l'oxygène, on peut ajouter un peu de soufre. Selon les régions, les différents cépages ou les parcelles vinifiées séparément peuvent enfin être assemblés. Pour agglomérer et éliminer des particules en suspension, on peut utiliser une colle protéique (comme le blanc d'œuf). Pour rendre le vin plus limpide et plus brillant, on peut aussi le filtrer. Ces étapes ne sont pas systématiques, car elles peuvent influencer les arômes et la structure du vin.

— 6 —

6. Embouteillage
Le vin est mis en bouteille et fermé à l'aide d'un bouchon ou d'une capsule. Il peut encore vieillir en bouteille ou être mis en vente dans la foulée.

COMMENT FAIRE DU VIN ROSÉ ?

Le rosé est obtenu à partir de raisins à peau rouge. Il existe deux manières d'élaborer un vin rosé : l'une ressemble à la production d'un vin rouge, l'autre à celle d'un vin blanc :

Le rosé de saignée

C'est la méthode la plus courante. Comme en rouge, il y a une macération des peaux et des jus, mais elle dure beaucoup moins longtemps. Ce rosé a une couleur soutenue et du corps.

Le rosé de pressurage direct

Réservée aux vins modernes et aux vins gris, cette technique presse directement le raisin, comme en blanc. Mais le pressurage est beaucoup plus lent. Ces rosés ont une robe claire et sont plus aériens.

Égrappage (ou éraflage) et foulage
Le vigneron sépare les baies de la grappe et jette la rafle. Lors du foulage, les baies sont éclatées pour libérer le jus. Cette étape n'est pas systématique pour le rosé de pressurage.

– 1 –

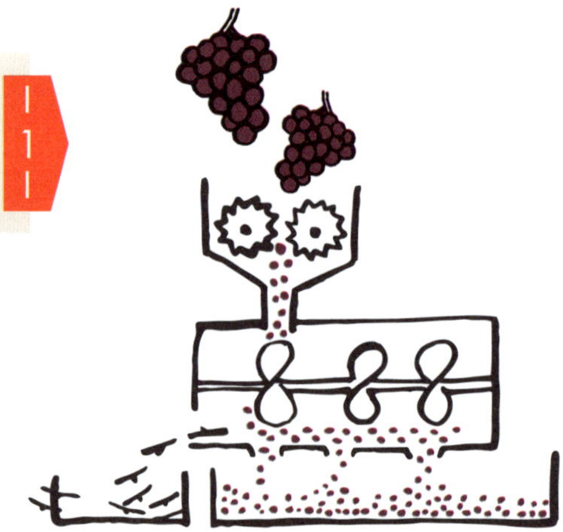

2 techniques :

Pour le rosé de pressurage direct :

– 2 –

Pressurage
Le raisin est pressé par étapes, de plus en plus fort selon la couleur désirée, grâce à un pressoir pneumatique. Seul le jus qui s'égoutte est recueilli.

– A –

Pour le rosé de saignée :

– 2 –

Macération
Les baies et le jus sont plongés dans une cuve, la couleur des pellicules colore le jus. Selon la couleur désirée, la macération dure 8 à 48 h. Le jus est ensuite séparé des pellicules.

– A –

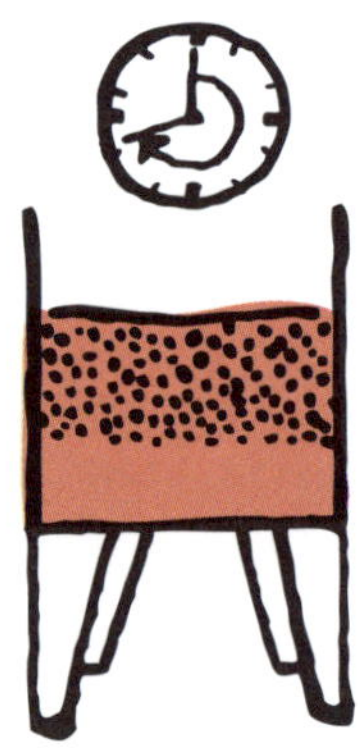

Pour les 2 rosés :

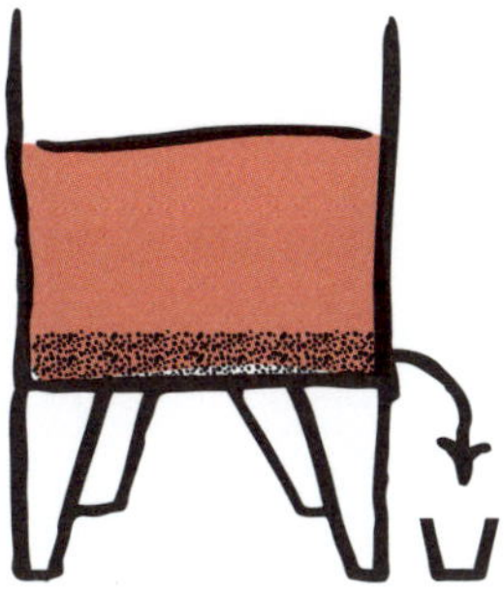

— 3 —

Débourbage
Le jus est mis en cuve. Les particules en suspension tombent au fond de la cuve et sont éliminées. Cette étape permet d'obtenir des vins rosés aux arômes plus nets.

Fermentation alcoolique
Les levures (présentes à l'état naturel ou ajoutées) transforment le sucre en alcool. Le vin est en train de naître ! La fermentation dure environ 10 jours.

— 4 —

Élevage
Le vin obtenu est transféré dans une cuve où le vin se repose quelques semaines à peine pour se stabiliser. L'élevage en barrique et la fermentation malolactique sont rares. Éventuellement, il y a sulfitage, assemblage, collage et/ou filtration.

— 5 —

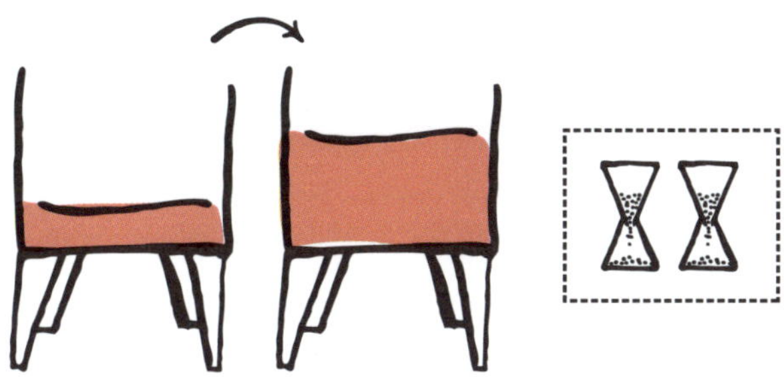

Embouteillage
Le vin est mis en bouteille et fermé à l'aide d'un bouchon ou d'une capsule. Il est souvent mis en vente au printemps.

— 6 —

LE SUCCÈS DU ROSÉ

Le rosé a connu différentes phases de popularité. Depuis une quinzaine d'années, on l'adore : c'est la plus forte croissance nationale et mondiale dans la consommation de vin ! En France, il est cultivé partout.

Le rosé, le plus ancien des vins ?

C'est probable ! Le rosé n'est pas seulement un vin tendance inventé il y a cinquante ans. Dans l'Antiquité, les techniques de vinification n'étaient pas les mêmes qu'aujourd'hui : la méthode de macération des raisins, qui donne leur couleur aux vins rouges, était très peu pratiquée, voire inconnue dans certains vignobles. Les vins de raisins noirs étaient donc déjà des rosés !

Puis, sa popularité a évolué. Au Moyen Âge, entre le XIIIe et le XVIIIe siècle, le bordeaux est toujours de couleur rose : on l'appelle « clairet ». Idem pour le champagne, qui, à l'époque, ne « bulle » pas.

Ce n'est que plus tard que le rouge envahit les tables et que le rosé passe de mode, particulièrement sous Napoléon. Il redevient en vogue à partir des années 1930, et encore plus après 1945. Mais, de 1975 à 2000, c'est la dégringolade : le goût est aux vins rouges puissants, le rosé n'a plus rien à faire là. Depuis 2000, les consommateurs recherchent des vins plus frais et plus légers, plus faciles à boire. Le rosé est d'abord le vin parfait pour l'été, puis sa consommation gagne les autres saisons.

Quelques rosés, selon les régions

La Provence
C'est le royaume du rosé, le principal producteur en France et au monde ! Le vin est généralement très pâle, parfois presque blanc, avec des arômes d'agrumes, de fruits rouges, de fleurs. Il est léger au palais, très frais.

Le Rhône
L'appellation rhodanienne la plus connue pour le rosé est celle de Tavel. Le vin y est souvent assez coloré, fort en goût et en alcool. Tout le contraire de la Provence.

La Loire
C'est la deuxième région de production, après la Provence. Le rosé d'Anjou est très connu. Rose vif, presque fuchsia, il a la particularité d'être un peu sucré, ce qui le réserve pour les apéritifs et les desserts.

La Champagne
Le champagne rosé connaît un succès fulgurant. Les consommateurs découvrent depuis peu des champagnes rosés très puissants, charnus, comparables à des vins rouges.

Le Sud-Ouest et le Languedoc-Roussillon
Le rosé est pâle ou foncé, selon l'envie du producteur. Il est souvent très fruité et parfois opulent.

Le Bordelais
On y trouve toujours du clairet, à mi-chemin entre le rosé et le rouge, tant dans la couleur que dans les arômes ou la texture.

La Corse
On y trouve deux types de rosés : des rosés très pâles et fruités, qui s'inspirent de la Provence voisine, et des rosés qui rendent hommage à un fantastique terroir, avec les cépages autochtones sciaccarello et nielluccio.

Le vin gris
Variante du rosé, le vin gris est plus pâle et délicat. Parmi les plus réputés, citons le « gris de Toul », en Lorraine, le rosé de grenache gris, dans le Languedoc, ou le rosé de pinot gris à Reuilly, dans le Centre-Val de Loire.

Une grande soif de rosé

En quelques années, le marché du rosé a explosé. En France, il représente 30 % des vins consommés. Dans le monde aussi, c'est le type de vin qui connaît la plus grosse croissance. Il ne totalise pour l'instant que 10 % des vins bus, mais ses ventes ont augmenté de 20 % en 12 ans. Si le prix d'achat moyen en France reste bas (entre 2 € et 4 € les 75 cl, souvent vendus en Bag-in-Box plutôt qu'en bouteille), les rosés de gastronomie se multiplient.

Proportion des vins consommés en France

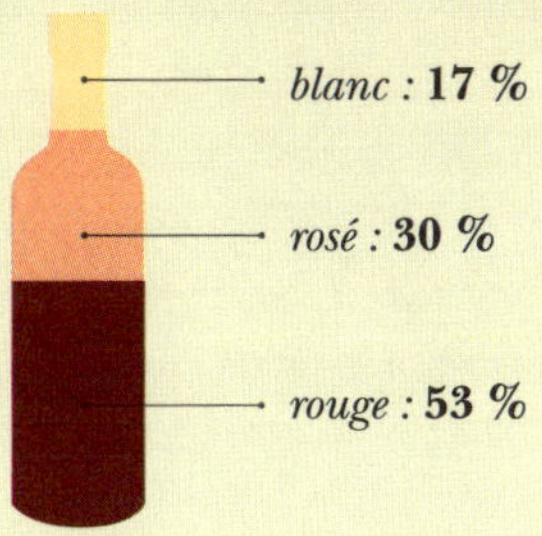

COMMENT FAIRE DU VIN ORANGE ?

Le vin orange n'est pas une nouveauté ni un effet de mode. Il existe depuis l'Antiquité, c'est même probablement l'un des premiers vins créés par les hommes. Alors qu'on le (re)découvre timidement en France, il est très populaire en Italie et en Géorgie… et possède déjà une appellation aux États-Unis depuis quinze ans (Orange Wines). *Il se situe exactement entre le vin blanc et le vin rouge : on utilise le processus de vinification du vin rouge… mais avec des raisins blancs ! Résultat, un vin jaune foncé-orange très fort en arômes et en texture (mais avec un degré d'alcool équivalent), avec des tanins, moins acide que le vin blanc donc souvent plus digeste.*

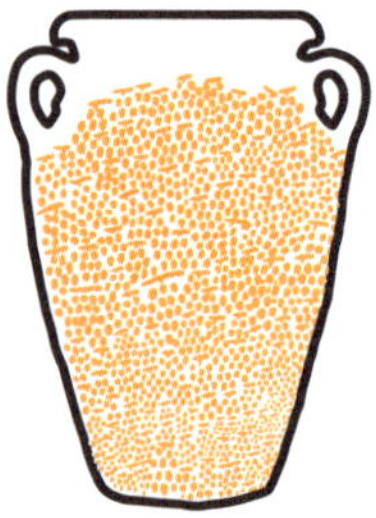

1

Macération
Après un éventuel égrappage, le raisin est foulé pour libérer son jus. Les baies et le jus sont plongés ensemble dans une cuve, une barrique ou le plus souvent une amphore. Les peaux (et parfois les rafles) vont colorer le jus et lui donner des arômes et des tanins. Le jus macèrera avec les peaux pendant plusieurs semaines et jusqu'à 8 mois !

Pigeage
Pour bien remettre le jus et la pulpe des baies en contact, au début de la macération et pendant la fermentation, on pige en enfonçant les baies dans le fond. Cela donne plus d'arômes, de couleur et de tanins au futur vin.

2

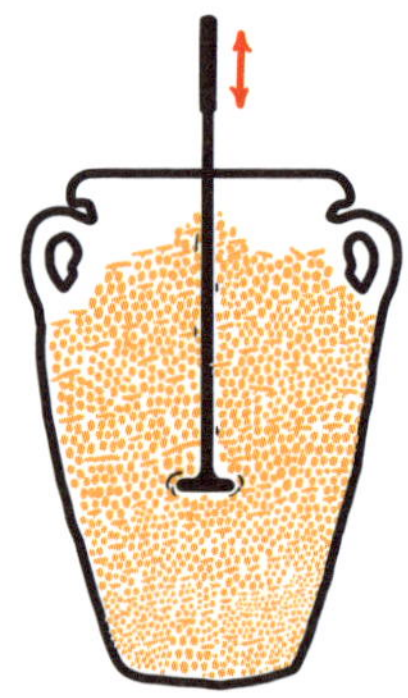

Fermentation alcoolique
Pendant la macération, les levures (présentes à l'état naturel, rarement ajoutées dans ce type de vinification) transforment le sucre en alcool. Le vin est en train de naître ! À la fin de la fermentation, l'amphore est scellée.

3

Soutirage et embouteillage
Le vin est séparé des peaux. Après un éventuel élevage supplémentaire en cuve, en barrique ou en foudre, le vin est mis en bouteille.

4

COMMENT FAIRE DU VIN JAUNE ?

Le vin jaune est une spécialité des vignerons du Jura. Le terroir et la présence de levures particulières permettent cet élevage très rare que l'on appelle « élevage sous voile ». On peut également parler d'« élevage oxydatif », en raison de la présence d'oxygène dans le tonneau et des arômes qu'il développe. Le vin jaune est, en effet, connu pour ses parfums extrêmement puissants de noix, de curry et de fruits secs. Il est produit uniquement avec le cépage savagnin. On retrouve le même procédé pour le porto ou le xérès.

— 1 —

Vinification
La première étape de la vinification se déroule exactement comme pour un vin blanc : pressurage, fermentation alcoolique et débourbage.

Élevage
Le vin jaune doit reposer en fût de chêne pendant une durée minimale de 6 ans et 3 mois.

— 2 —

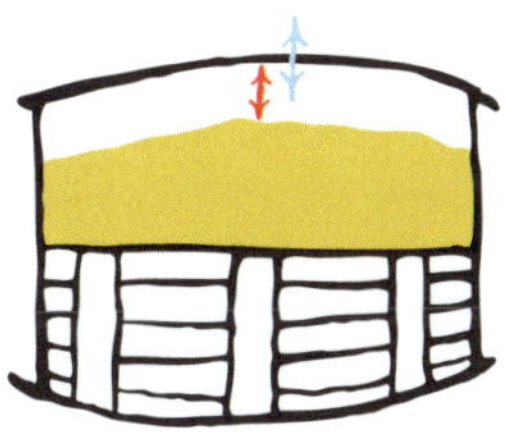

— 3 —

Pas de ouillage !
Contrairement aux vins classiques, le vin n'est pas ouillé. D'habitude, le vigneron rajoute régulièrement du vin dans les barriques pour contrer l'évaporation naturelle par le bois du tonneau (la fameuse part des anges) et ne jamais laisser d'air qui pourrait abîmer le vin. Mais pour le vin jaune, le vigneron laisse volontairement l'air envahir le fût.

Formation du voile
Les levures viennent naturellement au secours du vin et fabriquent un voile protecteur à sa surface pour empêcher l'air de transformer le vin en vinaigre. C'est ce voile qui permet au vin d'acquérir son « goût de Jaune » si recherché. Les fûts où le voile ne s'est pas bien construit ne feront pas de vin jaune.

— 4 —

Embouteillage
Le vin a pris une couleur mordorée intense. Il est embouteillé dans des bouteilles d'un format unique de 62 cl : le clavelin.

— 5 —

COMMENT FAIRE DU CHAMPAGNE ?

Un vin de Champagne peut être élaboré avec du raisin blanc (chardonnay) ET du raisin rouge (pinot noir et pinot meunier) ou avec l'un ou l'autre (voir p. 162 et 164). Pour les champagnes classiques, les trois cépages sont assemblés. Dans tous les cas, le vin obtenu est blanc. La technique de fabrication est la même que pour un vin blanc, avec une étape supplémentaire : la prise de mousse, qui donne naissance aux fameuses bulles. Cette méthode champenoise, dite méthode traditionnelle, est également utilisée pour les crémants.

Pressurage
Après un éventuel égrappage, le raisin rouge ET le raisin blanc sont directement pressés pour séparer le jus des pellicules. Seul le jus, incolore, est recueilli. Il est généralement plus acide et moins sucré que pour les vins non effervescents.

— 1 —

Fermentation alcoolique
Le jus est mis en cuve ou dans un fût et il est débourbé.
Les levures transforment le sucre en alcool. Le vin est en train de naître ! Il sera plus sec s'il fermente en cuve, plus gras s'il fermente en barrique.

— 2 —

Assemblage
Le vin ainsi obtenu est élevé en cuve ou en barrique, où il peut faire une fermentation malolactique. On assemble ensuite les trois cépages et, pour la plupart des champagnes (non millésimés), les vins de millésimes plus anciens. L'assemblage avec de vieux vins est ajusté pour que le champagne conserve chaque année la même personnalité.

— 3 —

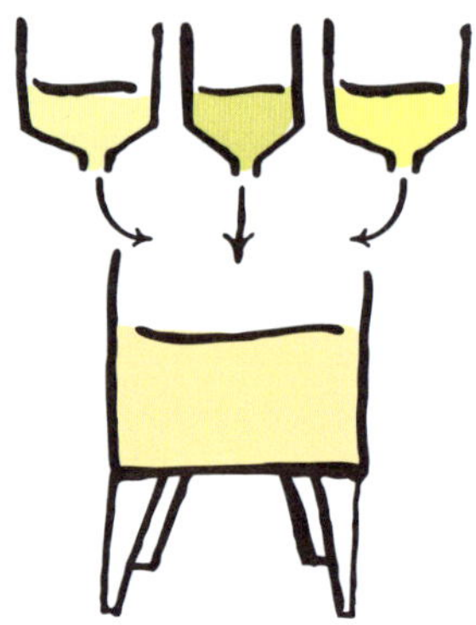

Pour les champagnes rosés

Une partie des raisins rouges a été vinifiée en vin rouge. On ajoute ce vin rouge lors de l'assemblage (environ 10 %), colorant ainsi le vin blanc en rosé.
C'est le seul vin où l'on est autorisé à mélanger du vin rouge avec du vin blanc.

Embouteillage
Le vin est mis en bouteille. On y ajoute une liqueur de tirage, composée de levures et de sucres, puis la bouteille est fermée à l'aide d'une capsule provisoire.

— 4 —

La prise de mousse
Les nouvelles levures mangent le sucre et entament une seconde fermentation. Elles produisent du gaz carbonique qui reste emprisonné dans la bouteille : les bulles sont en train de naître !

— 5 —

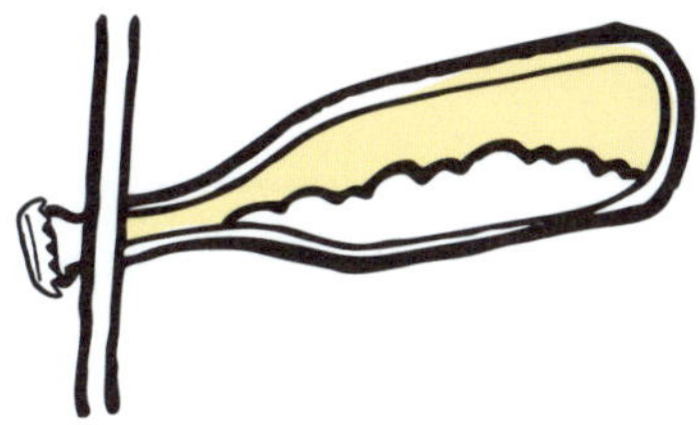

Élevage et remuage
Les bouteilles peuvent passer 2 à 5 ans en cave selon le caractère du champagne, parfois plus pour les grandes cuvées. Initialement couchées, les bouteilles sont remuées et doucement redressées la tête vers le bas (le remuage historiquement manuel est maintenant réalisé par une machine). Les levures forment alors un dépôt qui s'accumule contre la capsule.

— 6 —

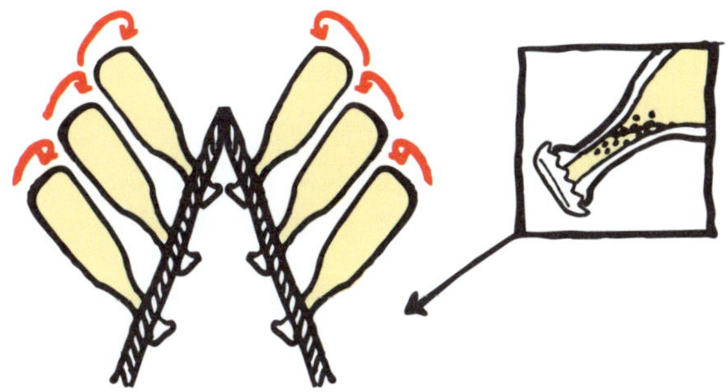

Le dégorgement
Le col de la bouteille est gelé. En retirant la capsule, et sous l'effet du gaz, le dépôt de levures est expulsé comme un glaçon hors de la bouteille.

— 7 —

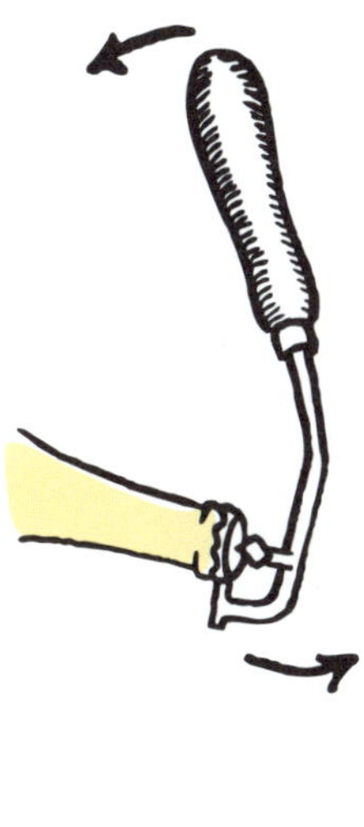

Le dosage
Avant de poser le bouchon définitif et le muselet qui l'entoure, le vigneron peut ajouter au champagne une liqueur d'expédition composée de vin et de sucre. Selon la liqueur, le champagne sera plus ou moins sucré (on dit « dosé »).

— 8 —

Vocabulaire

Selon le dosage, on parle d'un champagne : non dosé, extra-brut, brut, sec, demi-sec, doux.

L'ÉLEVAGE

Entre la fermentation alcoolique et la mise en bouteille, l'élevage en cuve ou en barrique est une étape essentielle.

Le but de l'élevage

Faire évoluer les arômes du vin

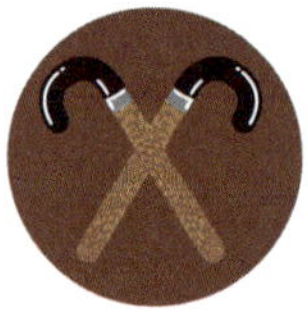

Faire vieillir le vin

Stabiliser sa couleur

Assouplir ses tanins (pour les vins rouges)

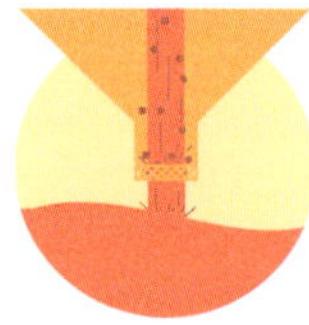

Séparer le vin des particules présentes (par exemple, les levures qui ont fait la fermentation)

Élevage en cuve

Que la cuve soit fabriquée en inox, en béton ou en résine, ce sont des matériaux neutres qui n'enlèvent ni ne rajoutent aucun arôme au vin. Ce type d'élevage est privilégié pour les blancs, rosés ou rouges qui doivent rester fruités, vifs et légers. La durée de l'élevage en cuve est souvent assez courte, de 1 à 2 mois pour les vins légers à 12 mois pour des vins plus évolués, souvent des rouges qui nécessitent de vieillir 1 an avant d'être mis en vente.

Élevage en fût

Le vin échange beaucoup avec le bois du fût, surtout s'il est neuf. Selon le choix du bois et l'intensité avec laquelle il a été chauffé, il transmet au vin les arômes d'élevage (grillé, toasté, vanillé, brioché, etc.) À travers le bois et le bouchon du fût se produit de minuscules circulations d'air. Et une partie du vin s'évapore : c'est la **part des anges**. Cet échange gazeux fait évoluer le vin, patine ses tanins, entame le processus de vieillissement qui se poursuivra dans la bouteille. Cet élevage n'est adapté qu'aux vins puissants. Pour doser finement l'influence du bois, le vigneron utilise généralement des fûts d'âges différents (du fût neuf au fût usé par quatre vins). L'élevage peut durer de 12 à 36 mois.

La fermentation malolactique

Pendant l'élevage, les rouges et certains rosés et blancs puissants vivent une fermentation malolactique : l'acide malique (semblable à l'acide d'une pomme verte) se transforme en acide lactique (celui qu'on trouve dans le lait), un acide plus doux, plus velouté, moins piquant. Elle démarre à une certaine température (environ 17°C) et ne se déclenche pas s'il fait très froid. Elle n'est pas activée pour les blancs et les rosés qui doivent rester légers.

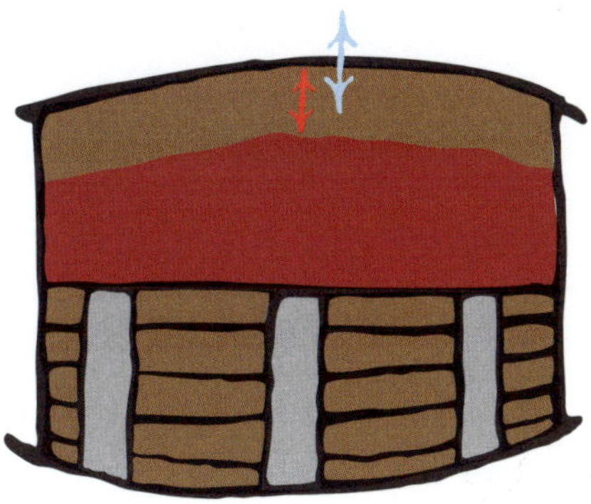

L'élevage oxydatif

Normalement, l'élevage d'un vin se déroule dans un fût plein à ras bord. Pour contrer l'évaporation, le vigneron rajoute régulièrement du vin (il « ouille »). Ainsi, le vin n'est jamais en contact direct avec l'oxygène. Cependant, certains vins sont volontairement élevés dans des fûts où il reste une large poche d'air. Le vin développe alors des arômes très particuliers de noix, de curry, de fruits secs ou d'orange amère, dus au milieu oxydatif auquel il est confronté.

Parfois, des levures forment un voile protecteur en surface, on parle de vins de voile (le vin du Jura, notamment). Exemples de vins qui subissent un élevage oxydatif : le vin jaune du Jura, le xérès fino, le porto tawny, le banyuls, le madère.

La micro-oxygénation (ou micro-bullage)

Elle consiste à diffuser artificiellement de petites quantités d'oxygène dans le vin (souvent élevé en cuve, plus rarement en fût). Cette technique permet de remplacer l'action de l'élevage en fût ou d'en accentuer les effets, à savoir polir les tanins et accélérer le vieillissement du vin. Cette pratique est assez controversée, car on l'accuse de lisser le caractère du vin.

LES VINS MOELLEUX ET LIQUOREUX

On distingue les vins moelleux des liquoreux. Un moelleux est un vin qui conserve entre 20 et 45 g/l de sucre après fermentation alcoolique alors qu'un liquoreux en a plus de 45 g/l et jusqu'à 200 g/l.

L'élaboration de vins sucrés d'entrée de gamme est simple. Ils sont le résultat d'une chaptalisation, c'est-à-dire un ajout de sucre lors de la vinification. Puis, quand la fermentation alcoolique a créé un taux acceptable d'alcool, environ 12,5 %, elle est stoppée grâce l'adjonction de soufre.

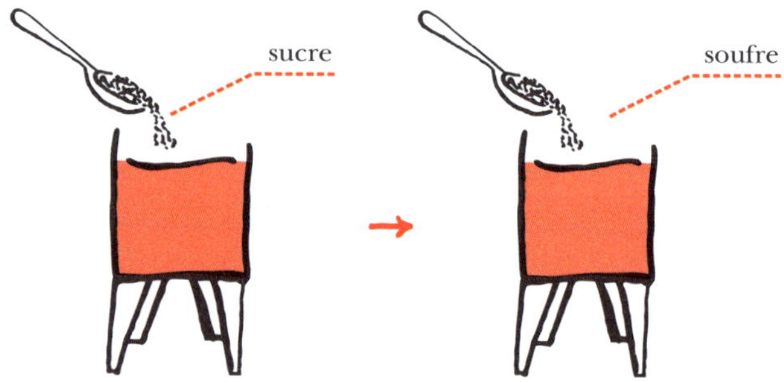

Le mode de récolte

Pour les vins moelleux ou liquoreux de qualité, c'est à la vigne que tout se joue : le viticulteur récolte, lors de la vendange, des raisins plus sucrés que la normale. Il y parvient de différentes façons :

La vendange tardive : récolté plus tard que pour les vins secs, le raisin est touché, dans le meilleur des cas, par la pourriture noble, le *Botrytis cinerea*. Ce champignon permet de concentrer les sucres et donne des arômes de fruits rôtis (on parle de raisins botrytisés).

Le vin de paille : les grappes sont cueillies plus tôt mais séchées sur de la paille ou des nattes pendant plusieurs mois, comme en Italie, en Grèce, en Espagne ou dans le Jura.

Le passerillage : les grains de raisins sèchent sur le pied de vigne grâce au soleil d'automne et au vent. Cette méthode nécessite un climat d'arrière saison chaud, sec et venteux, comme dans le Sud-Ouest français ou le canton du Valais en Suisse.

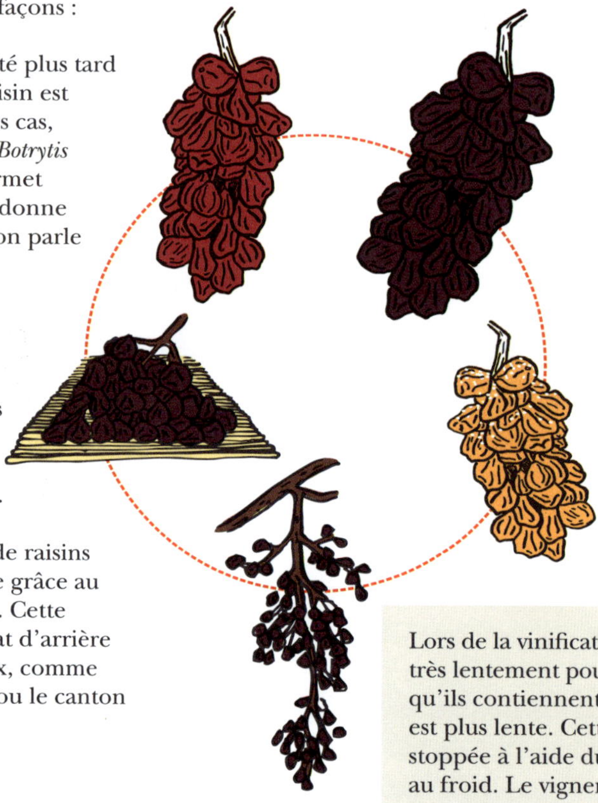

La sélection de grains nobles ou Beerenauslese : le raisin est encore plus sucré que lors des vendanges tardives, il est donc récolté plus tard et il est botrytisé.

Le vin de glace : dans les régions viticoles froides, on attend l'hiver et on récolte les raisins gelés, comme en Allemagne, Autriche et surtout au Canada.

Lors de la vinification, les raisins sont pressés très lentement pour en extraire le peu de jus qu'ils contiennent encore. La fermentation est plus lente. Cette dernière est ensuite stoppée à l'aide du soufre et d'un passage au froid. Le vigneron filtre dans la foulée pour séparer les levures du vin.

LE MUTAGE DES VINS DOUX NATURELS

On désigne par le terme « vin doux naturel », « vin muté » ou « vin fortifié » (cette dernière dénomination est anglaise) tout vin rouge ou blanc qui a reçu un ajout d'alcool. Ces vins sont généralement doux, parfois secs, blancs ou rouges. En bouteille, leur taux d'alcool dépasse les 15 %.

La vinification

Au début de la fermentation alcoolique, le vigneron stoppe le travail des levures en introduisant de l'alcool vinique pur (à 96 %). Cet alcool neutre n'a aucun goût ni arômes, et tue les levures. Le sucre du raisin n'est donc pas transformé en alcool.

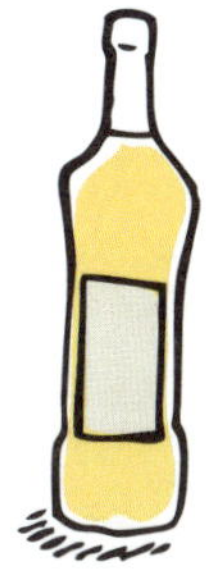

En France, ce procédé sert à produire, en blanc : des muscat de Beaumes-de-Venise, muscat de Rivesaltes, muscat de Frontignan, muscat du Cap Corse.

Le plus connu au monde est certainement le porto, élaboré au Portugal.

En rouge, on trouve les rasteau doux, banyuls et maury, produits à partir du cépage grenache.

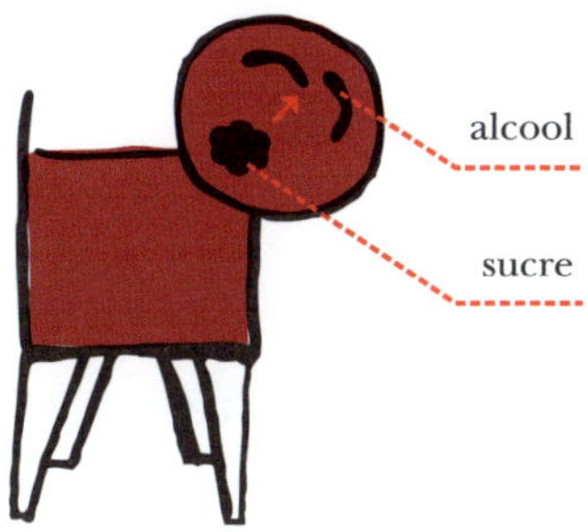

Le cas du xérès

Élaboré en Espagne à Jerez, il est fortifié à l'alcool juste avant la mise en bouteille, après la fermentation et l'élevage. Tous les sucres présents dans le raisin ont été transformés en alcool pendant la fermentation, ce qui explique que le vin obtenu soit sec. Pour certains types de xérès, il est toutefois possible de rajouter du sucre avant la mise en bouteille. Il subit parfois un élevage oxydatif.

Le madère

Le madère est muté pendant sa fermentation, puis chauffé pendant plusieurs mois dans de grandes cuves à environ 45°. Les meilleurs sont encore chauffés pendant l'élevage, dans des fûts entreposés à la chaleur. Ce type d'élevage est particulièrement oxydatif.

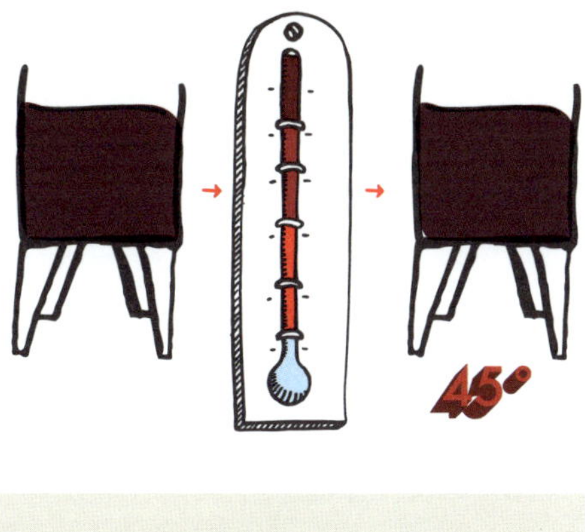

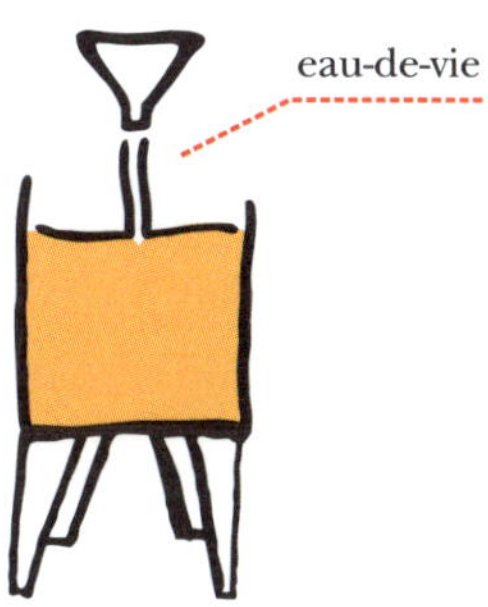

Les vins de liqueur

Le procédé est identique aux vins doux naturel, excepté que le mutage se fait avec de l'eau-de-vie et non de l'alcool neutre. Parmi les plus connus, le pineau des Charentes est muté au cognac, le floc de Gascogne est obtenu à partir d'armagnac, et le macvin du Jura avec du marc de Franche-Comté.

• LE COLLAGE, LA FILTRATION… ET LE VIN VEGAN •

Puisque le vin est du jus de raisin fermenté, pourquoi devoir préciser s'il est vegan ? Parce que le processus du collage fait généralement appel à des protéines d'origines animales, comme l'œuf, le poisson ou la gélatine de porc ! Seuls les vins non collés ou collés à l'argile ou aux pois peuvent donc apposer une mention vegan.

Le collage
Consiste à « coller » le vin en y ajoutant une substance qui coagule au contact des tanins et des dépôts en suspension. Les particules sont ainsi emprisonnées, puis séparées du vin et éliminées. Cette méthode était déjà pratiquée par les Romains.
Produits utilisés pour le collage : blanc d'œuf (pour les rouges), protéine de lait (pour les blancs), colle de poisson, gélatine, argile, pois, blé, pomme de terre.

La filtration
Consiste à faire passer le vin à travers un ou plusieurs filtres, d'épaisseur et de taille de mailles différentes.

Les avantages
Le collage et la filtration permettent d'ôter le dépôt et un éventuel aspect trouble, donnant des vins plus limpides et brillants. Ils permettent aussi d'éliminer certaines mauvaises odeurs.

Les inconvénients
Le collage et la filtration retirent aussi des composés phénoliques et aromatiques, ce qui peut modifier la structure gustative du vin et ses arômes. D'où, parfois, la mention « ni collé, ni filtré » sur la bouteille.

L'usage de ces procédés est lié à la fabrication du vin : les lies et autres particules auront le temps de se déposer au fond de la cuve ou du fût si le vin est élevé pendant un an ou plus. Collage et filtration sont alors inutiles. Ce qui n'est pas le cas pour un vin sans élevage.

LE GOÛT DU VIN DANS L'HISTOIRE

Nous n'avons pas bu le même vin au fil des siècles. Sucré ou salé, fort ou léger, sombre ou clair, il a eu des personnalités bien diverses selon sa méthode d'élaboration. Ne croyez pas que le vin était plus naturel autrefois : les hommes ont toujours adoré lui adjoindre de nombreux ingrédients, juste pour le goût ou, parfois, pour en faire un produit médicinal. Une chose est certaine : le vin que nous buvons aujourd'hui n'a rien à voir avec celui des siècles passés.

Grands crus égyptiens
Sous l'Ancien Empire égyptien, il y a 4000 ans, le vin est conservé dans des amphores fermées par des bouchons de liège, puis scellées. Elles portent des indications sur l'origine du vignoble et le millésime de la récolte. Les Égyptiens laissent donc volontiers leur vin vieillir, et ils ont déjà une classification des crus selon leur terroir et leur prestige. À cette époque, les vins sont principalement blancs.

Léger et hygiénique
Au Moyen Âge, la vigne est principalement gérée par les moines, puis les seigneurs et la noblesse. En 1224, un concours international de vins suivi d'un classement officiel des crus consacrent des vignobles encore reconnus aujourd'hui. Le blanc est toujours très populaire, mais le rouge se répand doucement. Surtout, l'amphore a été abandonnée au profit du tonneau. Si le goût se rapproche de ce que nous buvons aujourd'hui, le vin se garde peu, et il est souvent consommé le plus rapidement possible (d'autant que la bouteille n'existe pas encore). Il est aussi plus léger (9 à 10 % d'alcool), et heureusement : nos ancêtres en boivent en moyenne 3 litres par jour ! Il faut dire que l'eau est très sale et cause des maladies. Le vin est alors une boisson hygiénique !

Thym ou cannelle ?
Durant les civilisations grecque et romaine, le vin est souvent blanc, jaune ou orange, plus rarement rouge ou rosé. Mais, surtout, on ne le boit pas pur : on y ajoute des aromates, comme du thym ou de la cannelle, des fleurs, des racines, mais aussi du miel ou de l'eau de mer. Les vins sont alors plutôt doux. Les amphores sont conservées dans des bacs d'eau de mer. Là encore, les vins sont étiquetés, car certains sont plus renommés que d'autres, comme ceux des îles grecques.

Sans porte-greffe
On songe peu au goût que pouvait avoir le vin avant 1880. Et pourtant ! Si la vinification et l'élevage diffèrent peu de ce que nous faisons aujourd'hui, il y a un changement de taille dans les vignes de la plupart des pays : le porte-greffe. Depuis que le phylloxéra a ravagé le vignoble européen, quasiment toutes les vignes poussent sur des racines qui ne leur appartiennent pas. Même si la différence est minime, les professionnels de la dégustation reconnaissent aux rares vins issus de vignes non greffées plus de densité et de longueur aromatique.

LES DIFFÉRENTES BOUTEILLES

Le quart :
18,75 ou 20 cl

La demie :
37,5 cl

Le clavelin :
62 cl

La bouteille :
75 cl

Le magnum :
2 bouteilles = 1,5 L

Le jéroboam
(ou double magnum) :
4 bouteilles = 3 L

Le mathusalem :
8 bouteilles = 6 L

Le réhoboam :
6 bouteilles = 4,5 L

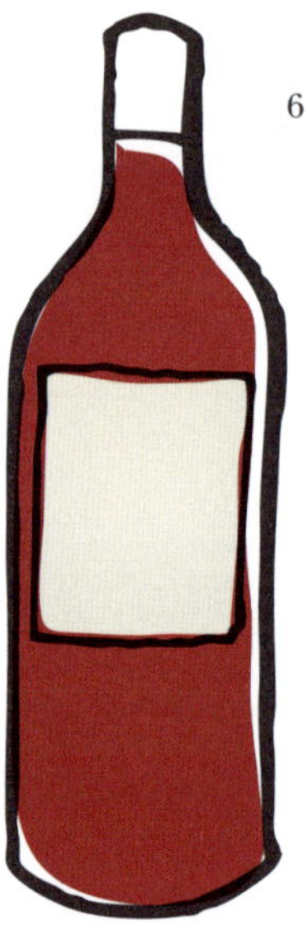

Le salmanazar :
12 bouteilles = 9 L

Le balthazar :
16 bouteilles = 12 L

Le nabuchodonosor :
20 bouteilles = 15 L

Bordeaux
Muscat
de Frontignan
Champagne
Xérès
Champagne
Porto tawny
Alsace
Clavelin (Jura)
Muscat de
Beaumes-de-Venise
Madère
Bourgogne
Côtes-du-Rhône
Vin jaune
du Jura
Banyuls
Provence
Muscat
de Rivesaltes
Provence

LES SECRETS DU BOUCHON DE LIÈGE

La première utilisation du bouchon de liège remonte à l'Antiquité et servait déjà à obturer des amphores de vin. Son usage a ensuite disparu pour réapparaître au XVIIe siècle avec l'invention de la bouteille en verre.

Fabrication

Les principales plantations de chêne-liège se trouvent au Portugal, en Espagne, au Maroc et en Algérie. Un chêne-liège doit atteindre son premier quart de siècle avant que son écorce puisse servir à fabriquer des bouchons. On le dépouille ensuite de son écorce tous les 9 ans environ et il vit en moyenne 125 ans. L'écorce est séchée, nettoyée et découpée.

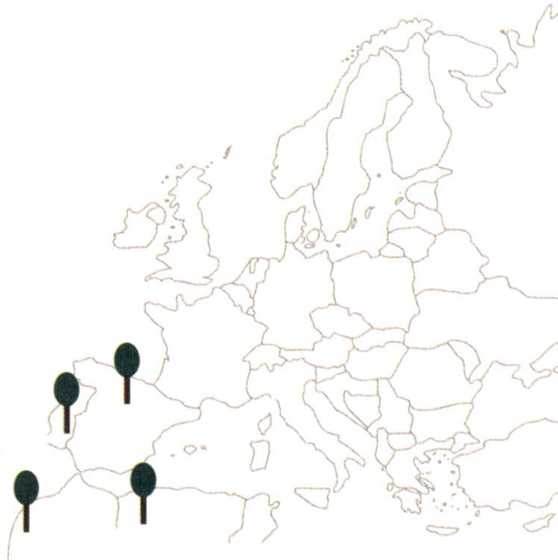

▸ Les bouchons de liège sont, pour les meilleurs, taillés directement dans la masse. Ils peuvent aussi être constitués de granules de liège agglomérés et seront destinés aux bouteilles à boire rapidement.

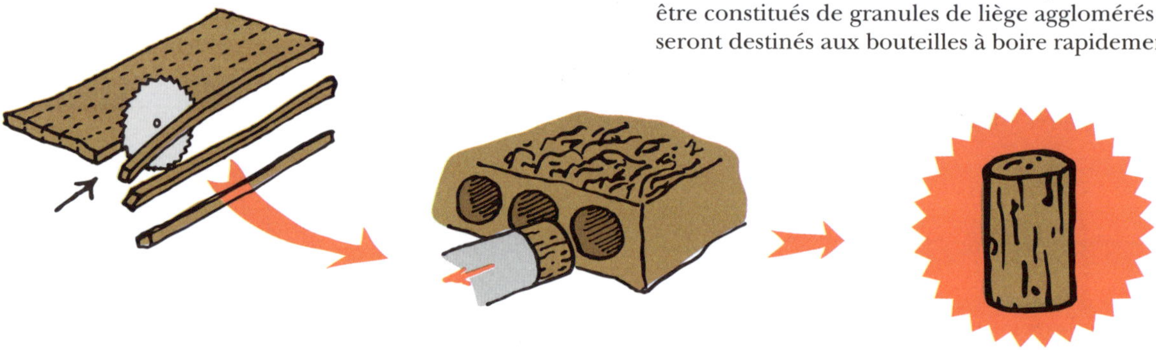

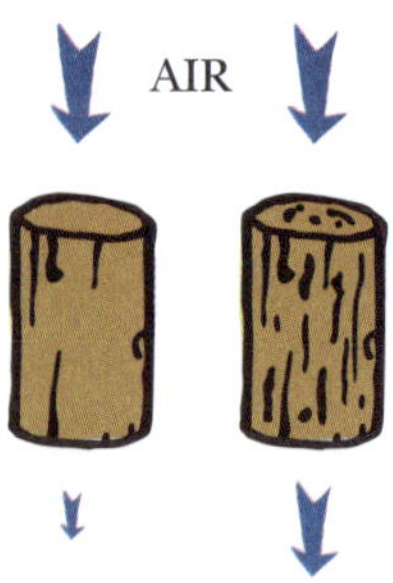

▸ La qualité d'un bouchon de liège diffère selon la qualité du bois : moins le bouchon contient de fentes le long de son corps (appelées lenticelles), plus il est hermétique. Si une extrémité ne contient aucune trace, on parle d'un miroir. Les bouchons qui possèdent un miroir de chaque côté sont extrêmement rares, leur prix peut grimper jusqu'à 3€ pièce. Ils sont utilisés pour des bouteilles exceptionnelles, qui doivent pouvoir vieillir pendant plus d'un demi-siècle.

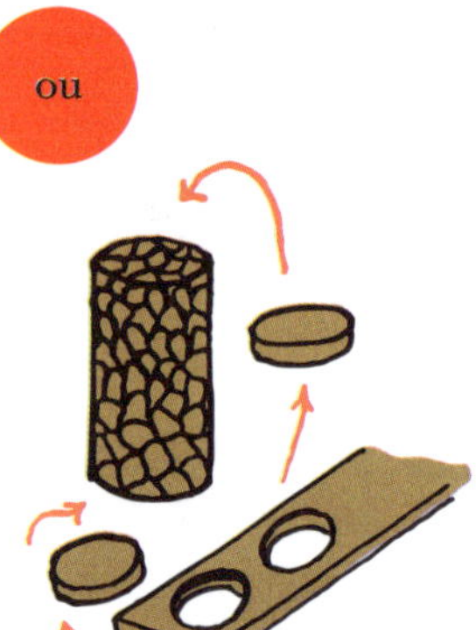

Qualités

- Un son aussi délicieux qu'unique à l'ouverture d'un vin.

- **Sa qualité première :** il est hermétique et empêche l'oxygène de pénétrer dans la bouteille.

- **Les consommateurs le plébiscitent largement :** ils apprécient son origine naturelle, son histoire et y voient (parfois à tort) le signe d'un vin de qualité.

- Son élasticité lui permet d'épouser parfaitement le col de la bouteille et de s'adapter aux légères variations de température pour protéger le vin au fil des saisons pendant plusieurs décennies.

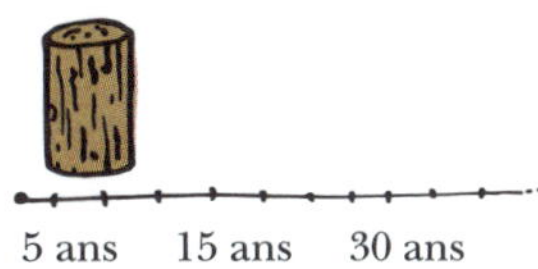

Défauts

- Le gros défaut du bouchon de liège est lié à une contamination qui se transmet au vin ; le tristement célèbre goût de bouchon. Issu d'une molécule (appelée TCA) qui contamine le bois, il suffit d'une quantité infime pour rendre une bouteille imbuvable. Les bouchonniers, à l'aide d'une hygiène drastique et d'une soigneuse décontamination du liège, ont largement réduit les taux de TCA : on considère que seulement 3 à 4 % des bouteilles achetées sont bouchonnées. Cette part de risque est à prendre en compte lors d'un achat.

Coucher les bouteilles

Attention, le bouchon se dessèche s'il n'est pas mouillé. C'est pourquoi il est impératif de coucher les bouteilles pour que le liquide soit toujours en contact avec le bouchon. Sinon, il perd son élasticité et ne filtre plus l'oxygène.

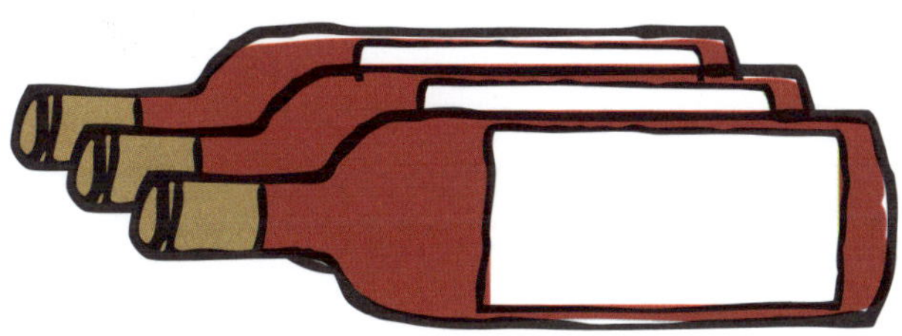

Les autres systèmes de bouchage

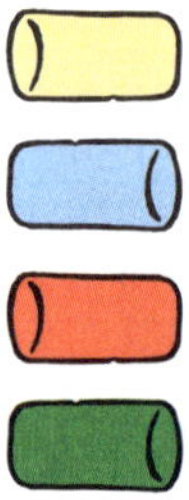

Le bouchon synthétique

Moins cher à produire que son alter ego naturel, le bouchon synthétique (souvent en silicone) possède les mêmes propriétés… du moins à court terme.

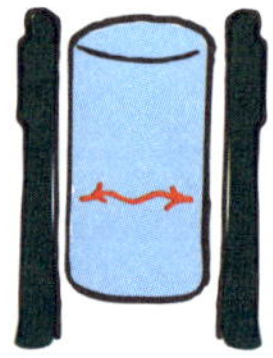

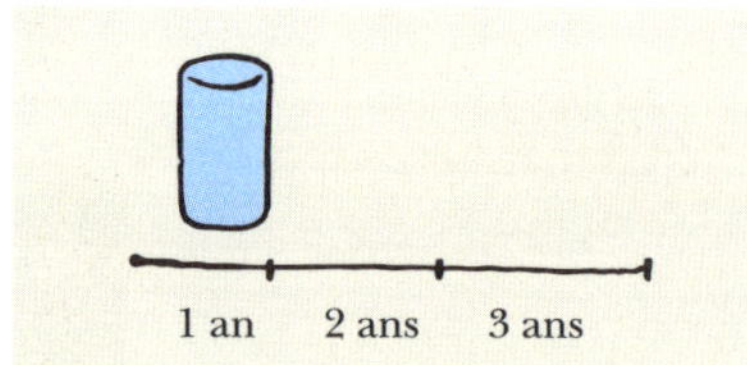

En effet, son élasticité est plus limitée dans le temps. Au bout de 2 à 3 ans, il a tendance à se figer et à perdre son étanchéité. Néanmoins, pour la plupart des bouteilles à consommer rapidement, il fait très bien l'affaire.

La capsule à vis

Si elle n'a pas les faveurs du grand public (conception métallique peu naturelle, absence de bruit à l'ouverture, rituel du tire-bouchon rendu inutile), elle permet d'ouvrir un vin aussi facilement que rapidement. Un vrai atout pour les pique-niques. Les Suisses et les Néo-Zélandais l'utilisent avec bonheur pour leurs vins depuis les années 1970.

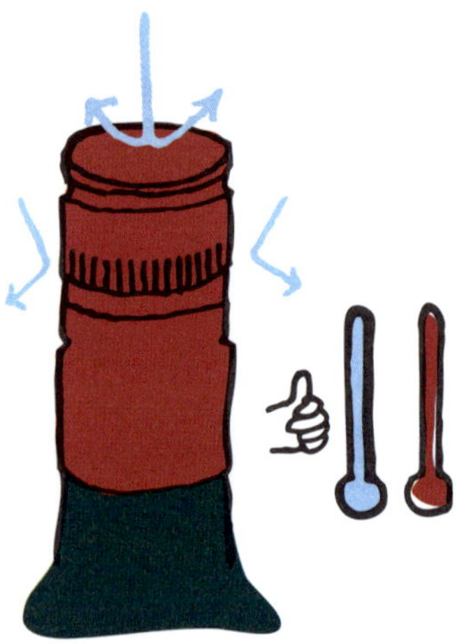

Les avantages :

- elle est absolument hermétique ;
- elle ne se dégrade pas, même en cas de forts changements de température ;
- elle n'occasionne pas de vins bouchonnés.

Néanmoins, elle est si hermétique que certains dégustateurs trouvent le vin encapsulé moins évolué, moins épanoui qu'avec le liège. En effet, des dégustations comparatives montrent que les arômes d'un vin âgé de 10 ans ne sont pas identiques selon le bouchage, en liège ou en capsule.
Des fabricants proposent désormais des capsules avec un joint plus ou moins poreux pour approcher l'effet du bouchon naturel.

La capsule fait son chemin : sur 17 milliards de bouteilles commercialisées dans le monde, 4 milliards possèdent des bouchons à vis. Et ce chiffre devrait augmenter au fil des ans.

LE RÔLE DU SOUFRE DANS LE VIN

Les avantages du soufre

- Il est antioxydant : il protège le jus en fermentation de l'oxygène et évite une oxydation qui gâcherait le vin ;
- il stoppe la fermentation et permet de conserver des sucres résiduels pour élaborer un vin sucré ;
- il stabilise le vin à la mise en bouteille, en le protégeant d'une oxydation qui le ferait vieillir prématurément.

Ses désavantages

- Le soufre a une mauvaise odeur (de soufre, donc, proche de l'œuf pourri) ;
- le soufre est antioxydant : il peut favoriser la réduction du vin et donc des odeurs désagréables à l'ouverture (odeur de chou) ;
- il peut provoquer de très gênants maux de tête pour le consommateur (toujours cette fonction de capter l'oxygène) ;
- il fige le vin et gomme son caractère.

Pour ces raisons, la plupart des vignerons réduisent progressivement leurs doses. C'est possible si les raisins sont soigneusement transportés pendant la vendange et n'éclatent pas, si le chai est propre et si les vins sont bien protégés de l'oxygène.

En moyenne, de la plus petite à plus grande dose de soufre ajouté, on trouve :

La quantité de soufre
Les doses de soufre varient de 3 à 300 mg/l dans le vin, autant dire que la marge est énorme. Il varie aussi en fonction des vins.

Le vin sans soufre

Quelques vignerons (aussi téméraires que peu nombreux) élaborent même des cuvées sans ajout de soufre. Ces vins ne sont donc pas stabilisés et exigent des conditions de conservations rigoureuses (à une température inférieure à 16 °C), faute de quoi la fermentation pourrait repartir ou le vin s'oxyder rapidement. Ces vins sans soufre offrent des dégustations surprenantes, pleines de fraîcheur et de vitalité… ou d'odeurs de pomme blette et d'écurie, en cas de problème.

QUELQUES MÉTIERS DU VIN

Les métiers du vin se féminisent lentement mais sûrement. D'abord présentes dans les bureaux pour l'administration du domaine, la vente, le marketing ou la communication, les femmes sont désormais de toutes les tâches : elles représentent la moitié des élèves dans les écoles d'œnologie et de sommellerie. Elles sont aussi vigneronnes : 30 % des chefs d'exploitation viticole sont des femmes. Pas de quoi, pour autant, parler de «vins de femmes». Il est impossible de deviner, en goûtant un vin, le sexe de son créateur.

L'œnologue

Il travaille souvent en duo avec le vigneron. Il suit l'évolution de la vigne, conseille la date de la vendange. Il surveille ensuite la vinification, analyse la qualité et la santé du vin. Il peut aussi aiguiller l'élevage et les assemblages. Le diplôme d'œnologie s'obtient après des études de chimie.

Le/la vigneron(ne)

À la fois agriculteur, artisan et commerçant, il façonne ses vins depuis la vigne jusqu'à la mise en bouteille, et assure parfois la vente au consommateur. Il assure la viticulture (comme le viticulteur) et la vinification. Ce qui ne l'empêche pas d'être assisté dans ses différentes tâches.

Le/la maître(sse) de chai

Dans les grands vignobles, les tâches sont réparties. Le maître de chai est le responsable de la cave. C'est lui qui supervise la vinification, l'élevage et le vieillissement des vins. Il assure les dégustations et définit la période de mise sur le marché. Il travaille souvent en collaboration avec un œnologue.

Le/la chef de culture

Tandis que le maître de chai s'occupe de la cave, le chef de culture dirige et encadre les travaux de la vigne dans les domaines viticoles de taille importante. Il est responsable de la conduite de culture du raisin et des ouvriers agricoles qui le secondent.

Le/la winemaker

Ce mot désigne à la fois un œnologue, un conseiller au chai et un consultant général sur une propriété. En France, il est peu utilisé, à l'exception de quelques personnalités reconnues pour la qualité des vins qu'elles conseillent. Sollicité dans plusieurs pays : il est alors surnommé « Flying Winemaker ».

Le/la négociant(e)

À mi-chemin entre le vigneron et le distributeur, il assemble des vins issus de différents producteurs et les vend sous sa marque. Cela lui permet de commercialiser des volumes de production importants ainsi qu'une large palette d'appellations. Lors des millésimes difficiles, le négociant peut ainsi assurer une quantité et une qualité plutôt homogènes.
Attention : le négoce bordelais n'assemble pas les vins, mais achète des bouteilles de grands et de petits châteaux pour en assurer la distribution partout dans le monde. Ainsi, beaucoup de châteaux confient la commercialisation de leurs bouteilles aux négociants, que l'on surnomme la « Place de Bordeaux ».

Le/la sommelier(ère)

C'est un expert de l'accord mets-vins. Après des études en hôtellerie, il travaille dans les restaurants, et ses compétences portent à la fois sur la dégustation, la connaissance des vins et leur service à table. Il élabore la carte, achète les bouteilles, conseille les clients. Il est aussi responsable de la cave et suit son évolution. Il choisit le bon moment pour boire les vins et assure des conditions optimales de service, de la température dans la carafe au choix des verres.

D'autres métiers du vin

Il existe de nombreux autres métiers en relation avec le vin : le pépiniériste, spécialisé en ceps de vigne, le tonnelier, qui façonne les barriques, le courtier, qui négocie les prix entre le producteur et l'acheteur, l'agent, qui importe et vend les vins, ou encore le responsable du marketing et de la communication, le bouchonnier, l'imprimeur d'étiquettes, sans oublier le caviste !

Un jour, Caroline a pris son sac à dos, est montée dans sa voiture et elle est partie. Une année sabbatique, une furieuse envie de voir du paysage. Bien sûr, elle avait une idée en tête : fuir les villes et goûter du vin. Caroline a branché son GPS mais s'en est finalement peu servi. Elle a préféré se perdre au gré des routes et des chemins sans bitume, s'arrêtant à l'envie dans des domaines, des clos, des châteaux. Elle s'est laissée guider par les panneaux « Routes des Vins » qui émaillaient le parcours, a grimpé des côtes, dévalé des vallées. Elle s'est arrêtée pour regarder le raisin sous le soleil, a foulé de nombreux sols, du plus rocheux au plus argileux, a poussé du pied les cailloux qui dormaient entre les ceps.

Hector l'avait prévenue : « Tu verras, les vignes peuvent être très différentes selon les régions et les terroirs ». Et elle a vu. Des vignes à flanc de coteaux, des vignes torturées par l'âge, des pousses pleines de promesses. Et elle a goûté. Des vins blancs nerveux d'Alsace, des vins blancs onctueux du Languedoc, du vin vert portugais, des vins rouges soyeux de la Rioja, des rouges musclés de Toscane. Dans sa besace, Caroline a ramené des centaines de photos, mais surtout le goût de tous ces nectars. Elle a compris que la région, le climat, l'altitude, la sécheresse, l'histoire, les décisions et le travail des hommes s'unissent pour donner à chaque vin une personnalité unique. Le terroir, terme bien vague dans son esprit, est devenu une réalité, indispensable.

Ce chapitre est pour toutes les Caroline qui aiment voyager, explorer et apprendre sur le terrain.

CAROLINE

VISITE LES VIGNOBLES

Le terroir • Les vins de France
Les vins d'Europe • Les vins du monde

LE TERROIR

Le terroir est une notion difficile à appréhender. D'ailleurs, ce mot est rarement traduit dans d'autres langues et n'a pas d'équivalent en anglais. Pour résumer, on pourrait dire que le terroir rassemble tous les facteurs qui concourent à la typicité d'un vin.

Situation géographique

Le climat

Contrairement à la météorologie, le climat englobe les conditions atmosphériques qui délimitent une région.
On peut définir le climat d'une région viticole grâce à :

- la moyenne des températures minimales et maximales ;
- la moyenne des précipitations ;
- la nature du vent, qui assèche le raisin, le rafraîchit ou le réchauffe (et l'empêche de geler) ;
- les menaces climatiques comme le gel, la grêle ou les orages.

Il existe des climats continentaux, océaniques, montagnards, méditerranéens…
À ces grandes zones s'ajoutent une multitude de micro climats, dont les caractéristiques singulières modifient le climat local : une cuvette, le flanc d'une colline, une nappe d'eau, une forêt, etc.

L'altitude

Un raisin cultivé en altitude ne réagira pas de la même façon que s'il est cultivé proche du niveau de la mer : les écarts de température entre l'été et l'hiver mais aussi entre le matin et le soir seront plus importants. Ce facteur, comme le climat, est déterminant sur le choix du cépage.

La pente

La topographie joue également un rôle essentiel : dans un vignoble situé en pente, l'eau de pluie s'écoulera plus facilement et ne stagnera pas au contact des racines. Un vignoble planté dans un coteau exposé en direction du sud, du sud-est ou du sud-ouest profite d'un ensoleillement idéal. Le sol d'un coteau est généralement plus pauvre qu'un sol de plaine.
Pour ces raisons, les vignes installées dans une pente (plus ou moins marquées) donnent souvent de meilleurs vins.

Les différents sols

Plus que le sol, généralement composé de terre, c'est le sous-sol qui importe : la roche-mère où les racines se faufilent et s'agrippent.

Les types de sous-sols :

- argile, calcaire, voire argilo-calcaire ;
- marnes suite à la disparition d'océans ;
- schistes, granite et gneiss issus des montagnes ;
- sable, graves et graviers issus des mers, fleuves et deltas ;
- cailloux roulés, sols crayeux, basalte, roches volcanique, etc.

Dans une même région viticole, il est fréquent que différents types de sols se succèdent ou se chevauchent, ce qui rend la perception du terroir très complexe.

Sol argileux :	Sol calcaire :	Sol schisteux :	Sol granitique :	Sol marneux :	Sol volcanique :

Sol argileux :	Sol calcaire :	Sol schisteux :	Sol granitique :	Sol marneux :	Sol volcanique :
peut donner des vins volumineux, gras, tanniques.	peut donner des vins élégants, acides, fins.	peut donner des vins minéraux et longilignes.	peut donner des vins tendres, harmonieux, aromatiques.	peut donner des vins puissants.	peut donner des vins profonds, longs en bouche avec des arômes fumés.

N.B. La richesse du sol

La vigne préfère largement… les sols pauvres. Les bons vins naissent de sols ingrats, modérés en eaux et en nutriments. La vigne, pour se nourrir, envoie ses racines le plus profondément possible, à plusieurs mètres sous la terre pour sa survie.

Plus les racines sont profondes et meilleur est le vin. La vigne ne doit être ni stressée, ni favorisée. Un sol riche et fertile, à l'inverse, fera jaillir la vigne comme une liane et ne permettra pas une bonne concentration du jus dans le raisin.

Le travail des hommes

Sans l'homme, le terroir n'est rien, juste un espoir.

Le travail de l'homme consiste à mettre en valeur le terroir, tant dans la conduite de la vigne que lors de la vinification.

Il choisit selon le sol et le climat les cépages à privilégier, le palissage et la taille adaptés, il soigne la vigne et choisit le meilleur moment pour la vendange.

Il sélectionne les parcelles (au XIe siècle, en Bourgogne, les moines goûtaient la terre pour décider de la conduite à tenir, mais, aujourd'hui, des analyses sophistiquées avec des tests de pH permettent d'évaluer plus scientifiquement les soins à apporter).

Au chai, il opte pour la meilleure vinification, le meilleur élevage afin de laisser le terroir s'exprimer sans l'étouffer ni le masquer par trop de technique ou de laisser-aller.

Il remodèle les sols, les draine, les entretient et les nourrit.

Tout en respectant le terroir, l'homme l'interprète et le façonne. C'est ainsi qu'il fabrique un véritable « vin de terroir » et non un simple « vin de cépage ».

Qu'est-ce qu'un vin de terroir ?

- Un vin dont les caractéristiques géologiques et géographiques sont mises en avant ;
- un vin qui fait appel à l'histoire et aux traditions des techniques de production de la région (on parle de typicité de la région) ;
- un vin qui n'est pas élaboré en fonction de la mode.

Qu'est-ce qu'un vin de cépage ?

- Un vin dont seuls les arômes du cépage s'expriment (on parle d'expression variétale) ;
- un vin sans délimitation géographique ;
- un vin technologique, dont la technique de fabrication n'est pas le reflet de la région viticole ;
- un vin façonné pour ressembler aux vins à la mode, indépendamment de sa région d'origine.

LES VINS DE BOURGOGNE

Blancs et effervescents : environ 70 %
Rouges : environ 30 %

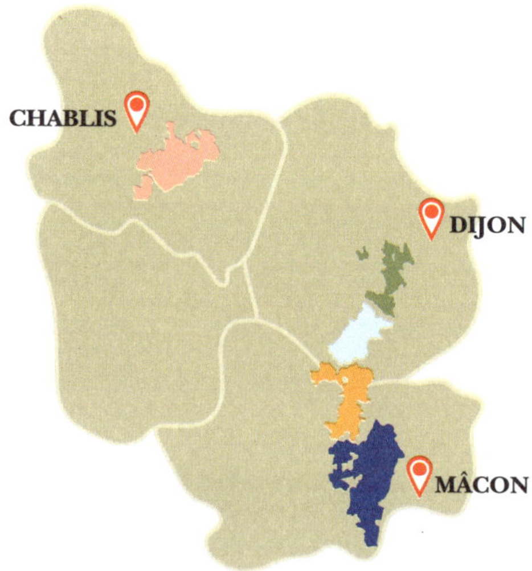

COMMENT S'Y RETROUVER ?

Il n'y a pas de châteaux en Bourgogne, mais des domaines ou des clos – si la vigne est entourée de murets centenaires. À part Chablis et le Grand Auxerrois, un peu à l'écart, dans l'Yonne, le vignoble bourguignon s'étale de Dijon à Lyon, sur un mince ruban de quelques kilomètres de largeur. On y distingue quatre sous-régions, du nord au sud : côte de Nuits, côte de Beaune, côte Chalonnaise et Mâconnais.

Blanc ou rouge ?

Les chablis sont toujours blancs. La côte de Nuits est très connue pour ses rouges (gevrey-chambertin, chambolle-musigny...). La côte de Beaune est très réputée pour ses blancs (meursault, chassagne-montrachet...), sauf à Pommard et Volnay, qui produisent exclusivement des rouges. On trouve du blanc et du rouge partout ailleurs, mais aussi de l'effervescent, le crémant de Bourgogne.

Cépages blancs
chardonnay, aligoté

Cépages rouges
pinot noir, gamay

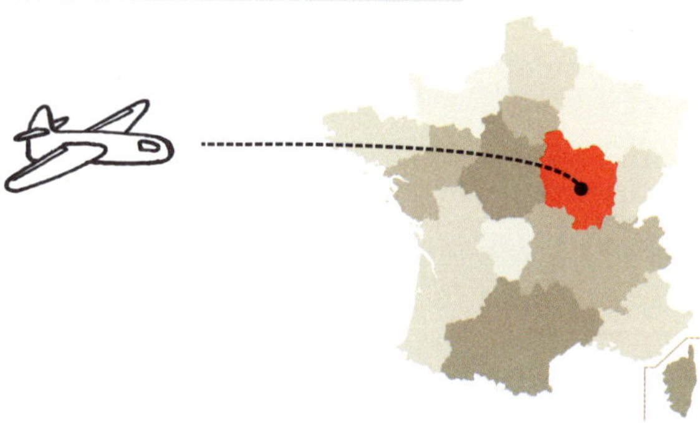

Les cépages

En Bourgogne, les cépages sont très simples : pinot noir quasi exclusivement pour les rouges, chardonnay pour les blancs (à l'exception des bourgognes aligotés et du sauvignon à Saint-Bris). À la différence de Bordeaux ou de nombreuses régions viticoles, il n'y a pas d'assemblages de raisins pour donner de la personnalité au vin, ou corriger le caractère d'un millésime. Chaque vigneron joue à « armes égales » avec un cépage identique. Pourtant, selon le producteur et le terroir, les différences sont énormes.

La hiérarchie

Il existe une centaine d'appellations en Bourgogne, hiérarchisées entre la dénomination régionale et le grand cru. En plus des appellations, il est possible d'accoler le nom de la parcelle.

Hiérarchie et exemples d'appellations :

Appellation régionale : bourgogne
Appellation sous-régionale : côte-de-nuits
Appellation village : gevrey-chambertin ; saint-véran
Appellation 1er cru : gevrey-chambertin 1er cru Aux Combottes ; gevrey-chambertin 1er cru Bel-Air
Appellation grand cru : chablis grand cru Vaudésir ; corton grand cru Les Renardes ; grands-échezeaux.

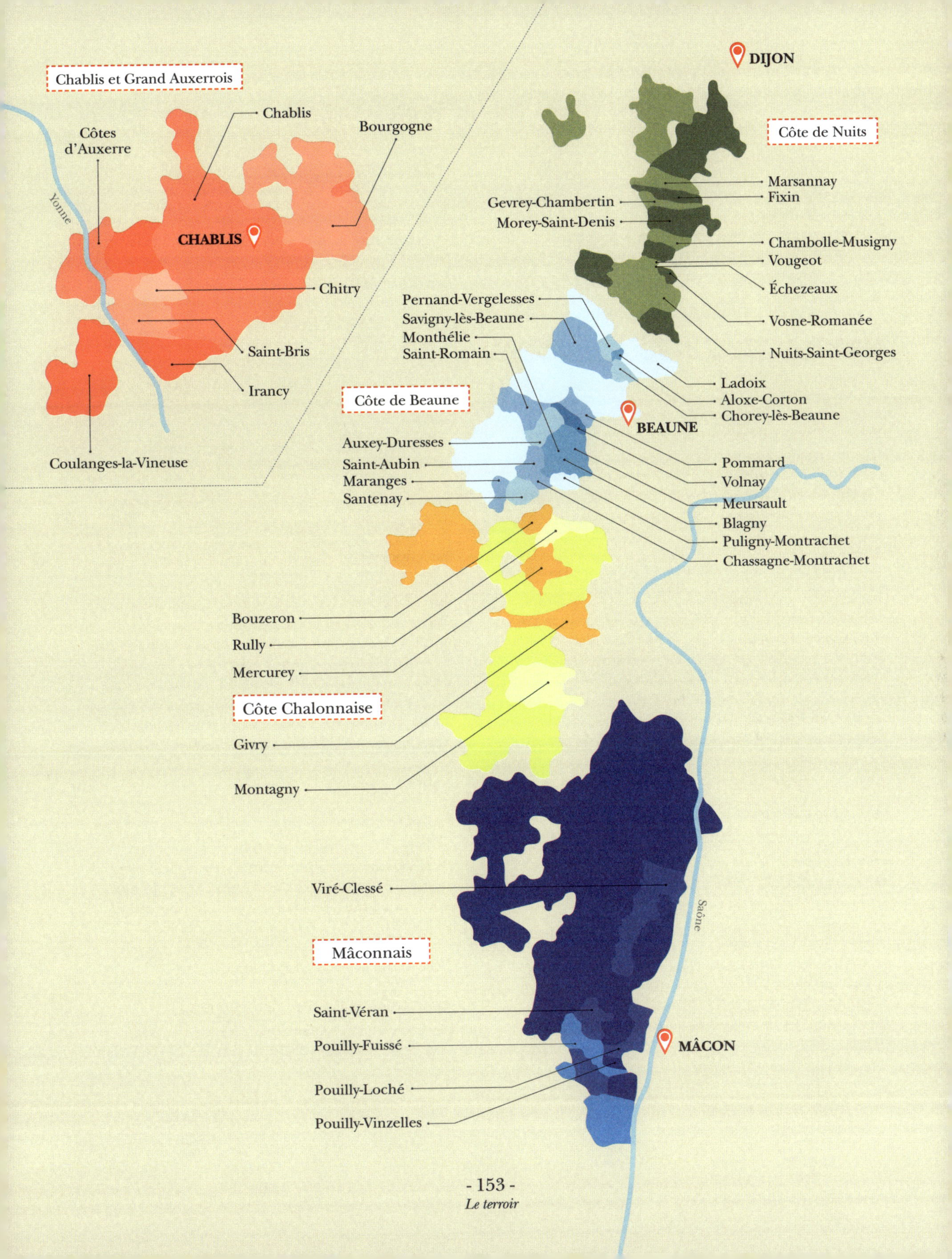
Chablis et Grand Auxerrois
Chablis
Bourgogne
Côtes d'Auxerre
Yonne
CHABLIS
Chitry
Saint-Bris
Irancy
Coulanges-la-Vineuse
DIJON
Côte de Nuits
Marsannay
Fixin
Gevrey-Chambertin
Morey-Saint-Denis
Chambolle-Musigny
Vougeot
Échezeaux
Vosne-Romanée
Nuits-Saint-Georges
Pernand-Vergelesses
Savigny-lès-Beaune
Monthélie
Saint-Romain
Ladoix
Aloxe-Corton
Chorey-lès-Beaune
Côte de Beaune
BEAUNE
Auxey-Duresses
Saint-Aubin
Maranges
Santenay
Pommard
Volnay
Meursault
Blagny
Puligny-Montrachet
Chassagne-Montrachet
Bouzeron
Rully
Mercurey
Côte Chalonnaise
Givry
Montagny
Viré-Clessé
Saône
Mâconnais
Saint-Véran
Pouilly-Fuissé
MÂCON
Pouilly-Loché
Pouilly-Vinzelles

Le vignoble bourguignon

Les climats

On les nomme « parcelles » ou « terroirs » dans les autres régions, mais, en Bourgogne, ce sont les « climats » qui désignent la mosaïque du vignoble. Ce terme est synonyme de lieu-dit dès le XVIe siècle, et il serait peut-être même plus ancien.
Il existe plus de 2 500 climats bourguignons, tout à fait officiels : ils sont même inscrits au patrimoine mondial de l'Unesco depuis 2015. Ainsi, quand un vigneron vous parle de son climat, regardez le sol plutôt que le ciel !
Un vigneron produisant du vin sur l'une de ces parcelles peut en apposer le nom sur l'étiquette. Certains sont connus, comme Le Clos des Mouches, à Beaune, Les Vaucrains, à Nuits-Saint-Georges, ou Grenouilles, à Chablis. D'autres sont plus cocasses : La Justice, Sous la Fée, En la Rue de Vergy. La Bourgogne sait se montrer poétique.

Une mosaïque

Du fait de ces climats, les vignerons bourguignons ont souvent un vignoble morcelé sur plusieurs parcelles et plusieurs appellations. Il est rare, voire impossible, de trouver un domaine qui ne possède qu'une grande étendue de vignes continue, comme dans les autres régions. En Bourgogne, c'est plutôt 1 hectare par-ci, 2 hectares par-là. Et, sur un même climat, on trouve généralement plusieurs domaines, qui en possèdent chacun un petit bout.

À quel prix ?

Depuis quelques années, la Bourgogne est victime de son succès… et d'une mauvaise météo. Résultat, les vins de plusieurs appellations renommées sont rares et chers. D'une manière générale, la Bourgogne est même en train de voler la vedette à Bordeaux en termes de prix : dans un classement des vins les plus chers du monde, établi en 2015 par le site Wine-Searcher, la Bourgogne occupe 7 des 10 premières places. Heureusement, il n'y a pas que des grands crus en Bourgogne. Il y a même de très intéressants rapports qualité-prix sur les crémants, les mâconnais et les vins de la côte Chalonnaise.

Comment acheter ?

Pour acheter un bourgogne, on choisit d'abord l'appellation. Mieux vaut une appellation village méconnue qu'une appellation régionale ou générique, qui signifie que les raisins récoltés proviennent d'un peu partout. L'astuce est justement de choisir un village confidentiel voisin d'un village réputé. Par exemple, en rouge, un monthélie plutôt qu'un volnay et, en blanc, un saint-aubin plutôt qu'un meursault. Ne pas hésiter non plus à tester les vins blancs du Mâconnais, souvent d'un bon rapport qualité-prix.

La maison de négoce

Sur l'étiquette figure, en plus des appellations et des noms de climats, le nom du producteur… ou du négociant. Car, en Bourgogne, il existe de nombreuses maisons de négoce. Elles achètent les raisins ou les vins à des propriétaires pour les vendre sous leur nom. Elles proposent souvent une large gamme d'appellations et, parfois, pour les plus grosses maisons, toutes les appellations de la Bourgogne ! Elles ont aussi plus de stock et, même dans les millésimes difficiles qui viennent de s'écouler, ont toujours des bouteilles à vendre d'une qualité acceptable. Mais certains vins de propriétaires ont plus de caractère.

Le goût

Le pinot noir est très fin au nord, plein d'élégance à Gevrey-Chambertin, plein de délicatesse à Chambolle-Musigny. Il prend de plus en plus d'ampleur à mesure qu'on descend vers le sud, se fait puissant à Pommard, presque gourmand à Mercurey. Il en va de même pour le chardonnay, pur et minéral à Chablis, plus rond sur la côte de Beaune, gras voire onctueux dans le Mâconnais.

LES VINS DU BEAUJOLAIS

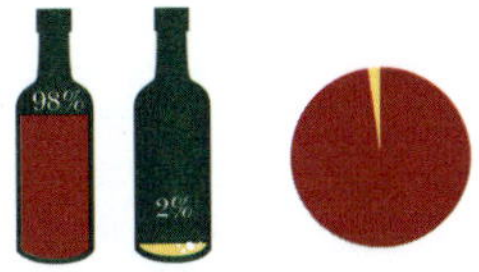

Rouges : 98 %
Blancs et effervescents : 2 %

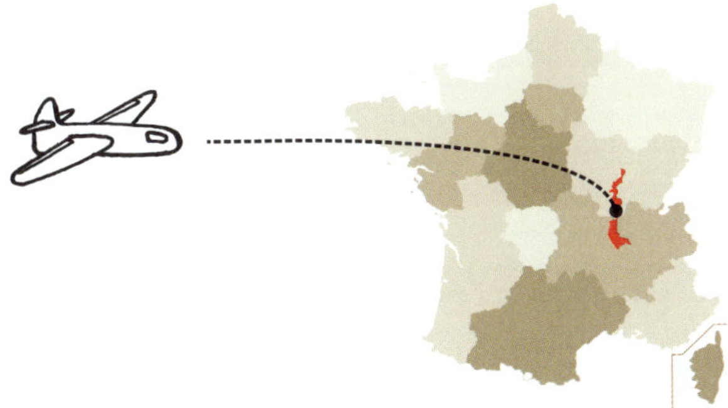

COMMENT S'Y RETROUVER ?

Le beaujolais et le beaujolais nouveau

Dans l'esprit populaire, le vin du Beaujolais est encore trop souvent associé à son petit frère, le beaujolais nouveau. Fêté dans le monde entier le troisième jeudi de novembre, ce petit vin primeur est mis en bouteille immédiatement après la vinification. Il n'a pas le temps de développer des arômes complexes, et on lui reproche souvent sa simplicité et son fameux « goût de banane ». Mais le Beaujolais, le vrai, si l'on peut dire, a bien plus à offrir. Patrie du gamay, cépage fruité et peu tannique, cette région propose des vins faciles à boire et, dans les crus, des vins plus complexes capables de vieillir pendant 10 ans et plus.

Quel vin choisir ?

Si vous êtes à la recherche d'un vin gouleyant, léger et plein de vivacité, un beaujolais-villages est un choix intéressant. Néanmoins, ce sont dans les crus qu'on l'on fait les plus belles découvertes, à des prix tout à fait sympathiques. Les morgon, chénas et moulin-à-vent sont charpentés, plus tanniques et aptes à la garde. À Chiroubles et à Saint-Amour, à l'inverse, le beaujolais est plus fin et léger. Quant à Fleurie, on y trouve des vins d'une belle intensité aromatique de fruits rouges et de fleurs.

Cépages blancs
chardonnay

Cépages rouges
gamay

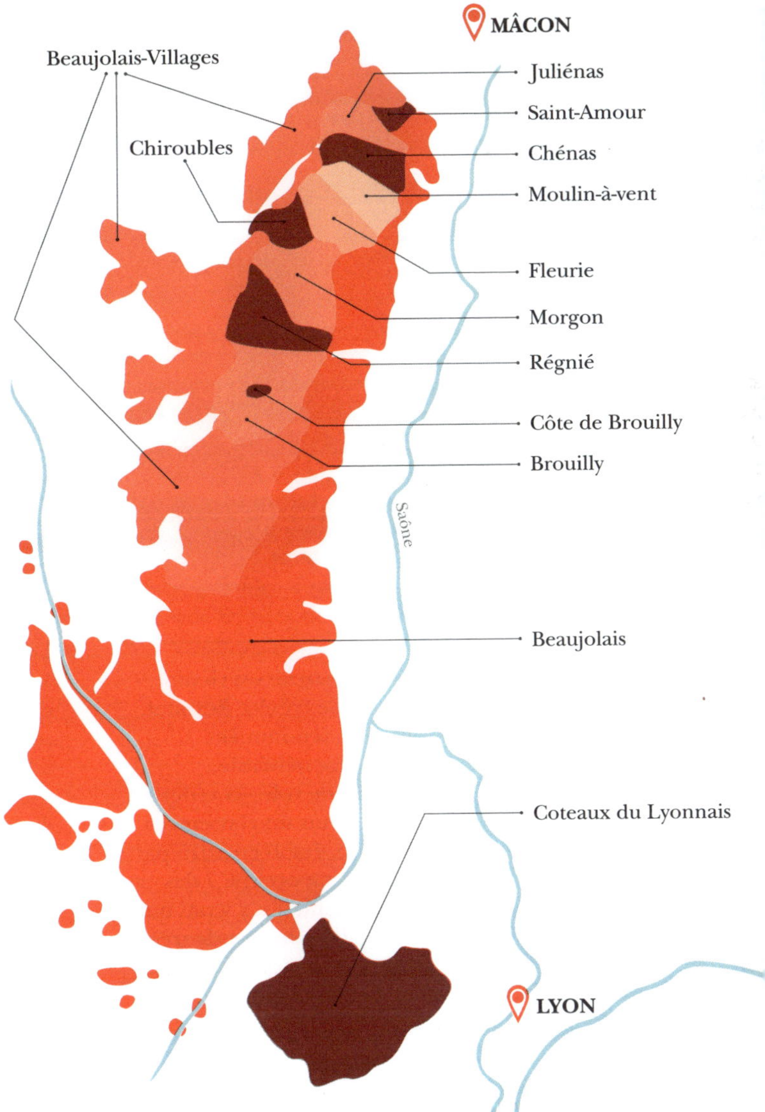

LES VINS DE BORDEAUX

Rouges et rosés : environ 90 %
Blancs : environ 10 %

COMMENT S'Y RETROUVER ?

Dans la patrie des vins rouges les plus réputés au monde (et parmi les plus chers), on trouve également une foule de châteaux inconnus et à petit prix. Difficile de choisir. Sur l'étiquette, on regarde le nom de l'appellation, le nom du château et le millésime.

L'appellation

Il faut distinguer les appellations génériques, telles que bordeaux ou bordeaux supérieur, des appellations géographiquement plus précises : locales (comme médoc) ou, pour les plus réputées, communales (comme pauillac, margaux, saint-émilion).

Bordeaux Supérieur

Contrairement à ce qu'indique son nom, le bordeaux supérieur n'est pas meilleur qu'un vin d'une appellation comme pomerol ou saint-julien. Avec cette AOC régionale, les raisins peuvent venir de tout le vignoble bordelais. Mais ils doivent répondre à des critères plus stricts que les simples bordeaux, par exemple provenir de vignes de plus de 20 ans et subir un élevage minimal de 12 mois avant commercialisation.

Le château

Pour les bordeaux, on parle de château bien davantage que de domaine. Pourtant, ce que l'on appelle châteaux n'est souvent qu'une exploitation entourée par les vignes. Certains sont très connus et de valeur sûre (le prix va de pair), d'autres sont plus discrets, moins chers, mais méritent d'être découverts… et suivis. Quelques-uns, enfin, n'existent que sur le papier, par l'invention d'un service marketing de grande surface, et n'ont aucun intérêt dans le verre.

Cépages blancs
sauvignon, sémillon, muscadelle

Cépages rouges
cabernet-sauvignon, merlot, cabernet franc, petit verdot, malbec

Le millésime et les primeurs

Le millésime est important à Bordeaux, car c'est lui qui dicte la courbe des prix de l'année, surtout pour les crus réputés.
Chaque année, au mois d'avril, dégustateurs et négociants du monde entier foulent les grands vignobles bordelais pour goûter les vins « primeurs » tout juste vinifiés. Ils en estiment la qualité puis la « Place de Bordeaux », constituée des négociants qui vendront les vins, fixent les prix.
Un château coûtera donc plus ou moins selon la réputation du millésime. Ainsi, pour un même domaine, des 2010 ou 2015, très cotés, auront un prix plus élevé que des 2011 ou 2013. Les bonnes années, le vin sera réussi pour les petits châteaux et plus apte à vieillir pour les grands noms.

Quelques bons millésimes récents :

2016 2015 2010 2009 2005

Le goût

Le goût des vins de Bordeaux est une telle référence depuis deux siècles qu'il a souvent été copié dans le monde entier ! Dans les pays anglo-saxons, pour désigner un vin issu de l'assemblage de merlot et de cabernet, l'expression *bordeaux blend* est courante. Le bordeaux se caractérise par son côté à la fois tannique et frais, et une structure renforcée par un solide élevage en barriques. D'ailleurs, dans sa jeunesse, le vin bordelais possède souvent des notes boisées.

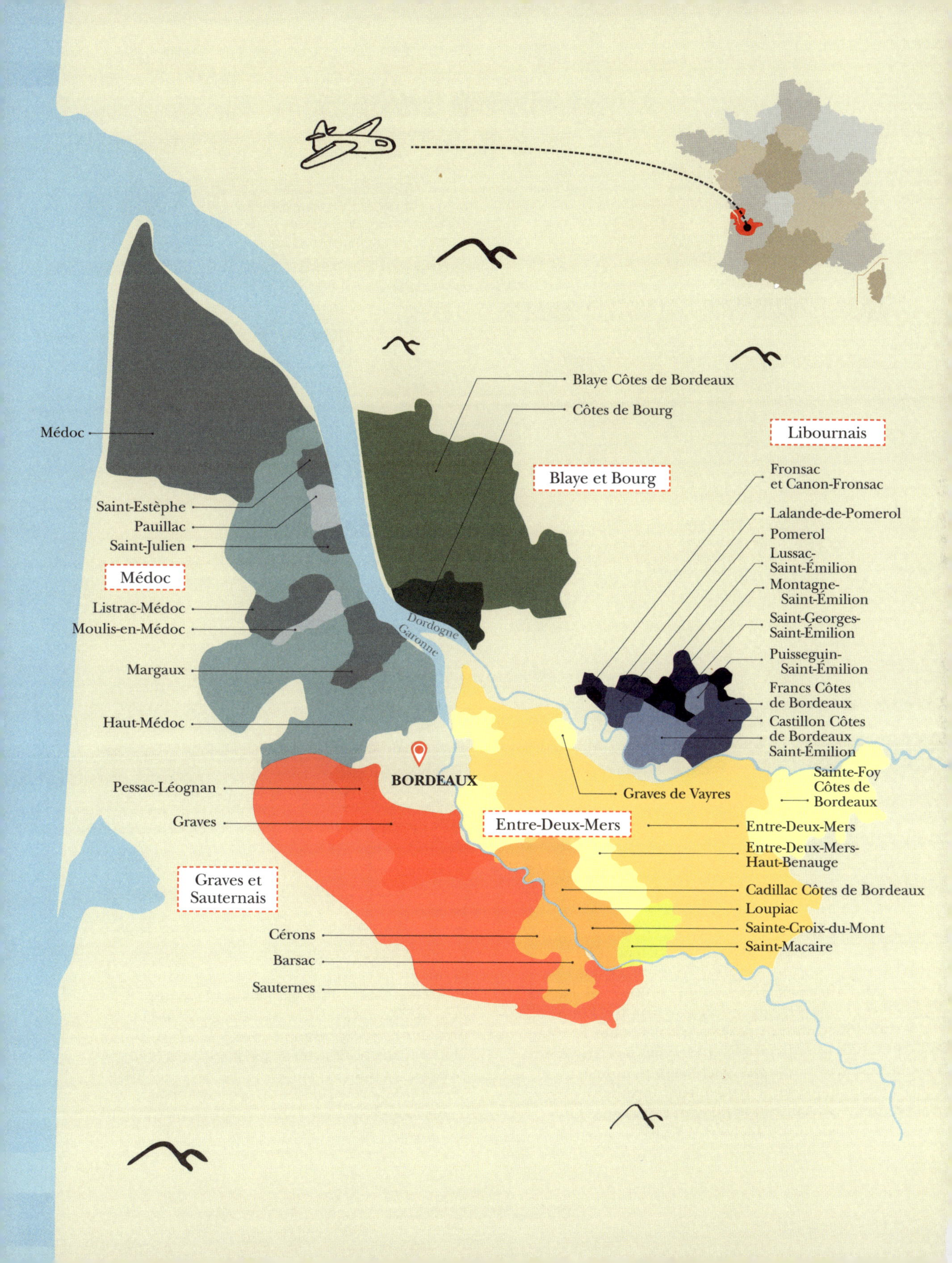
Blaye Côtes de Bordeaux
Côtes de Bourg
Libournais
Médoc
Blaye et Bourg
Fronsac et Canon-Fronsac
Saint-Estèphe
Pauillac
Saint-Julien
Lalande-de-Pomerol
Pomerol
Lussac-Saint-Émilion
Médoc
Montagne-Saint-Émilion
Listrac-Médoc
Moulis-en-Médoc
Saint-Georges-Saint-Émilion
Dordogne
Garonne
Margaux
Puisseguin-Saint-Émilion
Francs Côtes de Bordeaux
Haut-Médoc
Castillon Côtes de Bordeaux
Saint-Émilion
Pessac-Léognan
BORDEAUX
Graves de Vayres
Sainte-Foy Côtes de Bordeaux
Graves
Entre-Deux-Mers
Entre-Deux-Mers
Entre-Deux-Mers-Haut-Benauge
Graves et Sauternais
Cadillac Côtes de Bordeaux
Loupiac
Cérons
Sainte-Croix-du-Mont
Saint-Macaire
Barsac
Sauternes

Le vignoble bordelais

La rive gauche

Avec sa prédominance de cabernet-sauvignon, elle est taillée pour la garde : ce sont des vins qui ont besoin de temps pour exprimer toutes leurs qualités. Jeunes, ils sont parfois trop boisés, tanniques et austères. Mais, au bout de 10 ans, voire 30 ou 40 ans pour les plus grands, ils deviennent formidables. Même situation pour les vins de Graves, qui ont besoin de quelques années pour s'assouplir.

Rive gauche (haut-médoc et médoc) : dominante de cabernet-sauvignon (avec merlot).

La rive droite

Elle propose des vins plus souriants dans les premières années : la dominance de merlot apporte de la rondeur, le cabernet franc est moins rigide et plus frais que son cousin le « cab'-sauv' ». Mais ces vins sont, eux aussi, encore meilleurs après plusieurs années de garde.

Rive droite (pomerol, saint-émilion…) : dominante de merlot (avec cabernet franc).

Côté blancs

Les vins d'Entre-Deux-Mers sont frais, toniques, légers. Les blancs de Graves, eux, sont plus charpentés, boisés et puissants. Les blancs de Sauternes, Barsac, Loupiac ou Cadillac sont sucrés et font figure de références parmi les liquoreux.

Le classement des bordeaux

Les plus grands vins du Médoc, des Graves, de Saint-Émilion et de Sauternes font l'objet d'un classement (souvent controversé). Par exemple, pour les rouges du Médoc, il existe un classement établi en fonction des prix en 1855. Il s'échelonne du 1er au 5e « grand cru classé », puis viennent les crus bourgeois.

1ers grands crus classés du Médoc (1855) :

Château Latour (Pauillac)
Château Lafite-Rothschild (Pauillac)
Château Mouton-Rothschild (Pauillac)
Château Haut-Brion (Graves)
Château Margaux (Margaux)

1er grand cru supérieur de Sauternes (1855) :

Château d'Yquem

1ers grands crus classés A de Saint-Émilion (2012) :

Château Ausone
Château Cheval-Blanc
Château Pavie
Château Angélus

Visiter le vignoble bordelais

Pour découvrir les vins de Bordeaux, participez au Marathon du Médoc : cette course dans les vignes, en septembre, est émaillée de stands qui proposent des verres de vin ! Sinon, faites la route plus paisiblement, en voiture ou à vélo, au rythme des noms de châteaux. Vous pouvez visiter les plus grands (les dégustations sont parfois payantes), mais, pour de belles surprises, n'oubliez pas de faire des crochets par des plus modestes.
Attention : pensez à appeler avant, car certains châteaux sont malheureusement fermés au public et ne vendent pas leurs vins aux particuliers.

LES VINS D'ALSACE

Blancs :
environ 90 %
Rouges et rosés :
environ 10 %

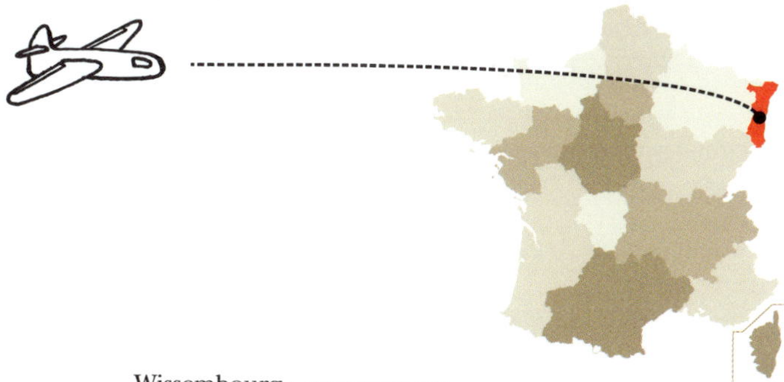

COMMENT S'Y RETROUVER ?

Le cépage

Exception par rapport au reste du vignoble français, on identifie d'abord le cépage que l'on souhaite boire : muscat, sylvaner… Le choix du cépage compte plus que le terroir. Chaque cépage a sa personnalité, du minéral riesling au gewurztraminer épicé, sans oublier les notes fumées du pinot gris. On choisit également, selon l'occasion, un vin effervescent (un crémant, généralement à base de pinot blanc), un vin sec ou un vin moelleux ou liquoreux. Quatre cépages, dits « nobles », peuvent en effet produire ces vins doux : le muscat, le pinot gris, le gewurztraminer et le riesling. Les vins sucrés viennent de récoltes en vendanges tardives ou en sélection de grains nobles, selon la quantité de sucre souhaitée dans les baies.

Grand cru

Une fois le cépage choisi, l'amateur éclairé cherchera ensuite la mention « grand cru », réservée aux 4 cépages nobles, qui distingue 51 terroirs remarquables d'Alsace (par exemple : Osterberg, Rangen, Schlossberg, Zinnkœpflé…). Avec des profils géologiques variés entremêlés sur le territoire (il en existe 13, du volcano-sédimentaire au gneissique en passant par le gréseux), c'est la région française la plus géologiquement compliquée. Qu'importe, vous y trouverez de beaux vins à des prix raisonnables et des domaines incontournables qui vous expliqueront tout.

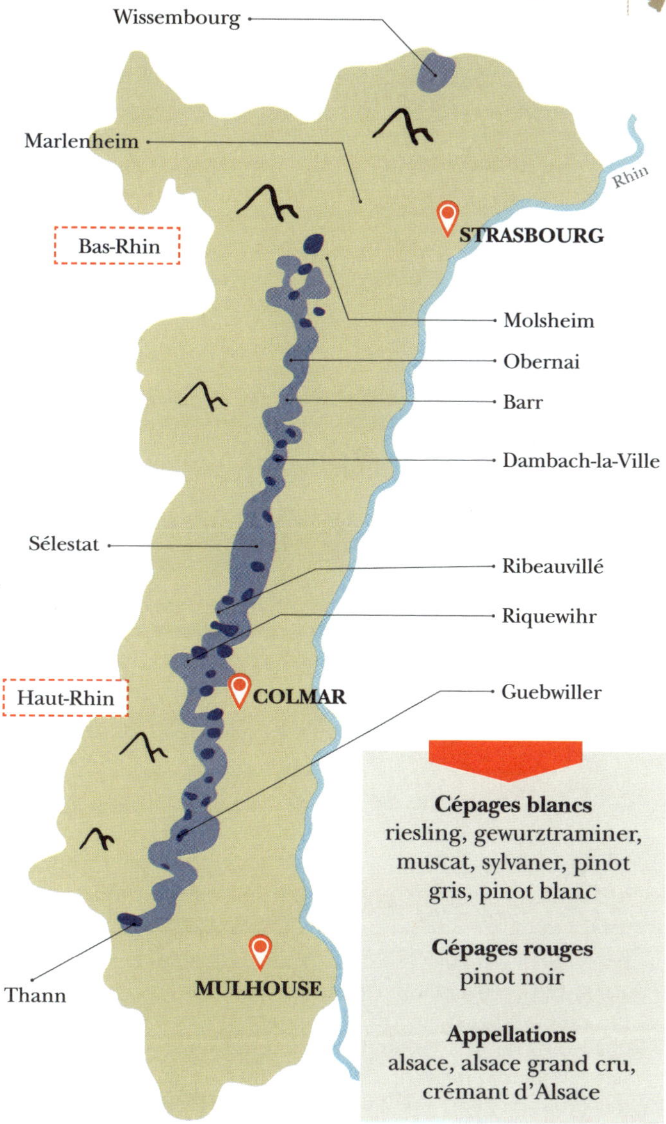

Cépages blancs
riesling, gewurztraminer, muscat, sylvaner, pinot gris, pinot blanc

Cépages rouges
pinot noir

Appellations
alsace, alsace grand cru, crémant d'Alsace

LES VINS DE CHAMPAGNE

Le vin de fête le plus connu au monde est issu des vignes les plus septentrionales de France. Trois cépages principaux sont utilisés pour le champagne : le chardonnay, le pinot noir et le pinot meunier, souvent assemblés. Un champagne élaboré uniquement à partir de chardonnay s'appelle un blanc de blancs (un champagne blanc produit avec des raisins blancs).
Un champagne issu de pinot noir et de pinot meunier est un blanc de noirs. Le champagne rosé est coloré par macération ou, le plus souvent, par l'ajout de vin rouge.

COMMENT S'Y RETROUVER ?

Il n'y a pas vraiment d'appellations dans le champagne : les raisins viennent, pour les plus grandes marques, de toute la région. Le chardonnay pousse surtout sur la côte des Blancs et la côte de Sézanne, le pinot noir sur la Montagne de Reims et la côte des Bar, le pinot meunier dans la vallée de la Marne. En revanche, il y a une hiérarchie : champagne, champagne 1er cru, champagne grand cru. Les 1ers et grands crus sont définis par la qualité du raisin récolté sur la commune concernée, principalement autour d'Épernay.

Le goût

Il y a beaucoup de subtilités mais peu de différences flagrantes. Les champagnes composés d'une majorité de chardonnay et les blancs de blancs sont souvent plus fins, plus acides et conviennent parfaitement aux apéritifs et plats légers. Les blancs de noirs et les rosés sont plus puissants et plus vineux (avec les arômes et la rondeur rappelant le vin), ils peuvent accompagner un repas. Les sols influencent aussi le goût : les nombreux sols crayeux autour de Reims et d'Épernay donnent des vins pleins de finesse et de minéralité, les sols argileux font des vins plus amples et gras.

Cépages blancs
chardonnay

Cépages rouges
pinot noir, pinot meunier

Millésime ou pas millésime ?

Le champagne n'est généralement pas millésimé : il naît d'un assemblage de la récolte de l'année et de millésimes passés, afin d'assurer une qualité et un style constants chaque année. Le champagne porte ainsi la signature de la maison qui l'a vu naître. Toutefois, quand la récolte est vraiment belle, les producteurs créent des champagnes millésimés, entièrement façonnés à partir des baies de l'année. Ils ont alors une personnalité plus affirmée et un très bon potentiel de garde, jusqu'à plusieurs décennies. Ils sont aussi beaucoup plus chers.

Brut ou doux ?

La liqueur d'expédition ajoutée avant de boucher la bouteille contient plus ou moins de sucre, de 0 à plus de 50 g/l, et donne un profil radicalement différent au champagne.
On distingue alors les champagnes selon qu'ils sont : nature ou non dosé (s'il n'y a pas de sucres ajoutés), extra-brut, brut, sec, demi-sec ou doux.
Les champagnes extra-bruts et bruts, pour leur caractère pur et désaltérant, conviennent à toutes les fêtes et aux apéritifs. Les champagnes secs, demi-secs et doux présentent une belle alternative aux vins moelleux pour les desserts.

Marque ou producteur ?

La Champagne est la région où la marque est reine. Ce qui rend le vin plus facile à acheter, tant les grandes maisons sont connues et vendues partout dans le monde. Elles proposent des champagnes d'une grande régularité. Pour se fournir en raisin, elles achètent la majeure partie de leur production à des viticulteurs.
Mais certaines marques manquent vraiment de personnalité et il faut parfois se tourner vers de petits producteurs si on cherche le coup de foudre… ou le bon rapport qualité-prix.
Ils sont moins faciles à trouver ; il faut, dans l'idéal, se rendre sur place, mais connaître un vigneron de Champagne fiable rendra jaloux vos amis qui achètent à prix d'or et au supermarché la même bouteille que tout le monde.

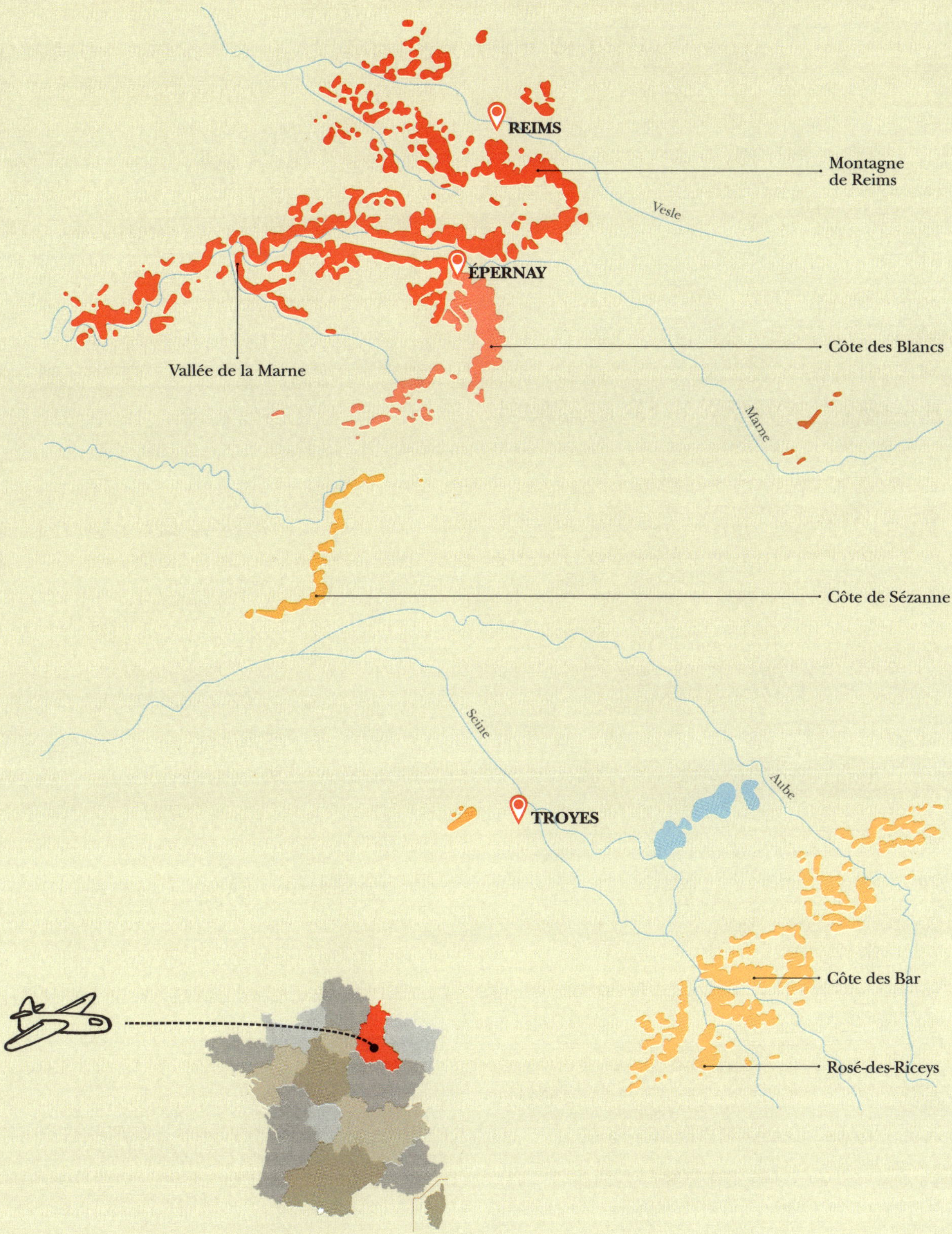
REIMS
Montagne de Reims
Vesle
ÉPERNAY
Côte des Blancs
Vallée de la Marne
Marne
Côte de Sézanne
Seine
Aube
TROYES
Côte des Bar
Rosé-des-Riceys

Le vignoble champenois

Pourquoi le champagne est-il de Champagne ?

Un vin du Nord

La Champagne est la région viticole la plus septentrionale de France. Il fait froid (plus de 60 jours de gel par an), il pleut, le soleil est rare, et les raisins mûrissent difficilement. Autrefois, il arrivait souvent de ramasser des raisins pas assez mûrs, trop acides. Mais la Champagne, grâce aux bulles, a su faire de cette faiblesse une force.

La botte secrète

Les raisins sont vendangés alors qu'ils sont moins sucrés qu'ailleurs, avec un degré potentiel d'alcool de 9 % environ. Lors de la seconde fermentation, qui donne naissance aux bulles, le maître de chai ajoute du sucre. Une fois transformé en alcool, le champagne aura un degré semblable aux autres vins : de 12 à 12,5 % vol.

Un sol crayeux

Le sous-sol de la Champagne, spécialement dans la côte des Blancs, où sont cultivés les plus beaux chardonnays, a une particularité : il est très crayeux. Il donne aux champagnes un caractère très minéral, une sensation crissante en bouche. Parfois, on sent même la craie d'écolier directement dans le verre ! Cet arôme est très recherché dans les champagnes blancs de blancs, il est signe de grande élégance.

Pourquoi le champagne est-il si cher ?

Le raisin !

La plupart des champagnes viennent de grandes maisons qui achètent des raisins à des viticulteurs. Comme il n'y a pas assez de raisins dans les crus recherchés, les prix montent ! En moyenne selon les années, le prix de 1 kilo de raisin s'échange à 5,50 €. Et peut atteindre 7 € pour les grands crus.

Un peu de calcul

Il faut au minimum 1,2 kg de raisin pour faire une bouteille de champagne. Une bouteille coûte donc de 7 à 8 €, rien que pour le raisin ! Il faut encore ajouter les coûts du verre, du bouchon, des différentes manipulations de prise de mousse et de l'immobilisation en cave (15 à 36 mois sur lattes, et plus de 10 ans pour les cuvées les plus prestigieuses). Si vous trouvez un champagne à 10 € au supermarché, il ne peut pas être bon !

Les champagnes de vignerons

La situation est différente : le vigneron possède l'intégralité des vignes pour produire son champagne. Il n'a donc pas à subir le marché du raisin et, même s'il rembourse un foncier élevé, il peut proposer de bonnes cuvées à des prix très intéressants.

NB L'exception des champagnes rosés

Dans l'Union européenne, il est interdit de mélanger du vin blanc et du vin rouge pour obtenir du vin rosé… sauf en Champagne ! S'il existe quelques rares champagnes rosés « de saignée » (voir p. 122), appelés aussi rosés « de macération », la plupart des champagnes rosés sont issus d'un assemblage.

Le producteur élabore son champagne et, parallèlement, vinifie un peu de vin rouge de raisins champenois. Il en ajoute une petite proportion (entre 10 et 15 %) avant la prise de mousse. Il contrôle ainsi parfaitement la couleur.

DOM PÉRIGNON

(1639-1715)

Pierre Pérignon n'était ni vigneron ni alchimiste, juste un moine bénédictin. Il est pourtant réputé pour avoir inventé le champagne. Même si ce n'est pas tout à fait exact, ses travaux à l'abbaye d'Hautvillers, près d'Épernay (la capitale du champagne aujourd'hui), ont rendu ce vin célèbre dans le monde entier.

Pierre Pérignon a 30 ans quand il rejoint l'abbaye d'Hautvillers, où il est en charge du cellier et des vignes. On y fait déjà du vin, mais sans bulles, et de qualité inégale. D'ailleurs, les vignes sont en mauvais état, les caves et les pressoirs à moitié en ruine.

Tandis que le moine Pérignon œuvre à tout restaurer, il lui vient une idée fantastique : assembler les raisins de terroirs divers autour d'Épernay. Ainsi, il tire parti des qualités de chacun, selon le caractère du millésime, pour composer la cuvée la plus harmonieuse possible. Cet assemblage de cépages et de crus mis au point par dom Pérignon révèle des vins d'une qualité inédite, et ce procédé est aujourd'hui l'un des fondements du champagne. Pour autant, cet œnologue autodidacte n'est pas l'inventeur de la fameuse bulle. En effet, les vins de Champagne ne sont pas encore effervescents ou, quand c'est le cas, ce n'est pas volontaire ! C'est même un défaut, et le moine Pérignon a longtemps cherché à éradiquer ce « vin du diable », qui pétille contre son gré.

Que s'est-il donc passé pour que la bulle soit devenue la norme en Champagne ? La légende raconte que dom Pérignon aurait fait un pèlerinage à l'abbaye de Saint-Hilaire, près de Limoux, dans le Languedoc, en 1670. Là-bas, on maîtrise et on apprécie déjà l'effervescence en bouteille. Se serait-il alors laissé séduire par ce vin coquin ? Mystère. Mais une chose est sûre : sans dom Pérignon, le champagne ne serait pas le champagne. Une marque prestigieuse porte d'ailleurs son nom.

LES VINS DU LANGUEDOC-ROUSSILLON

Rouges et rosés : environ 80 %
Blancs : environ 20 %

Le Languedoc-Roussillon est la première région viticole française, tant en volume (40 % du total de la production) qu'en surface de vignes. Elles s'étendent sans discontinuer de Nîmes, où les vignobles touchent ceux des Côtes-du-Rhône, à la frontière espagnole.
Le Languedoc-Roussillon produit du blanc, du rouge, du rosé, du sec et du doux.

COMMENT S'Y RETROUVER ?

Si le volume a longtemps primé sur la qualité, la volonté de la région est désormais de proposer des vins pleins de charme et de caractère. L'objectif est atteint : chez de nombreux vignerons, il est désormais possible de trouver de très bonnes bouteilles à des prix plus que raisonnables. Par exemple, les blancs de Limoux et les rouges des Corbières et du pic Saint-Lou. Les Terrasses du Larzac abritent désormais une foule de néo-vignerons de grand talent. Les prix montent, mais les vins sont épatants.

Le goût

Ne vous étonnez pas si vous trouvez des points communs avec les vins du sud de la vallée du Rhône : les cépages sont presque identiques. Seul le rude carignan, cépage caractéristique du Languedoc-Roussillon, peut créer la surprise s'il est bien travaillé sur des vieilles vignes ; il donne alors un vin à la fois rustique et minéral. En blanc, si le chardonnay est de plus en plus présent (et remarquable), un éventail de cépages venus de tous horizons forment des assemblages d'une grande richesse avec des arômes de fruits exotiques, de noisettes et de fleurs blanches.

Les appellations

Dans les appellations, les vins de Saint- Chinian, de Faugères et du Minervois sont généralement plus tendres et moins robustes que les corbières, les languedocs et les côtes-du-roussillon. Les vins produits dans les terres et en altitude sont plus frais et délicats. Les autres partagent un caractère imposant, marqué par les herbes aromatiques, thym, laurier et garrigue, qui entourent la vigne. Dans l'appellation languedoc, vous aurez de bonnes surprises parmi les 17 dénominations locales, comme La Clape ou Pic-Saint-Loup. Mais plus que l'appellation, c'est le travail du vigneron qui fait toute la différence. C'est la région des bonnes affaires, à condition de chercher un peu.

Les vins doux naturels

La région est particulièrement réputée pour ses vins doux naturels, en rouge ou en blanc. En blanc, les muscats (muscat de Lunel, muscat de Mireval, muscat de Frontignan, muscat de Rivesaltes) déploient des arômes puissants et beaucoup de grâce en bouche.
Côté rouge (maury, banyuls), cacao, café, réglisse, figue, fruits confits, amandes et noix se bousculent avec onctuosité, offrant une complexité proche des grands portos.

Cépages blancs
chardonnay, clairette, grenache blanc, bourboulenc, picpoul, marsanne, roussanne, macabeu, mauzac, muscat

Cépages rouges
carignan, syrah, grenache, cinsault, mourvèdre, merlot

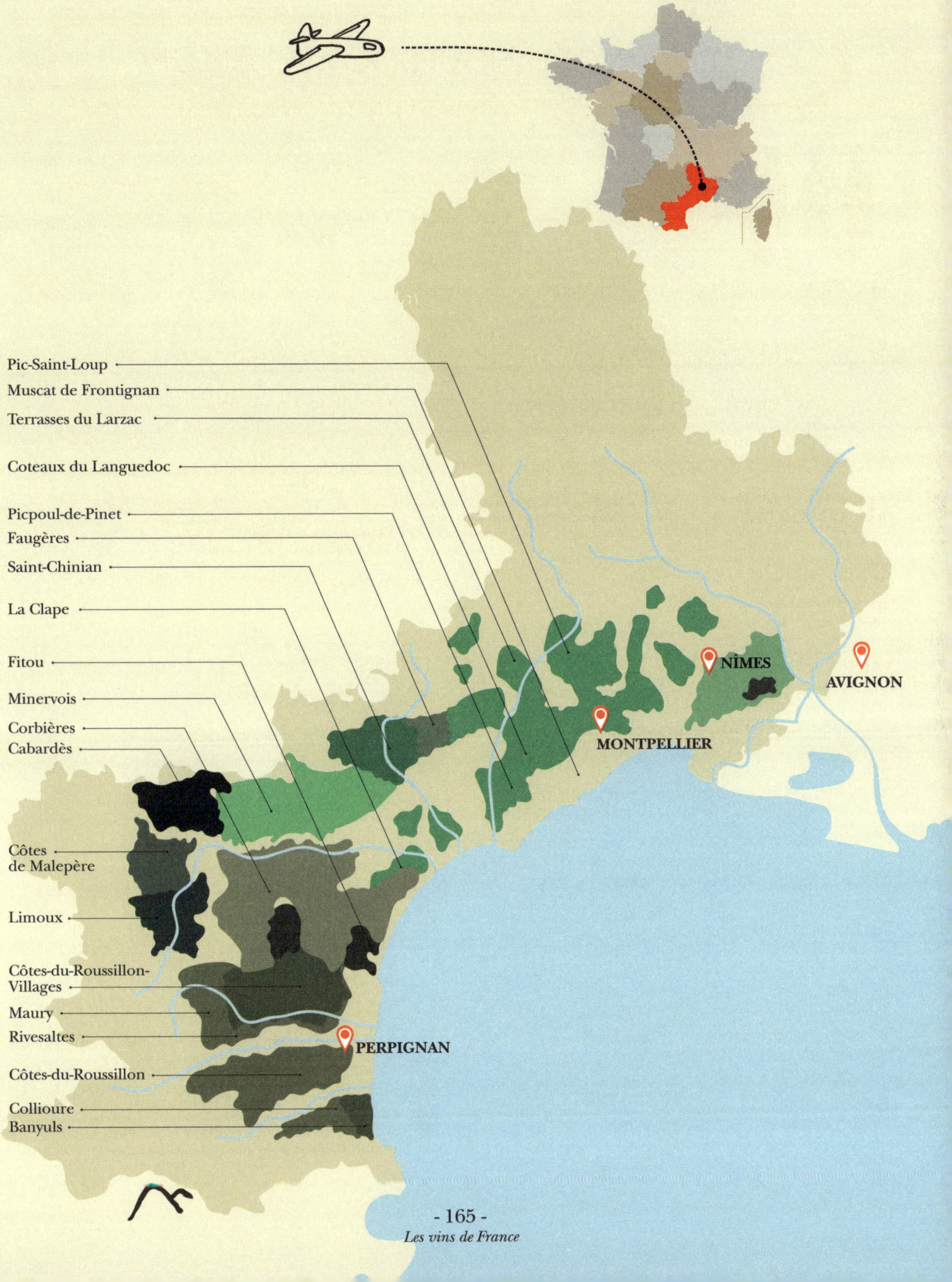
Pic-Saint-Loup
Muscat de Frontignan
Terrasses du Larzac
Coteaux du Languedoc
Picpoul-de-Pinet
Faugères
Saint-Chinian
La Clape
Fitou
Minervois
Corbières
Cabardès
Côtes de Malepère
Limoux
Côtes-du-Roussillon-Villages
Maury
Rivesaltes
Côtes-du-Roussillon
Collioure
Banyuls
NÎMES
AVIGNON
MONTPELLIER
PERPIGNAN

LES VINS DE PROVENCE

Rosés : environ 85 %
Rouges : environ 12 %
Blancs : environ 3 %

COMMENT S'Y RETROUVER ?

Un vin de vacances, c'est l'image que véhicule cette région viticole. La Provence, c'est la mer, les cigales, la lavande, les oliviers… et le rosé. Pas étonnant, vu la quantité de la production qui lui est dédiée et qui grandit d'année en année au détriment des autres couleurs. La Provence couvre 40 % des rosés français et elle est aussi la première région productrice au monde. Si ses qualités ne sont pas à mettre en doute, il est néanmoins regrettable qu'il éclipse dans la région des blancs cristallins et des rouges complexes au potentiel de garde étonnant.

Les appellations

La plus connue (et la plus étendue) s'affiche fièrement sur les tables estivales : côtes-de-provence. C'est elle qui regroupe les trois quarts du rosé de la région. Mais cette appellation qui s'étend sur 3 départements (le Var, les Bouches-du-Rhône et les Alpes-Maritimes) peut s'enrichir de dénominations géographiques complémentaires : à l'ouest des Coteaux Varois, on trouve Sainte-Victoire, puis à l'est : Pierrefeu, La Londe et Fréjus. Les bien nommés Coteaux d'Aix-en-Provence et Coteaux Varois possèdent une altitude légèrement plus élevée qui apporte de la fraîcheur aux vins. Les autres appellations sont beaucoup plus modestes en taille, et paradoxalement beaucoup plus prisées des amateurs, du fait de leurs vins aux identités très marquées.

Les rosés

Mêmes les rosés les plus simples sont des bombes fruitées aux parfums de fraise, de framboise et de bonbon. À tel point que beaucoup se ressemblent et peuvent parfois lasser. Il existe en revanche des rosés plus complexes, aux allures gastronomes et parfaitement adaptés aux repas, même quand l'été est fini. Ils peuvent être plus tanniques, comme à Bandol, ou plus floraux, comme à Bellet, grâce au cépage braquet. Dans les hauteurs de Provence, les rosés les moins artificiels revêtent des arômes d'herbes sauvages, de menthe et d'aneth.

Les blancs

Les blancs peuvent être épatants, parfois iodés, souvent frais et fleuris. Notamment à Palette autour d'Aix-en-Provence ou à Cassis, avec des assemblages qui leur donnent une étonnante élégance. C'est aussi le cas de ceux de Bellet, et grâce au cépage rolle (l'équivalent provençal du vermentino corse), ils ont un nez marqué de fenouil et d'anis, enrobé de tilleul.

Les rouges

Les élégants vins rouges des Baux-de-Provence ont la particularité d'être quasiment tous cultivés en bio ou en biodynamie. Leurs vins sont puissants et épicés et ont besoin de quelques années pour se patiner. Bellet est aussi entièrement bio, et l'étrange cépage folle noire, inconnu ailleurs, produit des vins minéraux et racés. Quant aux rouges de Bandol, surtout élaborés à base du puissant mourvèdre, ils comptent parmi les plus grands du pays. Après 10 années nécessaires de vieillissement, ils déroulent des arômes de truffe, de sous-bois, de mûre et de réglisse.

Cépages blancs
rolle (vermentino), grenache blanc, clairette, bourboulenc, ugni blanc

Cépages rouges
carignan, syrah, grenache, cinsault, mourvèdre, tibouren, folle noire

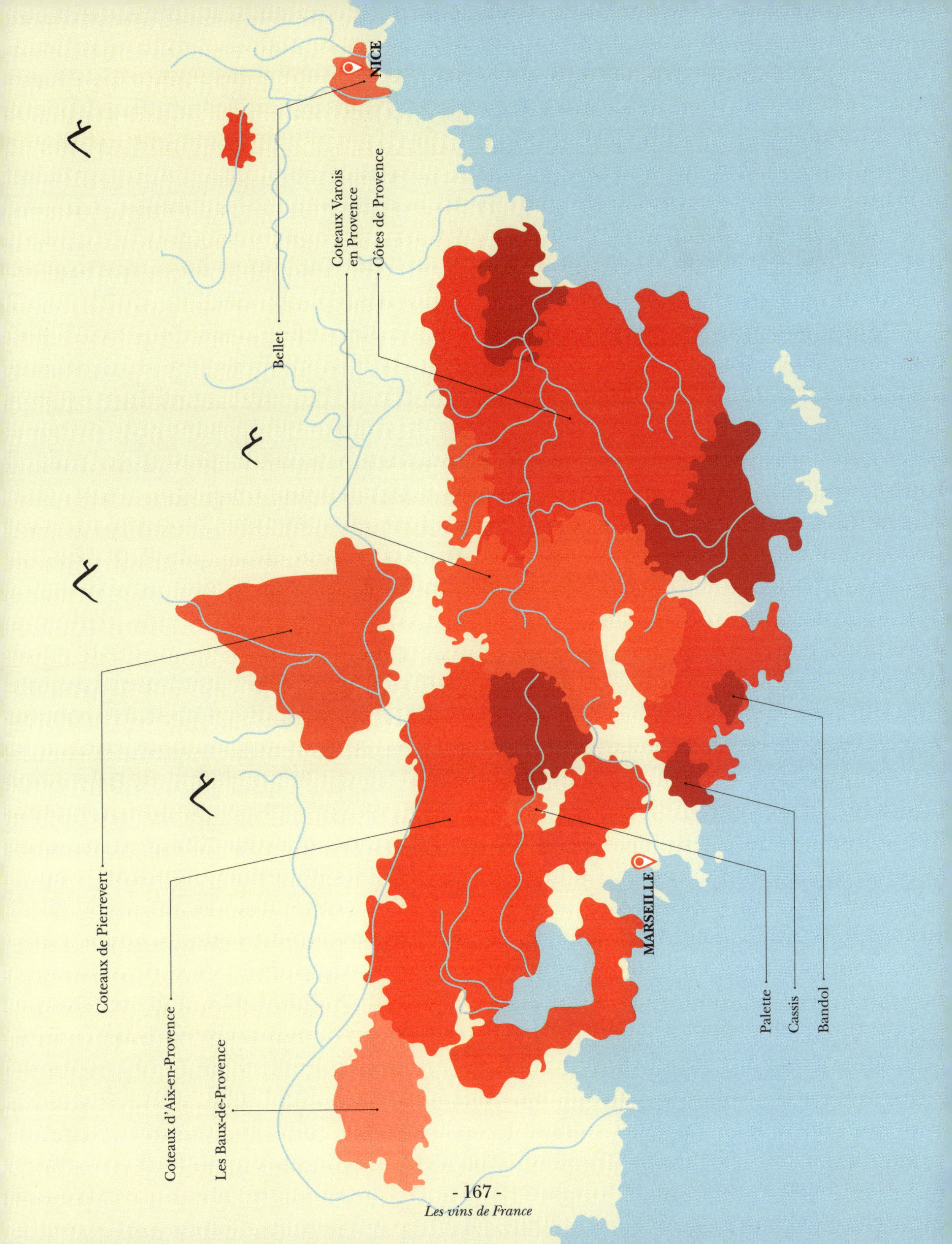
NICE
Bellet
Coteaux Varois en Provence
Côtes de Provence
Coteaux de Pierrevert
Coteaux d'Aix-en-Provence
Les Baux-de-Provence
MARSEILLE
Palette
Cassis
Bandol

LES VINS DE CORSE

Rosés : environ 45 %
Rouges : environ 40 %
Blancs : environ 15 %

COMMENT S'Y RETROUVER ?

La Corse produit du vin depuis environ 2 500 ans, d'une qualité remarquable et remarquée dès l'Antiquité, soulignée également durant la Renaissance. Mais, depuis qu'elle est française, le style de ses vins a beaucoup varié selon les besoins du continent, souvent plus axés sur la quantité que la qualité. Le milieu du xxe siècle est même catastrophique pour le vignoble, qui produit du gros rouge médiocre que les consommateurs délaissent. La vigne perd alors les deux tiers de sa surface. Heureusement, depuis une vingtaine d'années, les vins corses retrouvent leur identité au travers de cépages autochtones formidables. Et, s'ils sont moins répandus qu'autrefois, ils sont résolument dignes d'intérêt.

Les appellations

Le vignoble est planté sur tout le pourtour de l'île, là où le climat donne le meilleur raisin, entre mer et montagne, ensoleillement record, brise rafraîchissante et pluies rares. Mais c'est la côte ouest qui en produit l'essentiel. La moitié des vins sont commercialisés en vins de pays, l'autre en appellation corse ou vin-de-corse, complétée parfois de dénominations géographiques complémentaires, des Coteaux à Figari en passant par Calvi, Sartène et Porto-Vecchio. Le vignoble d'Ajaccio et le muscat du Cap Corse, superposé aux Coteaux du Cap Corse, parachèvent le circuit. Dans des paysages toujours magnifiques, on s'émerveille devant les vignes sagement rangées de Calvi, les terrasses vertigineuses perchées sur des arêtes des coteaux ou les vieux ceps battus par un vent d'une rudesse insensée à la pointe sud.

Le goût

Délicats et à découvrir absolument, les blancs de Corse sont des délices aromatiques mêlant fraîcheur des herbes sauvages du maquis et élégance des fleurs. Le vermentino, principal cépage blanc de l'île, a des allures plus minérales et florales à Ajaccio, et plus fruitées à Porto-Vecchio. Le muscat du Cap Corse, un vin doux naturel, connaît un engouement croissant pour son magnifique équilibre entre sucre et acidité.
Les rouges, très colorés et parfois puissants, valent franchement le détour. Qu'ils soient à partir de sciaccarello ou, comme dans la remarquable appellation patrimonio, à base de nielluccio, leur structure leur permet de gagner en complexité au fil des années.
Les rosés se déclinent selon les zones géographiques, des plus frais et fruités aux plus épicés et parfois minéraux, comme à Ajaccio.

Cépages blancs
vermentino, muscat à petits grains

Cépages rouges
nielluccio, sciaccarello, grenache

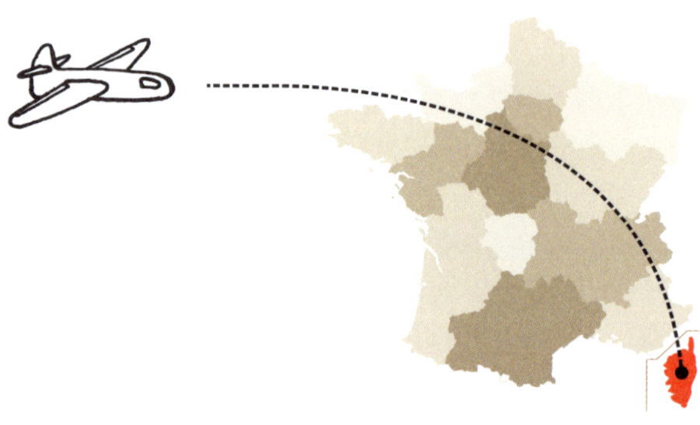

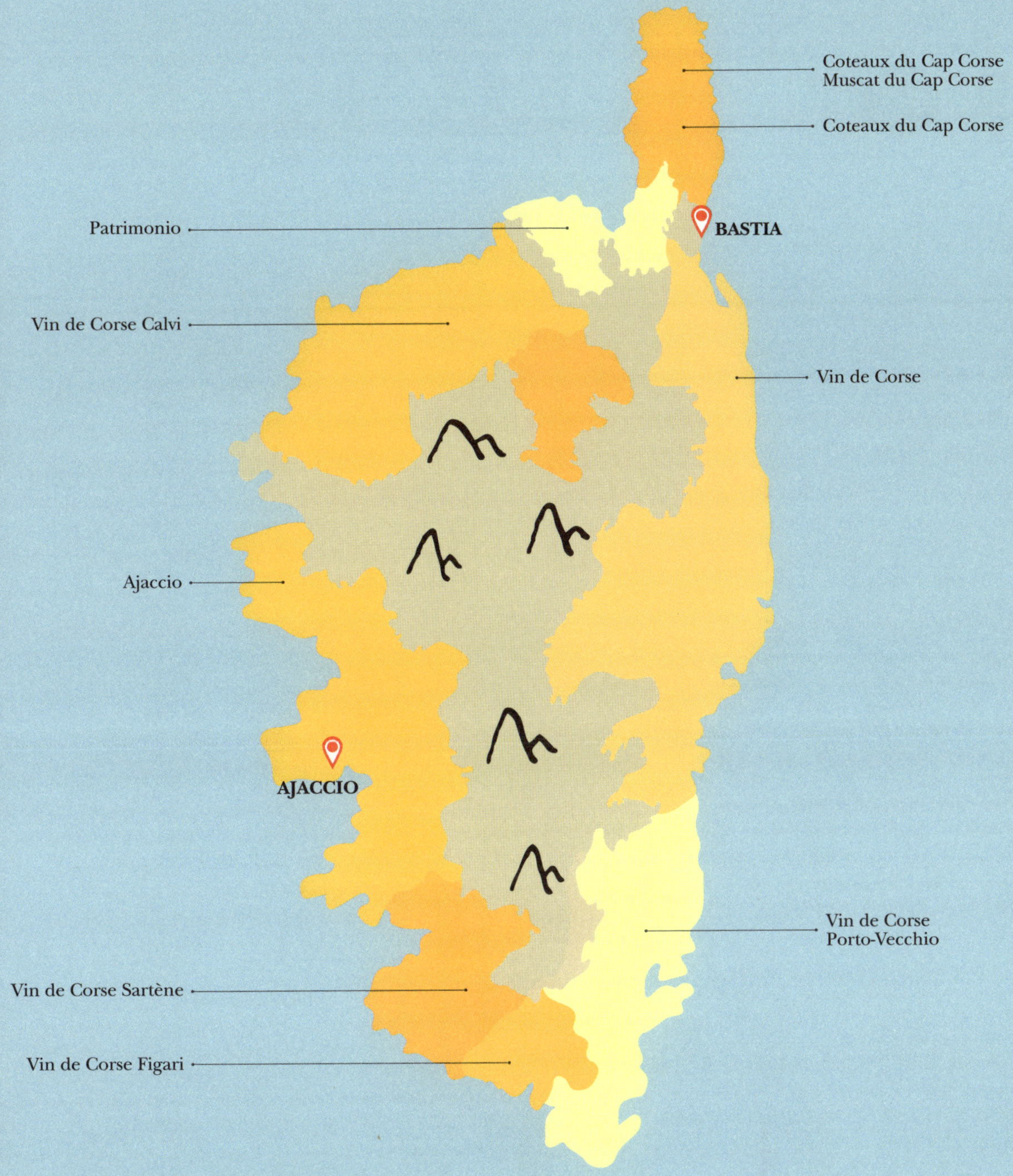
Coteaux du Cap Corse
Muscat du Cap Corse
Coteaux du Cap Corse
Patrimonio
BASTIA
Vin de Corse Calvi
Vin de Corse
Ajaccio
AJACCIO
Vin de Corse
Porto-Vecchio
Vin de Corse Sartène
Vin de Corse Figari

LES VINS DU SUD-OUEST

Rouges et rosés :
environ 80 %
Blancs :
environ 20 %

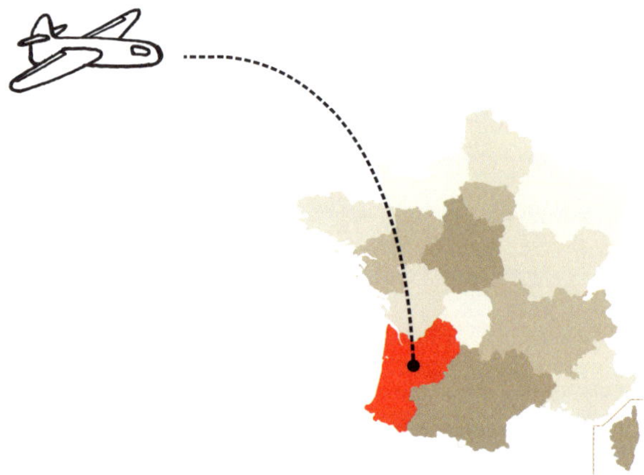

COMMENT S'Y RETROUVER ?

Le vignoble du sud-ouest de la France est très éparpillé, en une ribambelle de petites zones viticoles, depuis Bordeaux jusqu'au Pays basque. Si les vins ont en commun une puissance chaleureuse, un caractère rude et attachant, les cépages qui les composent sont très variés et reflètent un territoire riche en découvertes.

Les bonnes affaires

La qualité des vins de la région augmente plus rapidement que leur prix, il y a de très bonnes affaires à réaliser. Les blancs liquoreux sont particulièrement attirants et beaucoup moins chers qu'à Bordeaux : le monbazillac, après une période molle, récupère un peu d'acidité, tandis que le jurançon continue son ascension. Quant au pacherenc-du-vic-bilh, ignoré malgré sa complexité et sa délicatesse, il est vraiment bon marché. Les blancs secs ne coûtent généralement pas très cher. Pour les rouges, les vins souples comme les vins de garde sont plutôt accessibles. Les madirans, en dehors de certains châteaux stars dont les prix ont explosé, sont tout à fait abordables vu leur longévité.

Les cépages

Bergerac et le Marmandais, proches de la capitale girondine, utilisent les cépages du Bordelais : cabernet-sauvignon et merlot. À Cahors, le malbec est le roi. Fronton met un cépage local à l'honneur, la négrette, tout comme Madiran avec son intense tannat.
Le paysage est aussi hétérogène dans les vins blancs, depuis le duo classique bordelais sauvignon-sémillon au couple baroque petit et gros manseng, plus au sud.

Le goût

La mosaïque de terroirs se reflète évidemment dans le verre. Près de Bordeaux, les vins ressemblent… à des bordeaux, avec un peu plus de bonhommie. Plus on s'enfonce dans les terres, plus le vin prend du muscle, de la charpente, des épices au nez, de la matière en bouche. Cahors déroule toute une gamme d'arômes chocolatés, du cacao au praliné. Irouléguy penche davantage vers les fleurs sauvages et les parfums de la forêt, la négrette de Fronton a un parfum très caractéristique de violette.

La garde

Tandis que les frontons et les gaillacs s'apprécient plutôt jeunes, il faut des années au madiran et au cahors pour patiner des tanins extrêmement solides et vigoureux. Ce qui fait d'eux d'admirables vins de garde, à ressortir après dix ou vingt ans.

Cépages blancs
sauvignon, sémillon, muscadelle, mauzac, courbu, petit manseng, gros manseng

Cépages rouges
cabernet-sauvignon, cabernet franc, merlot, malbec, tannat, négrette, fer servadou

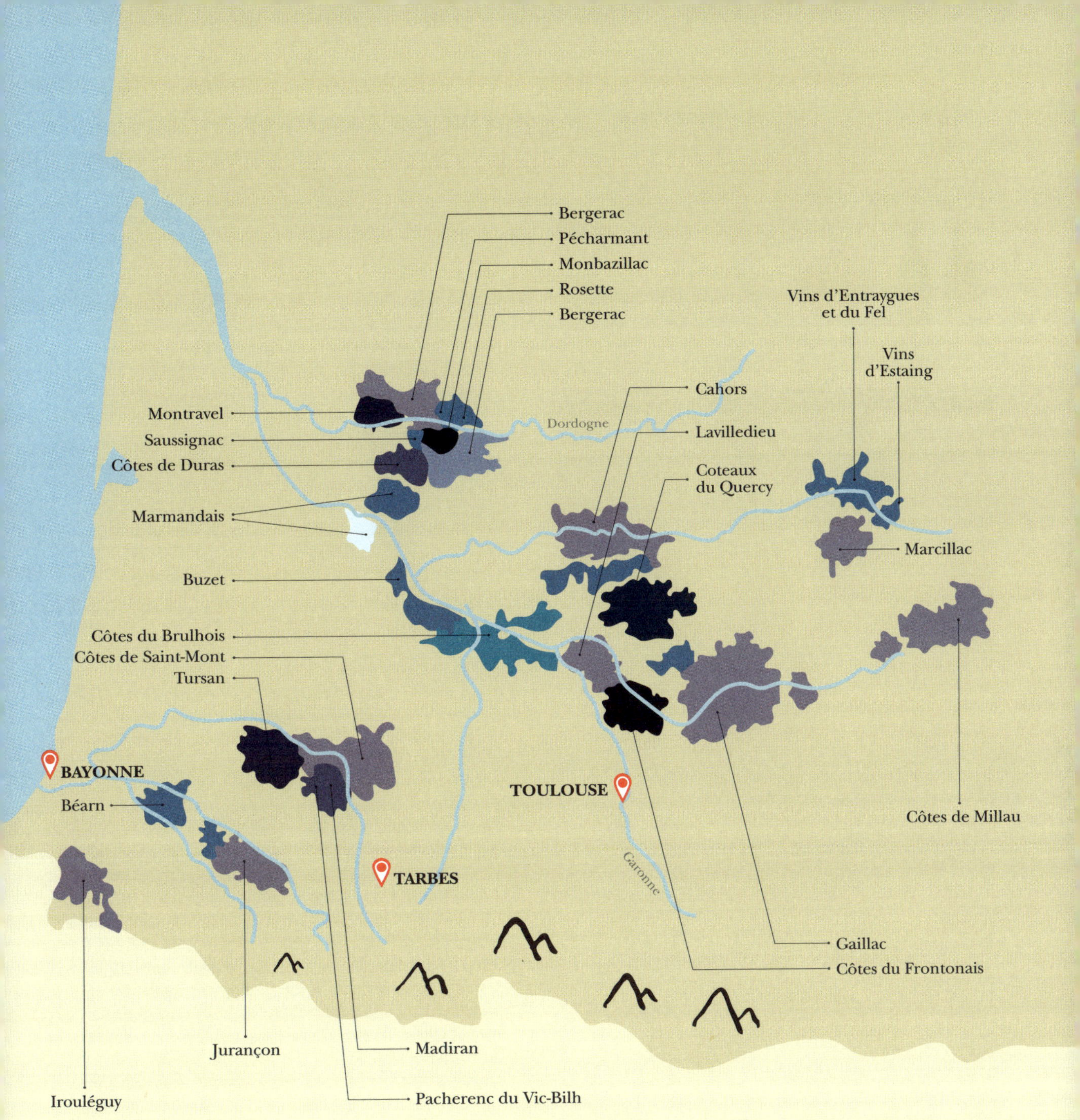
Bergerac
Pécharmant
Monbazillac
Rosette
Bergerac
Vins d'Entraygues et du Fel
Vins d'Estaing
Cahors
Lavilledieu
Coteaux du Quercy
Montravel
Saussignac
Côtes de Duras
Marmandais
Dordogne
Marcillac
Buzet
Côtes du Brulhois
Côtes de Saint-Mont
Tursan
BAYONNE
Béarn
TOULOUSE
Côtes de Millau
TARBES
Garonne
Gaillac
Côtes du Frontonais
Jurançon
Madiran
Irouléguy
Pacherenc du Vic-Bilh

LES VINS DE LA VALLÉE DE LA LOIRE

Blancs :
environ 55 %
Rouges et rosés :
environ 45 %

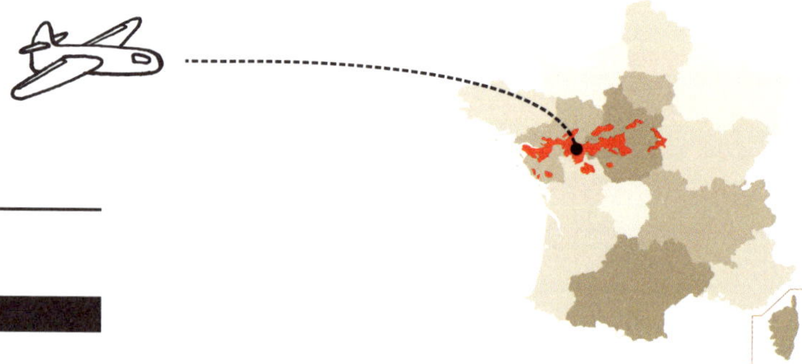

COMMENT S'Y RETROUVER ?

La vallée de la Loire est la région viticole la plus étalée de France. Elle part du bord de l'océan Atlantique près de Nantes et remonte la Loire jusqu'à Orléans et Bourges.
La région offre tous les types de vins : du blanc, du rosé, du rouge, du moelleux, du liquoreux et de l'effervescent. Beaucoup de jeunes vignerons se sont installés dans la région et réalisent de véritables prouesses vinicoles, proposant de petits bijoux à tous les prix et dans tous les styles.
On distingue 4 grandes zones : le Pays nantais, l'Anjou, la Touraine et le Centre-Val de Loire, chacune avec une personnalité bien marquée.

Les grandes régions

Taille oblige, les appellations sont nombreuses, mais pas hiérarchisées.
Les différences entre les vins sont en revanche énormes. Chaque région a ses cépages de prédilection.

Le Pays nantais

C'est le royaume du muscadet (cépage melon de Bourgogne). Ce vin, longtemps décrié pour sa piètre qualité, vit une nouvelle jeunesse. Les crus du muscadet proposent des vins secs et acidulés de belle qualité, qui se permettent de vieillir plusieurs années et sont une bonne solution pour des apéros à petit prix. On trouve également dans les coteaux d'Ancenis un rouge vif et léger à partir du gamay.

Anjou, Saumur et Touraine

Dans ces régions, les vins prennent de l'ampleur, de la structure. Le blanc est à base de chenin, avec une grande richesse aromatique en sec comme en sucré.
Les secs sont, pour le plus grand bonheur de notre porte-monnaie, injustement méconnus et parfois grandioses. En version moelleuse et liquoreuse, ces vins, parfaits pour les desserts, se conservent plusieurs décennies et leurs arômes, très complexes, évoquent les fleurs blanches, le miel, le coing. Le chenin produit également d'élégants effervescents.
En rouge, les cabernets francs se gardent entre deux et dix ans, ils présentent beaucoup de fraîcheur, de souplesse, des arômes de framboise et de fraise. Faciles à boire, ils font la joie des bistrots parisiens. Plus simple et léger encore, on trouve aussi du gamay. Les rosés d'Anjou, un peu sucrés, s'adressent surtout aux jeunes débutants.

Centre-Val de Loire

Le sauvignon y règne en maître. On le retrouve aussi en Touraine, et c'est grâce à cette région, à Sancerre notamment, qu'il a gagné une renommée internationale pour ses parfums très expressifs, d'herbe tendre, de citron et de pamplemousse. Ses prix sont désormais assez élevés et il faut fureter parmi les appellations voisines, comme menetou-salon ou reuilly, pour en trouver de plus abordables.
Le vin rouge du Centre-Val de Loire est, comme en Bourgogne, élaboré avec du pinot noir. Souple et fruité, il peut même accompagner un poisson.

Cépages blancs
melon de Bourgogne, chenin, sauvignon, chardonnay

Cépages rouges
cabernet franc, gamay, pinot noir

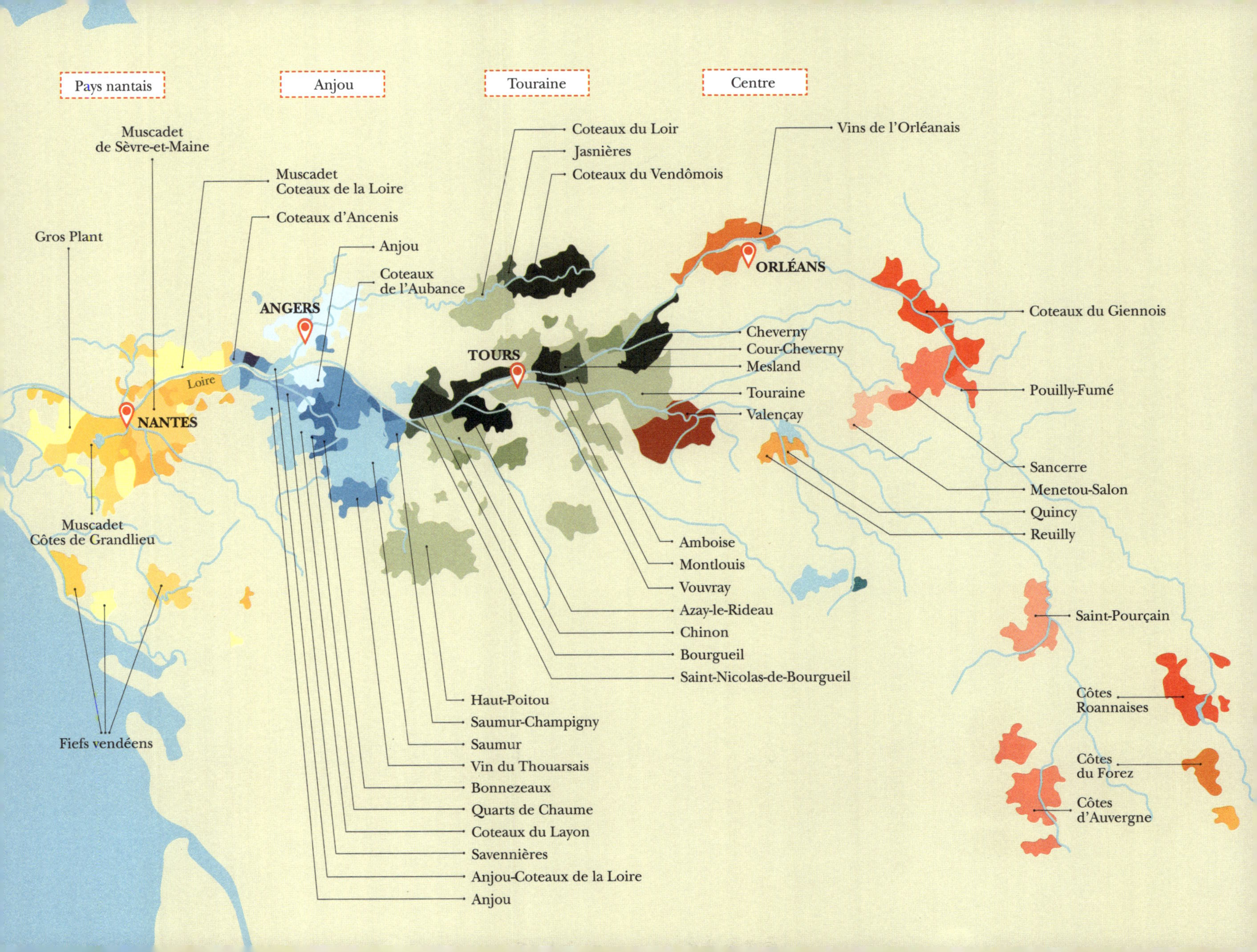

Pays nantais
Anjou
Touraine
Centre
Muscadet
de Sèvre-et-Maine
Muscadet
Coteaux de la Loire
Coteaux d'Ancenis
Gros Plant
Anjou
Coteaux
de l'Aubance
ANGERS
NANTES
Loire
Muscadet
Côtes de Grandlieu
Fiefs vendéens
Coteaux du Loir
Jasnières
Coteaux du Vendômois
TOURS
Vins de l'Orléanais
ORLÉANS
Coteaux du Giennois
Cheverny
Cour-Cheverny
Mesland
Touraine
Valençay
Pouilly-Fumé
Sancerre
Menetou-Salon
Quincy
Reuilly
Amboise
Montlouis
Vouvray
Azay-le-Rideau
Chinon
Bourgueil
Saint-Nicolas-de-Bourgueil
Saint-Pourçain
Côtes
Roannaises
Côtes
du Forez
Côtes
d'Auvergne
Haut-Poitou
Saumur-Champigny
Saumur
Vin du Thouarsais
Bonnezeaux
Quarts de Chaume
Coteaux du Layon
Savennières
Anjou-Coteaux de la Loire
Anjou

LES VINS DE LA VALLÉE DU RHÔNE

Rouges et rosés :
environ 90 %
Blancs :
environ 10 %

COMMENT S'Y RETROUVER ?

Les régions et les cépages

Le vignoble des Côtes-du-Rhône est constitué de deux régions principales : le Rhône septentrional, jusqu'à Valence, et le Rhône méridional. Au nord, les rouges sont exclusivement produits à partir de syrah et les blancs sont principalement faits de viognier, mais on trouve aussi de la marsanne et de la roussanne. Au sud, le nombre de cépages est beaucoup plus élevé : à Châteauneuf-du-Pape, par exemple, treize cépages sont autorisés lors de l'assemblage du vin rouge. En plus des vins blancs, rosés et rouges, on trouve dans le Rhône des vins doux naturels, à base de muscat pour les blancs (muscat de Beaumes-de-Venise) et de grenache pour les rouges (rasteau). Enfin, il existe un mousseux élaboré à partir de muscat et de clairette : la clairette de Die.

Le goût

La syrah du nord des Côtes-du-Rhône produit des vins puissants et tanniques, racés, aux arômes de poivre et de cassis. Dans leur jeunesse, les tanins peuvent les rendre austères, mais ils se détendent après quelques années pour devenir sublimes. Ils sont souvent chers.
Au sud, le vin est tout aussi puissant, parfois même davantage, mais plus rond aussi, grâce au grenache. Dans les deux camps, il existe des vins extrêmement réputés, côte-rôtie et hermitage d'un côté, châteauneuf-du-pape de l'autre.
Quant aux blancs, ceux du nord sont parfois exceptionnels : le condrieu et le château-grillet sont parmi les plus aromatiques du monde, le viognier explose en fleurs, crème et abricot. Les vins blancs du sud sont de qualité plus variable. Ils peuvent exprimer de charmants arômes de cire d'abeille, de camomille et de fines herbes. Mais si le soleil est trop intense, ils peuvent devenir écœurants. Ceci est également valable pour les rouges, qui peuvent être savoureux quand ils ne sont pas trop écrasants. Et gare à l'alcool, il est de plus en plus fréquent de voir un taux de 14,5 % ou 15% sur certaines étiquettes ! L'alcool et les tanins sont souvent enveloppés par le gras du vin, ce qui les rend très faciles à boire… et un peu traîtres ! D'autant qu'ils restent très bon marché.

Les côtes-du-rhône-villages

À côté de cette appellation, qui recouvre une large surface au sud du vignoble, il est possible de faire figurer le nom d'une vingtaine de communes, remarquées pour la qualité de leurs vins et la spécificité de leurs terroirs. Parmi elles, Massif d'Uchaux, Séguret, Visan ou Laudun.

Cépages blancs
viognier, marsanne, roussanne, clairette, bourboulenc, picpoul, grenache blanc, ugni blanc

Cépages rouges
syrah, grenache, mourvèdre, carignan, cinsault, counoise, vaccarèse

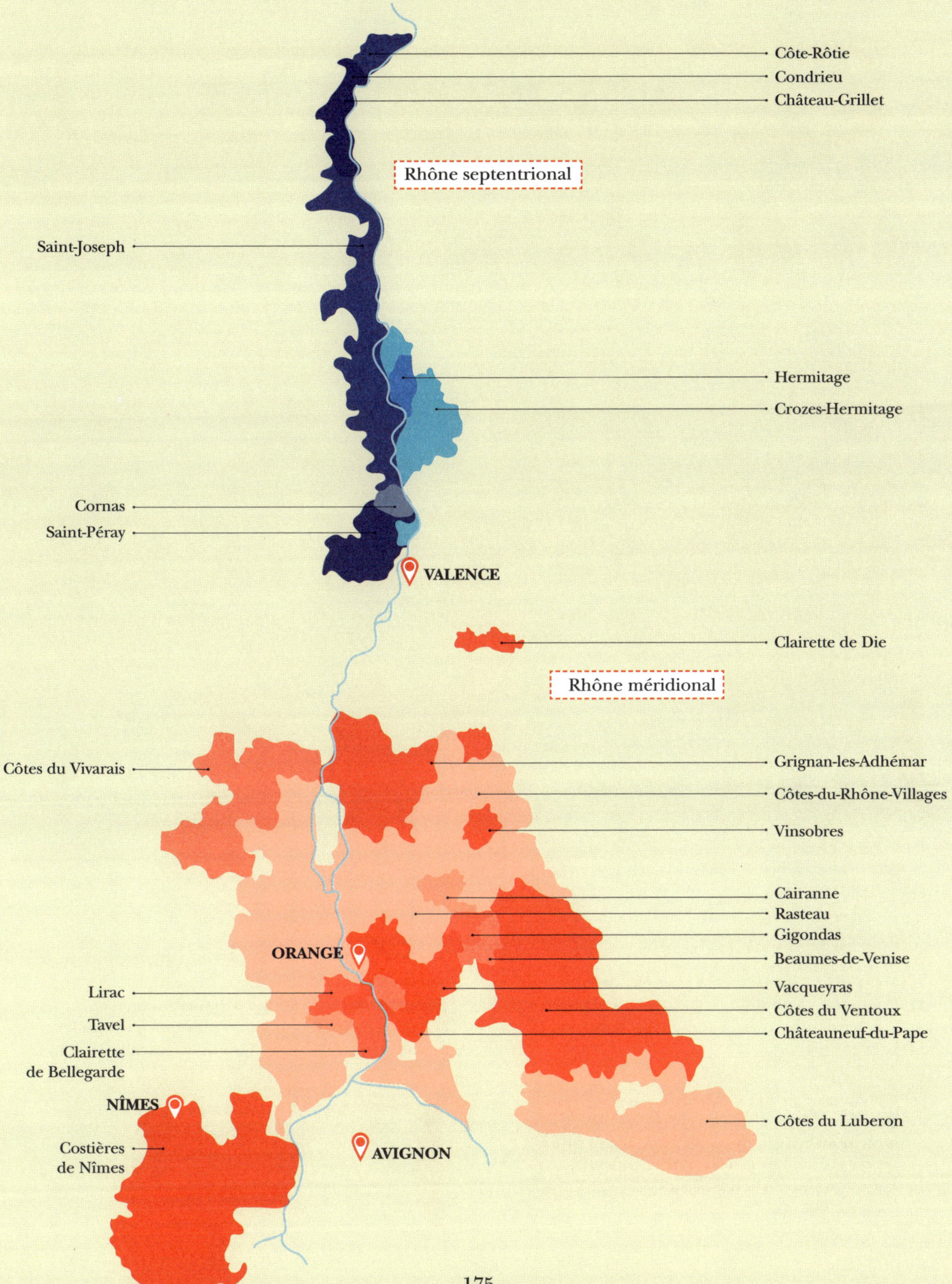
Côte-Rôtie
Condrieu
Château-Grillet
Rhône septentrional
Saint-Joseph
Hermitage
Crozes-Hermitage
Cornas
Saint-Péray
VALENCE
Clairette de Die
Rhône méridional
Côtes du Vivarais
Grignan-les-Adhémar
Côtes-du-Rhône-Villages
Vinsobres
Cairanne
Rasteau
Gigondas
ORANGE
Beaumes-de-Venise
Lirac
Vacqueyras
Côtes du Ventoux
Tavel
Châteauneuf-du-Pape
Clairette
de Bellegarde
NÎMES
Côtes du Luberon
Costières
de Nîmes
AVIGNON

LES AUTRES RÉGIONS DE FRANCE

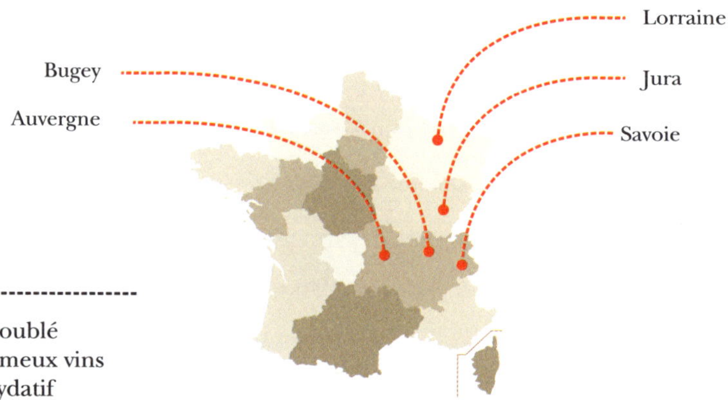

Jura

Les vins du Jura ont un sacré caractère doublé d'un style inimitable. Il faut goûter les fameux vins jaunes, bien sûr, qui après un élevage oxydatif de plusieurs années développent ces fameux arômes de noix, mais on aurait tort de se passer des blancs plus classiques, composés de chardonnay et/ou de savagnin et qui marient la délicatesse des fleurs à la vigueur des épices. Les vins rouges du Jura ont une personnalité fascinante et de plus en plus prisée.

Cépages blancs
chardonnay, savagnin

Cépages rouges
poulsard, trousseau, pinot noir

Bugey

Au carrefour des cultures entre le Jura, la Savoie et la Bourgogne, les vins du Bugey sont effervescents, blancs, rosés rouges.
À titre d'exemple, les rouges sont élaborés avec la mondeuse, le pinot noir, le gamay et le poulsard jurassien. Ce sont des vins qui ont de la matière et de la carrure.

Lorraine

Connue pour ses gris de Toul (en fait, des rosés de presse aux couleurs de pelure d'oignon), la région produit aussi des blancs proches du style alsacien en Moselle.

Auvergne

Englobées dans le vignoble de la Loire, les vignes d'Auvergne sont intéressantes pour leur production de gamay et de pinot noir. On en fait un vin rouge fruité et très léger à Saint-Pourçain-sur-Sioule et sur les côtes d'Auvergne.
Il est parfois plus structuré, selon les sols et les producteurs. La côte Roannaise produit des rouges et des rosés tout aussi fruités.

Savoie

La Savoie produit des blancs très acides, surtout connus pour accompagner les fondues savoyardes, mais les vins à base de bergeron, plus onctueux, accompagnent à merveille les poissons. Les rouges ont un caractère sauvage de baies, de poivre et d'humus, et il ne faut pas hésiter à les laisser grandir quelques années avant de les déboucher.

Cépages blancs
altesse, aligoté, chasselas, bergeron (roussanne)

Cépages rouges
mondeuse, gamay, pinot noir

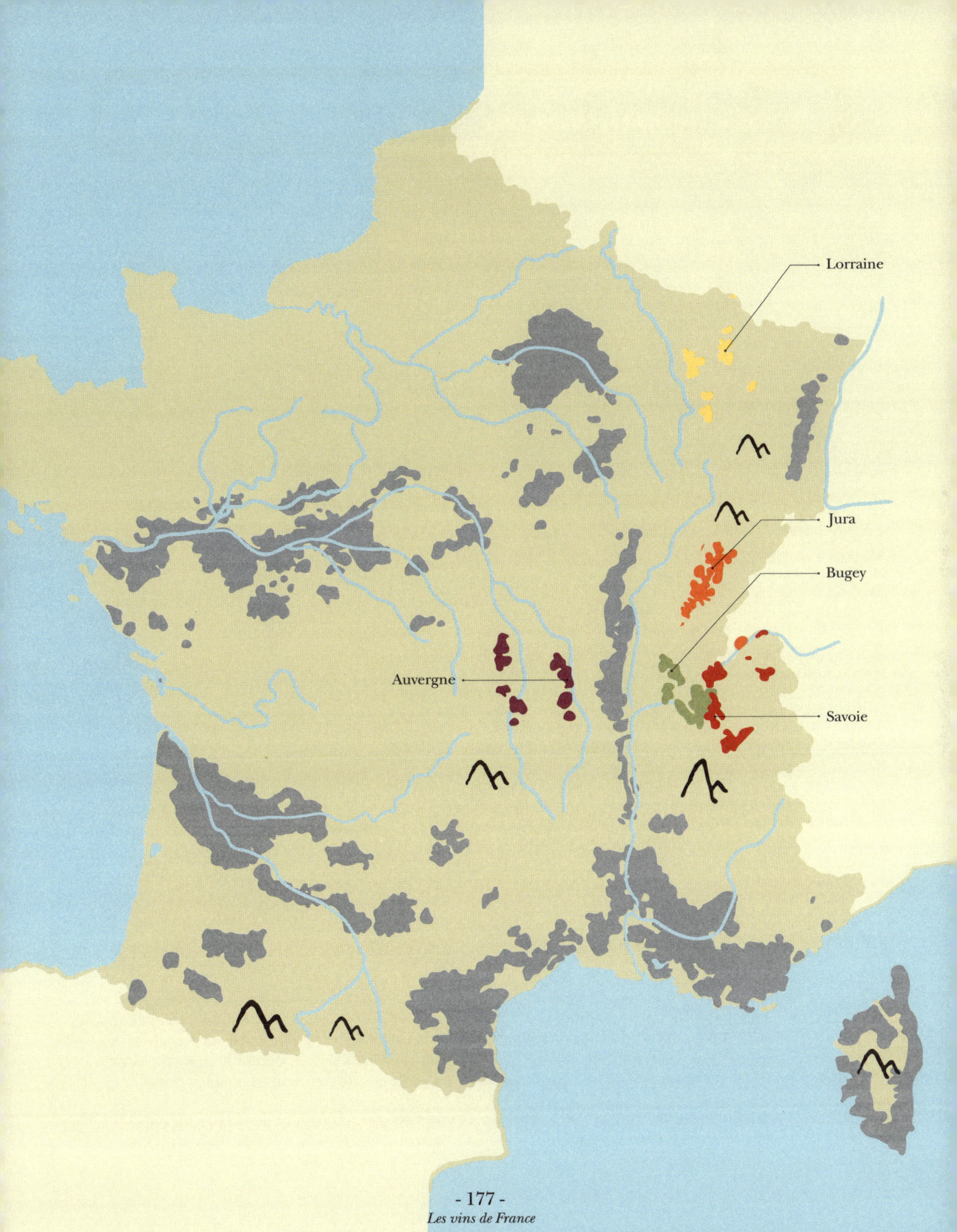
Lorraine
Jura
Bugey
Auvergne
Savoie

LES VINS D'ITALIE

Le vignoble italien, aussi riche, complexe et passionnant que le vignoble français, n'en finit pas de surprendre les amateurs de vins. Si la production italienne se vendait dans les années 1980 avec une image de petits vins charmeurs et pas chers, elle a depuis regagné ses titres de noblesse. On trouve désormais de tout et du très bon, d'excellents effervescents comme de formidables rouges, du plus fruité au plus puissant, de la finesse, de l'exubérance, de la séduction… il y en a pour tous les goûts.

Une multiplicité de terroirs

Une telle diversité de style s'explique d'abord par un climat aux infinies variations : entre montagne et bord de mer, les vignobles en coteaux bénéficient de l'influence des deux et poussent sur un sol calcaire au Nord, volcanique au Sud.
Le vin italien profite aussi de l'impressionnant nombre de cépages autochtones qui émaille le territoire : on compte plus de 1 000 cépages dans le pays, dont 400 environ sont autorisés ! On comprend alors que la multiplicité des terroirs n'a rien à envier à la France. À cela s'ajoute un enchevêtrement d'appellations incompréhensibles même pour les Italiens… au point que le nom du producteur prime le plus souvent sur l'appellation.

Les grandes régions

On produit du vin presque partout dans le pays. D'ailleurs, l'Italie se dispute chaque année avec la France la place du premier producteur mondial et conserve la tête des pays exportateurs.

Le Nord-Ouest

La Lombardie, le Val d'Aoste et surtout le Piémont, c'est la région des vins rouges costauds. Les barolo et barbaresco, issus du tannique nebbiolo, sont des mastodontes mondiaux, ils dégagent une force tannique et aromatique (cuir, tabac, goudron, pruneau, rose) ébouriffante. Réfractaires aux tanins s'abstenir, à moins de choisir des millésimes âgés d'au moins quinze ans. Ils sont par ailleurs très chers. Le cépage barbera, moins coté mais plus répandu, est moins tannique et plus acide.
À tester, les vins produits à partir de dolcetto, très fruités et doux-amers en bouche.

Le Nord-Est

Cette région, composée de la Vénétie, du Frioul et du Trentin, produit des blancs aériens, élégants, presqu'évanescents, idéaux pour l'apéritif ou en accompagnement de plats légers. Le prosecco, très connu, est aussi vif et frais qu'un champagne. Quant aux rouges, les célèbres valpolicella, ils sont très légers.

Le Centre

La Toscane est la première région viticole du pays. Le cépage roi de la Toscane est le sangiovese, qui donne naissance aux fameux chiantis, dont la qualité ne cesse de s'améliorer. C'est le compagnon favori des plats à base de tomate. Mais les amateurs lui préfèrent le brunello di montalcino, tout aussi fruité mais plus charpenté, et le vino nobile di montepulciano.
Il existe aussi des vins qualifiés de « super toscans », à base de cépages bordelais (merlot et cabernet) mêlés à des cépages italiens, mais ils sont hors de prix.

Le Sud

C'est la région des découvertes et des bonnes affaires. En effet, les vins y sont rarement chers et la quantité de cépages qui ne poussent qu'ici dessinent des vins à la personnalité rare, depuis le primitivo poivré à l'aglianico aux senteurs d'amande, en passant par le negroamaro et le nero d'avola qui produisent des vins de grande qualité. Du côté des blancs, on trouve également des vins fascinants, secs et sucrés, sans oublier le marsala.

Cépages blancs
muscat, arneis, pinot blanc, malvoisie, trebbiano, cortese, pinot gris, gewurztraminer, sauvignon, chardonnay…

Cépages rouges
nebbiolo, sangiovese, barbera, lambrusco, negroamaro, nero d'avola, primitivo, aglianico, dolcetto, cabernet sauvignon, merlot, pinot noir…

LES VINS D'ESPAGNE

L'Espagne est le troisième producteur de vin au monde, le troisième exportateur également (en 2012). Si ses vins ont autant de succès, c'est que le pays sait produire tous les styles, du plus facile à boire au plus charpenté, du plus simple au plus prestigieux. Il y a souvent beaucoup de rondeur et de fruits dans les vins espagnols de milieu de gamme. Ce sont des vins pleins de bonhommie, souriants et amicaux, à boire pour se plonger dans le même état d'esprit.

Le Nord-Est

Penedès

La région produit des blancs ronds et assez puissants, des rouges intenses, mais on la connaît surtout pour sa spécialité : le cava.
Ce vin effervescent, élaboré comme le champagne, est de plus en plus soigné tout en restant bon marché. On le boit de la même manière que son cousin français, pour les occasions festives, les apéritifs, les moments légers.

Priorat

Sa production est adulée des amateurs de vins puissants. Elle est presque exclusivement consacrée aux vins rouges concentrés, très mûrs, de grande intensité et à garder très longtemps en cave. Leur renommée est énorme, tout comme leurs prix.

Navarre

Le style des vins de Navarre a longtemps été proche de ceux de la Rioja : fruités et veloutés. Mais la région s'est diversifiée : on y trouve de nombreux cépages espagnols et internationaux ainsi que des vins au caractères divers. Du blanc croquant au rouge vieilli en fût de chêne, avec toute une gamme de vins ronds et gouleyants, faciles à boire.

Nord et Nord-Ouest

Rioja

Le vin rouge traditionnel de la région est bien connu, tout en rondeur, soyeux, vanillé et fruité. Mais la Rioja élabore aussi des vins plus légers ou au contraire plus denses, selon les domaines viticoles. Les blancs sont souvent puissants avec des arômes de praliné.

Ribera del Duero

Ces vins sont parmi les plus recherchés du pays, pour leur structure, leur noirceur et leur profondeur, mais ils sont désormais terriblement chers.

Toro

Quoique moins complexes et plus robustes que les vins de la Ribera del Duero, ils sont une alternative intéressante à moindre prix.

Rueda

On y trouve d'excellents vins blancs frais, acidulés aux arômes d'herbe tendre, élaborés à partir du cépage verdejo.

Centre et Sud

La Mancha

Ce sont des vins honnêtes, simples, fruités et accessibles dans toutes les couleurs, comme les vins de Valdepeñas. Ceux de Manchuela sont plus complexes et plus chers.

Jerez

La patrie des fantastiques xérès. Contrairement aux vins mutés habituels, les xérès les plus ensorcelants sont secs… et pas très chers.

Cépages blancs
verdejo, albriño,
sauvignon blanc, muscat,
parellada, macabeo,
chardonnay, malvisia…

Cépages rouges
grenache, tempranillo,
carignan, mourvèdre,
cabernet-sauvignon…

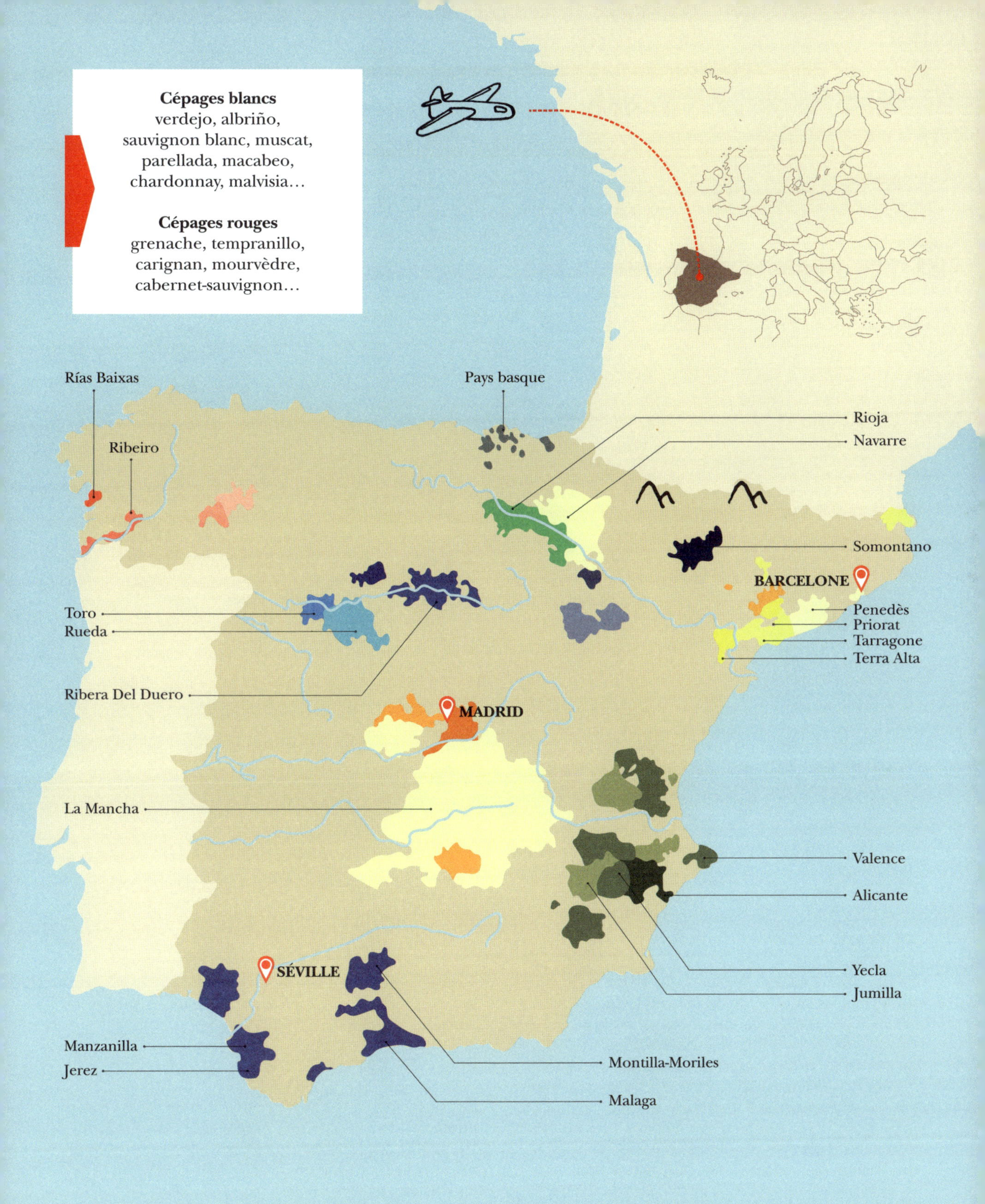

LES VINS D'ALLEMAGNE

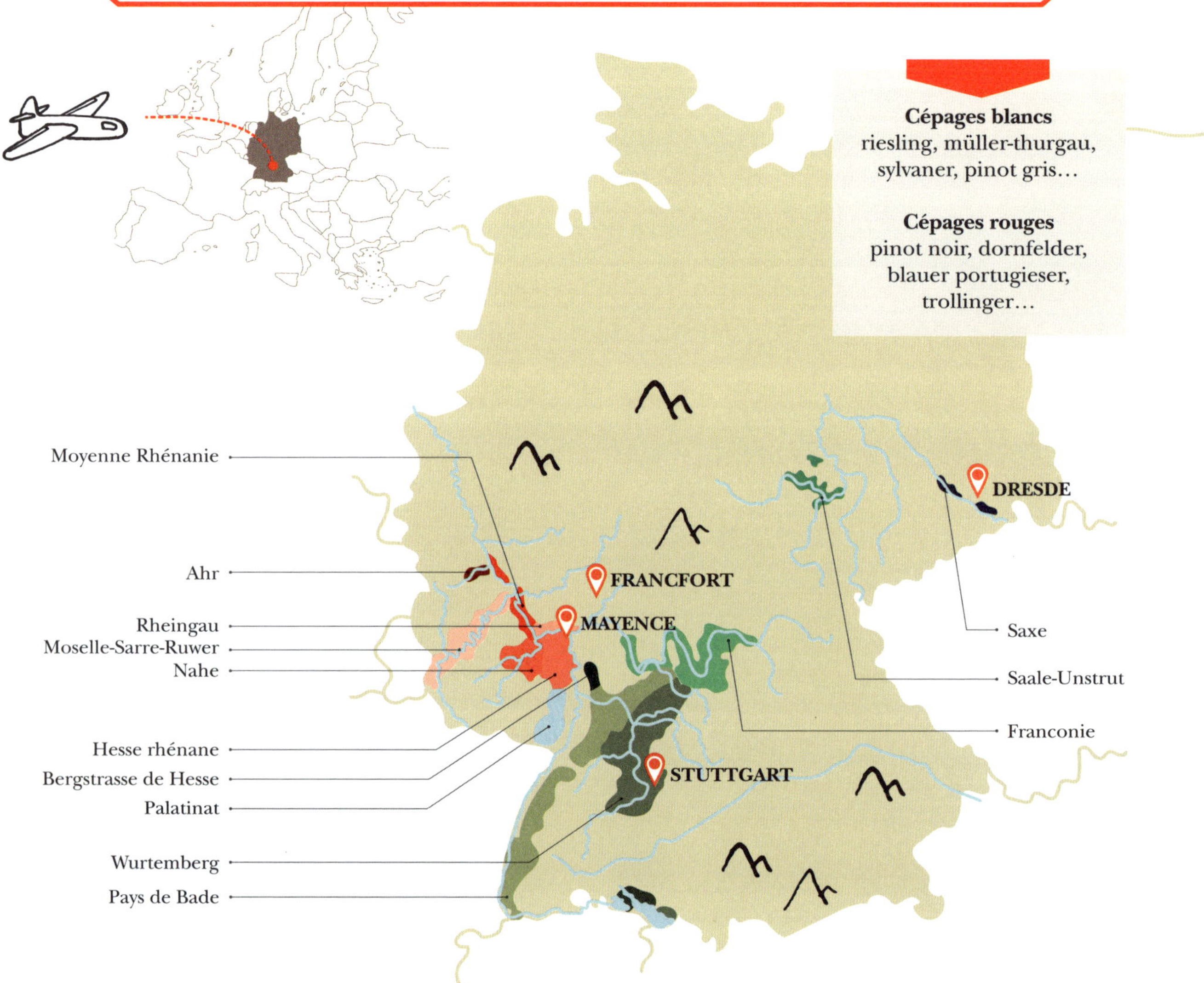

Les vins allemands

Le vignoble allemand se répartit en treize régions, toutes situées dans le sud du pays où le climat est moins rude. Peu d'amateurs le savent, mais les grands vins blancs allemands sont parmi les plus élégants de la planète et leur longévité atteint plusieurs décennies. Ils ont une grande acidité et toujours un peu de sucrosité pour l'équilibre. Malheureusement, le pire côtoie le meilleur. Pour ne pas vous tromper, délaissez les cépages peu aromatiques et optez pour du riesling, raisin exigeant et cultivé avec soin. Son caractère varie selon le terroir : les meilleurs poussent sur les rives de la Moselle, dans le Rheingau, la Hesse rhénane ou le Palatinat. L'Allemagne produit aussi du vin rouge, vif et fruité.

Le taux de sucre

Les vins allemands sont souvent doux, moelleux ou liquoreux. Sur l'étiquette, on repère la classification. Du plus sec au plus sucré : kabinett, spätlese, auslese, beerenauslese, trockenbeerenauslese et eiswein, les vins de glace.

LES VINS DE SUISSE ET D'AUTRICHE

Le vignoble suisse

Le Valais est une région fascinante : on y trouve de nombreux cépages rares et un incroyable travail sur le chasselas. La Suisse est d'ailleurs le seul pays à savoir magnifier ce cépage peu aromatique, qui occupe 75 % des vignes du pays. Le canton « italien » du Tessin, au sud, s'est spécialisé dans le merlot. Les rouges à base de gamay ou de ses cousins (gamaret et garanoir) sont confiturés ou sauvages au nez, légers en bouche. Les vins suisses sont souvent chers, et le pays absorbe la quasi-totalité de la production. Cela explique qu'ils soient difficiles à trouver hors des frontières suisses.

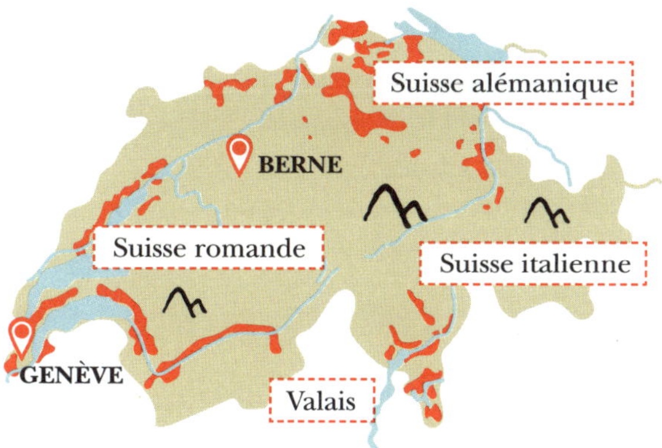

Cépages blancs
chasselas, müller-thurgau,
petite arvine, amigne

Cépages rouges
pinot noir, gamay, merlot,
humagne, cornalin

Le vignoble autrichien

Quels changements en l'espace d'une génération ! L'Autriche était réputée pour ses grands vins liquoreux, qu'elle produit toujours avec talent. Mais, surtout, elle fait désormais de beaux vins secs. La région du Burgenland donne les meilleurs rouges, légers quand ils sont à base de zweigelt, épicés quand ils sont issus de blaufränkisch. Dans la Basse-Autriche, on trouve de merveilleux rieslings et un cépage passionnant, le grüner veltliner. Il donne des blancs spectaculaires et inhabituels, avec parfois des arômes de petits pois – vifs et poivrés ou amples et mûrs, selon les terroirs.

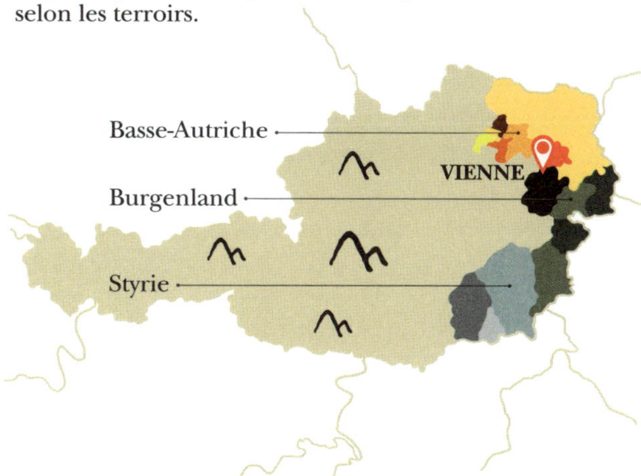

Cépages blancs
grüner veltliner, riesling, pinot blanc,
chardonnay, pinot gris, sauvignon

Cépages rouges
blaufränkisch, zweigelt,
blauer portugieser, saint-laurent

LES VINS DU PORTUGAL

Le porto et le madère

Le Portugal est d'abord et avant tout connu pour produire le meilleur vin doux muté au monde, capable de vieillir et de se bonifier pendant des décennies : le porto. Le pays a également inventé le madère, plus sec que le porto et aux arômes fumés. Ces deux alcools, vendus dans le monde entier, feraient presque oublier que le Portugal sait aussi produire de bons vins rouges et blancs.

Les autres vins

Le vinho verde (vin vert) est en fait un vin blanc très jeune, mordant, à la fraîcheur salvatrice en été et au prix dérisoire. Les vins rouges de la rive du Douro, où l'on produit le porto, sont riches de fruits et d'épices. Il faut goûter un de ces vins élaboré à partir du touriga nacional, le cépage du porto, avec ses arômes solaires de résine, de mûre et de pin. Au Sud, l'Alentejo produit des vins plus souples et fruités qui gagnent en qualité au fil des ans.

Cépages blancs
loureiro, trajadura, arinto, malvoisie

Cépages rouges
touriga nacional, tinta pinheira, tinta roriz, vinhão

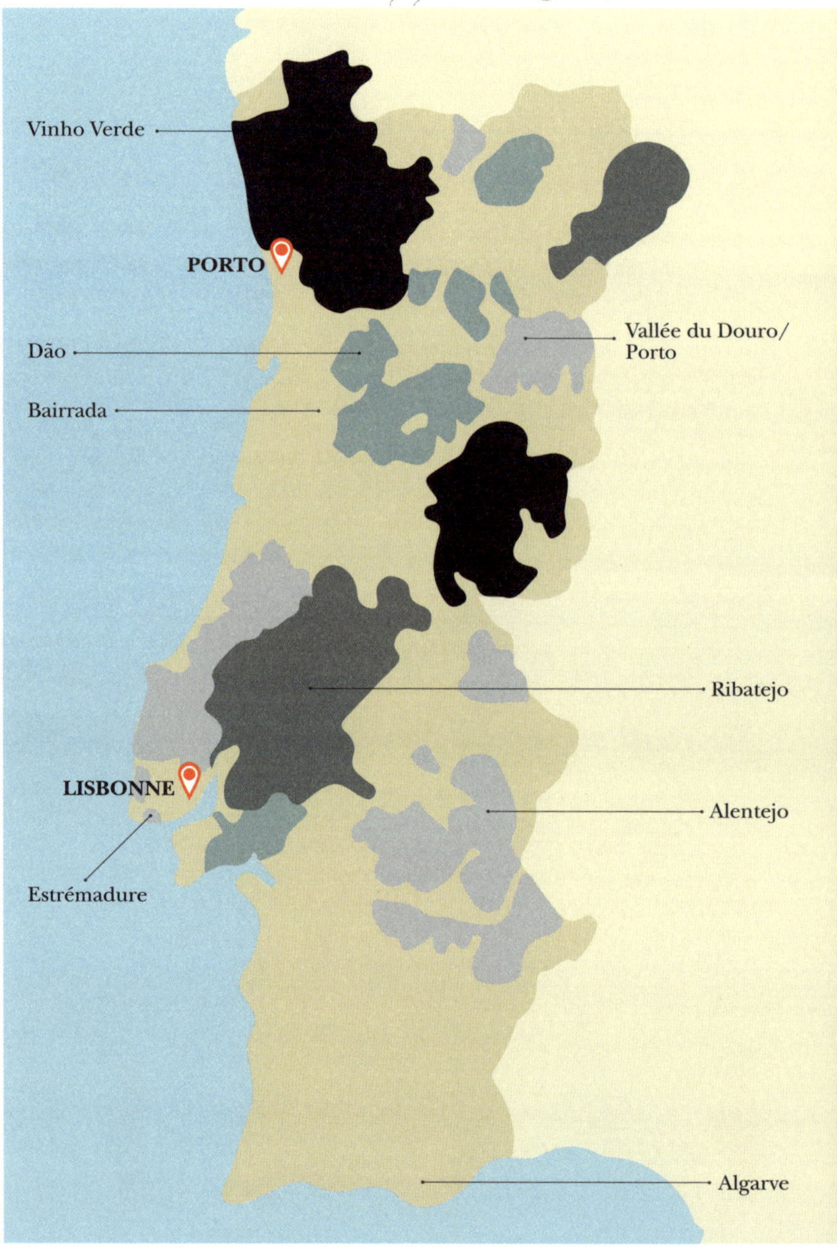

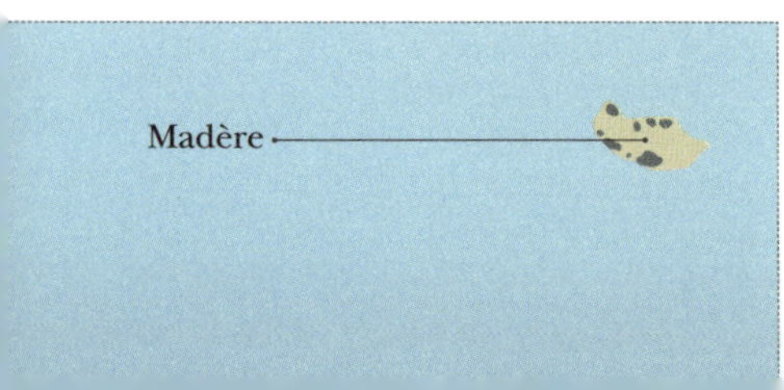

LES VINS DE GRÈCE

Le vignoble grec vit des heures bien mouvementées. Alors que ses vins étaient parmi les plus recherchés de l'Antiquité au Moyen-Âge, la vigne a périclité du XVe jusqu'au milieu du XIXe siècle, après la guerre d'indépendance. Depuis quelques décennies, le pays mise sur ses 300 cépages autochtones pour se tailler une belle réputation de vins à la typicité affirmée. On trouve désormais des blancs d'une grande pureté minérale issus de sols volcaniques et, dans les îles, des muscats sucrés réputés à Samos, des vins rouges denses et d'une longue durée de vie sur les hauteurs du Péloponnès, ainsi que de très beaux rouges et rosés en Macédoine. Hélas, la crise économique de 2010, qui a rudement ébranlé le pays a fait chuter la consommation de vin et a touché par ricochet la viticulture.

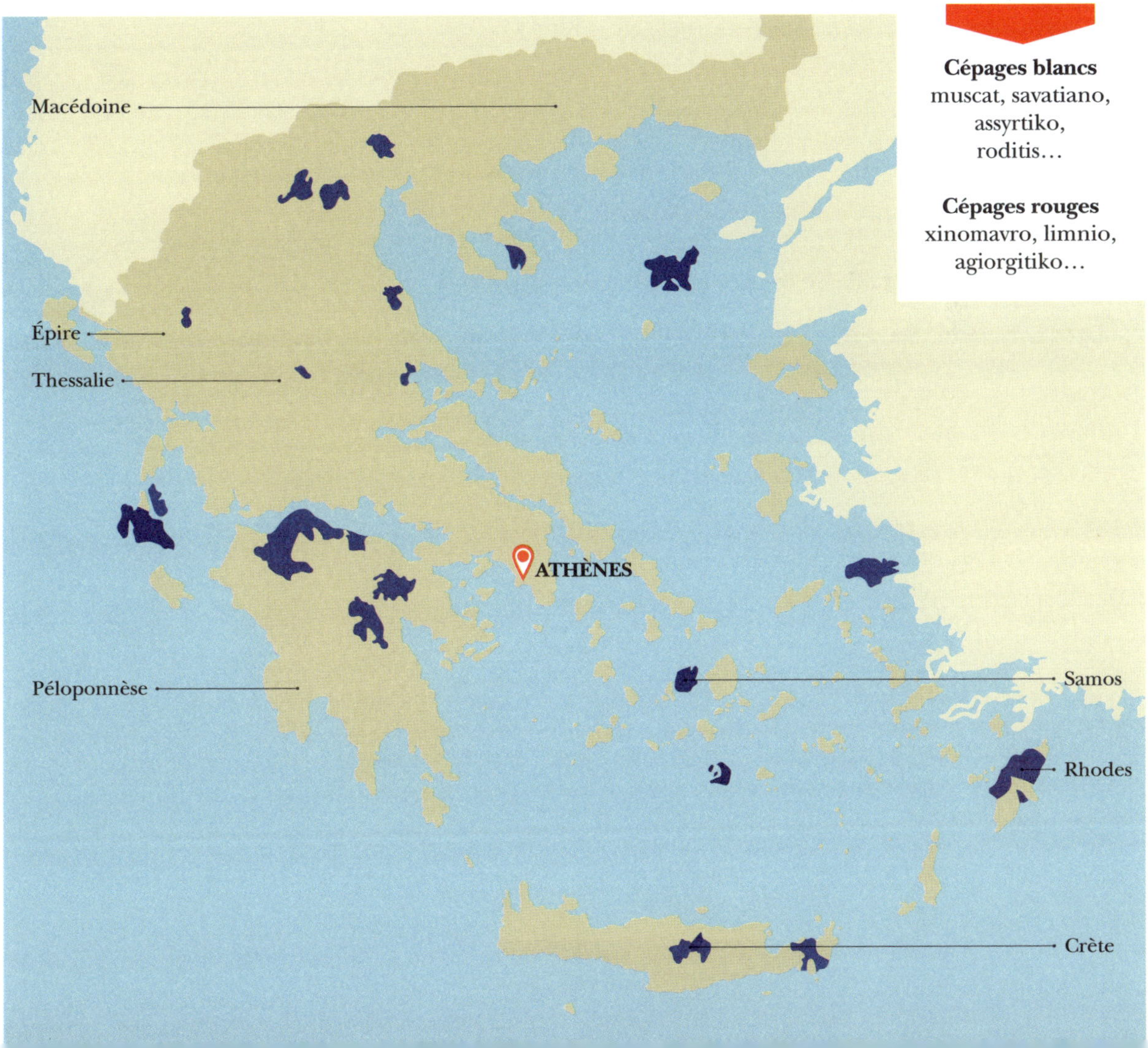

Cépages blancs
muscat, savatiano, assyrtiko, roditis…

Cépages rouges
xinomavro, limnio, agiorgitiko…

L'EST DE L'EUROPE ET LE CAUCASE

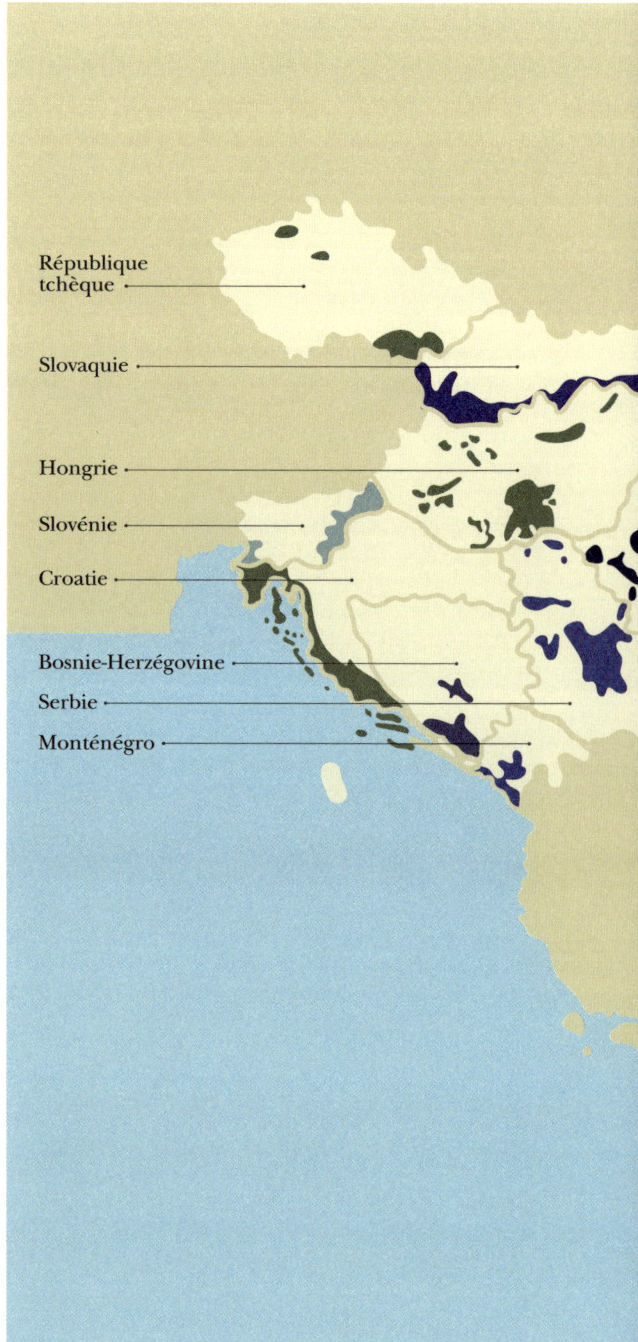

Dans les pays des Balkans comme dans le Caucase, le vin est une vieille tradition, parfois multimillénaire. Mais les aléas politiques et économiques ont pu forcer les producteurs à négliger leurs vignobles. Heureusement, de nouveaux vignerons se lancent, recréent des domaines et découvrent d'un œil neuf des cépages oubliés.

La Croatie

La république de Croatie est connue pour ses excellents vins. Le pays en produit depuis le VIe siècle av. J.-C., et, si la période de la Yougoslavie communiste a amoché le vignoble, la Croatie dispose aujourd'hui de près de 60 000 hectares de vignes. Elle compte deux terroirs. La région méditerranéenne, de l'Istrie à Dubrovnik, avec les îles de l'Adriatique (dont Hvar et Korcula), produit d'excellents vins rouges charpentés, issus de cépages autochtones tels que le plavac mali ou le dingac. Le second terroir est celui du nord de la Croatie, qui produit essentiellement des vins blancs, tels le grasevina.

La Slovénie

Située entre l'Italie, l'Autriche et la Croatie, la Slovénie cultive du vin avant même la Rome antique. Elle est aujourd'hui l'une des plus prospères régions viticoles d'Europe centrale. Spécialisée dans les vins blancs, la Slovénie dispose de beaucoup de cépages internationaux mais aussi de variétés locales comme le sipon, apparenté au célèbre furmint (qui donne le tokay hongrois). On y retrouve des techniques de vinification anciennes, en amphores notamment.

Ukraine
Moldavie
Crimée
Roumanie
Bulgarie
Géorgie
Arménie

Les vins de l'Est de l'Europe et du Caucase

La Serbie

La Serbie possède 70 000 hectares de vignes, avec des variétés internationales, et des variétés indigènes parfois uniques au monde. Preuve de l'attachement du pays pour son vin, un ancien Premier ministre (2003-2004) s'est converti en vigneron !

La Slovaquie

Elle produit des vins blancs charpentés de plus en plus reconnus dans les salons de dégustation internationaux. Ils occupent d'ailleurs les trois quarts du vignoble slovaque. On y trouve principalement du riesling, du grüner veltliner, du müller-thurgau, mais aussi des cépages très aromatiques, comme le muscat ottonel ou le traminer. Le climat, plutôt continental, se distingue de celui de l'Europe occidentale par une amplitude saisonnière plus accentuée.

La Hongrie

Le tokay de Hongrie, ou *tokaji*, liquoreux capable de vieillir un siècle durant, aux odeurs de miel et à l'étonnante longueur en bouche, est adulé dans le monde entier. Mais le pays compte 150 000 hectares répartis sur 22 régions viticoles (la région de Tokaj étant évidemment la plus connue), qui produisent aussi d'autres vins blancs secs très intéressants. Ils sont très puissants, épicés, peuvent rappeler le xérès et accompagnent parfaitement les repas gras et forts en goût. Parmi les 300 cépages hongrois, les plus connus sont le furmint, fort et acide, et le hárslevelü, très aromatique.

Chypre

Dans la Méditerranée orientale, la petite île de Chypre entretient soigneusement son vignoble, et ses vins jouissent d'une formidable réputation qui dépasse de loin ses frontières. Le pays est surtout connu pour son vin doux issu de raisins passerillés, le commandaria, mais il sait aussi produire de chaleureux vins rouges.

La Crimée

Ukrainienne, indépendante, et désormais russe, la Crimée, malgré ses démêlés politiques, ne doit pas faire oublier son génie viticole. Cette péninsule produit en effet du vin depuis plus de 3 000 ans, avec une formidable explosion sous le règne du tsar Nicolas II, amoureux de beaux flacons. Aujourd'hui, la production est particulièrement regroupée dans la région de Massandra, près de Yalta, un bord de mer où le climat, très méditerranéen, favorise la production de vins sucrés souvent mutés, cousins du madère.

La Géorgie

Ce pays est considéré comme le berceau du vin. Il a su conserver à la fois sa singularité et sa diversité, avec 540 cépages authentifiés ! Une partie des vins est encore vinifiée selon la méthode ancestrale, pour le plus grand bonheur des amateurs de ces vins orangés très puissants et de ces rouges à la fois tanniques et sucrés : les qvevri, ou kvevri (amphores d'argile), sont enfouies dans le sol jusqu'au col, puis remplies d'un raisin foulé. Celui-ci fermente au frais et reste en terre tout l'hiver. La Géorgie est l'un des pays les plus en vogue pour les passionnés de vin.

L'Arménie

Avec la Géorgie, l'Arménie est l'un des lieux d'origine de la vigne et du vin. Les cépages les plus utilisés sont l'areni noir (pour les vins rouges), le tchilar et le voskehat (pour les blancs). Longtemps oublié des traditions du pays, le vin reprend une place essentielle dans l'agriculture et l'économie du pays.

Quelques vins connus
tokay de Hongrie, commandaria de Chypre, dingac de Croatie, massandra de Crimée, qvevri de Géorgie

PLINE L'ANCIEN

(23-79 ap. J.-C.)

Écrivain et naturaliste, Pline l'Ancien nous a transmis un trésor culturel qui nous permet de savoir à quoi ressemblait la vigne – et le vin ! – à l'époque romaine. Il est l'auteur de la première encyclopédie sur le vin.

Quelques années avant sa mort, lors de l'éruption du Vésuve, cet érudit romain rédige une gigantesque encyclopédie de trente-sept volumes, *Histoire naturelle.* Le livre 14, avec ses vingt-deux chapitres, traite du vin, des différentes espèces de vignes, du rôle du climat et de la nature du sol. Il décrit et classe les différents vignobles de tout le bassin méditerranéen. On y apprend que les vins des régions de la Campanie (Italie) ou de la Catalogne (Espagne) sont meilleurs que le vin du Languedoc, mais qu'ils ne valent pas les vins grecs des îles de Lesbos et de Chio, ni ceux de Chypre ou de Corinthe, réputés dans le monde entier (de l'époque !).

Pline l'Ancien raconte aussi un goût du vin bien différent du nôtre. Il détaille les ajouts qui permettent de l'améliorer et de le conserver : miel, fleurs, résine, racines, cendre et eau de mer étaient censés donner de grands vins !

Ses écrits nous rappellent également que l'expansion du vin dans le monde est le reflet des mouvements de conquête et de colonisation. Après les Grecs, les Romains ont transporté la vigne partout où marchaient leurs armées. Parfois grâce à des ceps, mais le plus souvent avec des pépins qui, une fois plantés, ont donné de nouvelles espèces. Longtemps après, les conquistadors espagnols du XVIe siècle ont introduit la vigne en Argentine, au Chili et au Pérou, les jésuites portugais faisant de même au Brésil. Mais ce sont des passionnés qui en ont fait, par la suite, des vins de qualité.

LES VINS DES ÉTATS-UNIS

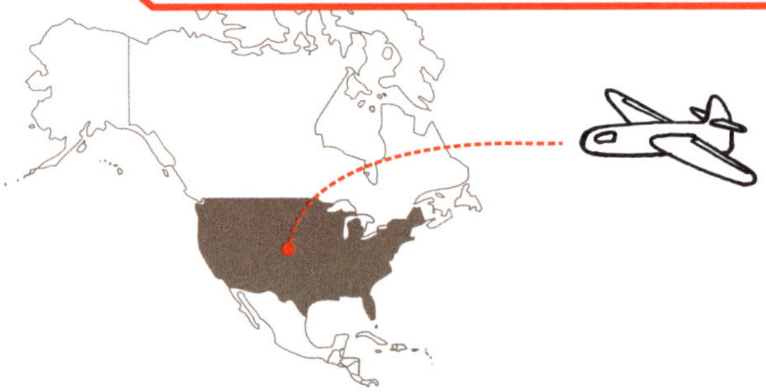

Les États-Unis sont le berceau des « vins du Nouveau Monde ». Leur style diffère du style européen : une sucrosité plus présente dans les vins rouges, un boisé plus marqué et plus crémeux dans les blancs, un fruité plus extraverti dans toutes les couleurs.

Les détracteurs de ces vins leur reprochent d'afficher un caractère trop séducteur, façonné pour charmer le client mais sans personnalité ni complexité. C'est parfois vrai, mais ils ont l'avantage d'être, presque toujours, immédiatement agréables au palais. Néanmoins ce pays, qui s'est lancé dans la production de vin à la fin des années 1970, sait aussi créer de petites merveilles ciselées. Aujourd'hui, les plus grands vins californiens affichent sans complexe des prix proches des grands crus bordelais. Et trouvent acheteurs ! Leur qualité n'est plus à mettre en doute.

La Californie

La Californie est la grande région viticole américaine, en volume comme en qualité.
Les vignes poussent sur presque toute la longueur de l'État, dont le climat est parfaitement adapté aux vins ronds et fruités. La région la plus célèbre est évidemment la Napa Valley. Les prix des vins sont assez élevés, et les touristes y sont légions : ce ne sont pas les circuits œnotouristiques qui manquent !
Quoiqu'il en soit, les cabernets-sauvignons et les merlots sont des grands classiques.
Et il faut absolument découvrir les vins du cépage local, le zinfandel, exubérant au possible.
Tout près, au nord de San Francisco, la Sonoma Valley produit également d'immenses vins rouges et blancs, un peu plus veloutés encore.
Le long de la côte, jusqu'à Los Angeles, les vignobles s'égrènent à Monterey, San Luis Obispo et Santa Barbara : plus modestes en taille et en prix, mais toujours agréables.

Oregon et Washington

Au nord de la Californie, le vin possède davantage de fraîcheur. Le pinot noir peut dévoiler des trésors de délicatesse, avec un peu plus de sucre et d'arôme de fraise que chez les bourgognes. Attention, dans l'Oregon, les vins ne sont pas produits en masse, et les prix y sont assez élevés.
Plus au nord encore, autour de Seattle, l'État de Washington accueille des vignes dans la grande Columbia Valley. Cet État est le deuxième producteur des États-Unis. La Columbia Valley est moins chic que l'Oregon, mais le vin y est meilleur marché et de bonne qualité, en riesling comme en sémillon, sauvignon, chardonnay, cabernet-sauvignon et surtout merlot.

Le Midwest

L'Ohio, le Missouri et le Michigan font aussi du vin ! À cause du climat, ce sont rarement des vins de garde, ils manquent d'acidité. Mais grâce aux cépages internationaux, on trouve un peu partout des vins sympathiques à boire jeunes. Quant au Texas, il se lance dans la viticulture avec comme slogan : « Wine, the next big thing from Texas » ! (le vin, la prochaine grosse affaire du Texas).

La Côte Est

Difficile à croire, mais on produit des vins dans l'État de New York. Le volume de sa production talonne celui de l'État de Washington. On compte environ 150 producteurs de vin… contre un millier de producteurs de jus de raisin. En effet, le raisin peine à mûrir, il faut souvent rajouter du sucre. Seuls le riesling et le chardonnay s'en sortent avec les honneurs.

Cépages blancs
chardonnay, sauvignon, riesling

Cépages rouges
merlot, cabernet-sauvignon, syrah, grenache, zinfandel, pinot noir, barbera

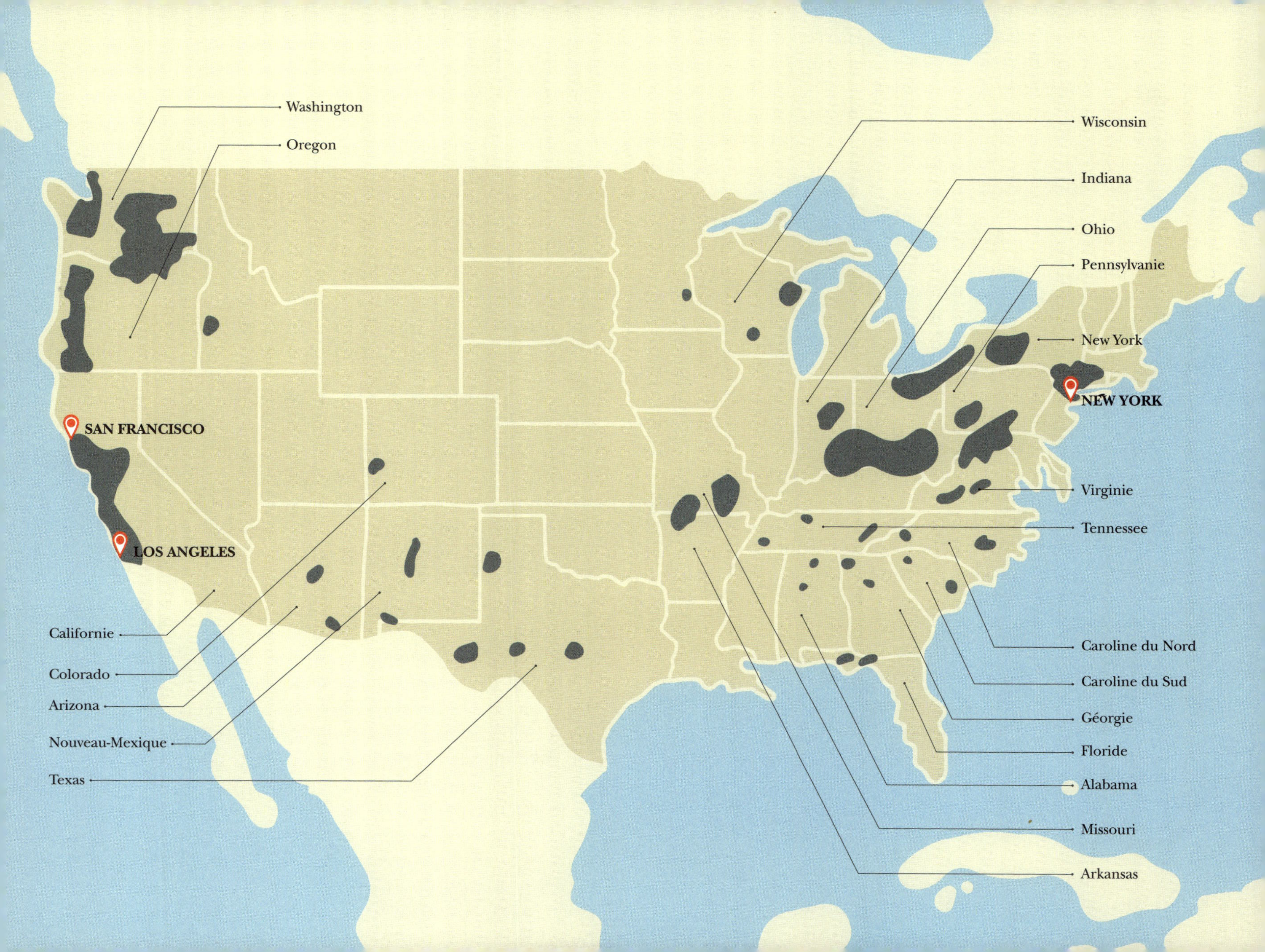
Washington
Oregon
SAN FRANCISCO
LOS ANGELES
Californie
Colorado
Arizona
Nouveau-Mexique
Texas
Wisconsin
Indiana
Ohio
Pennsylvanie
New York
NEW YORK
Virginie
Tennessee
Caroline du Nord
Caroline du Sud
Géorgie
Floride
Alabama
Missouri
Arkansas

LES VINS DU CHILI

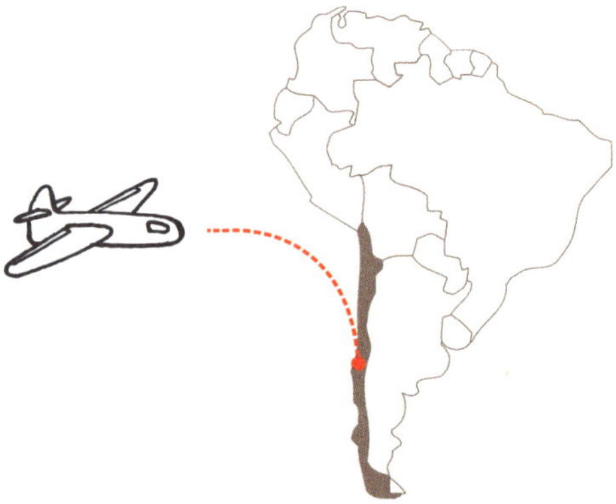

Le rapport qualité-prix des vins chiliens est rarement égalé. Même les vins d'entrée de gamme offrent un plaisir immédiat, gorgés de soleil et d'épices sans lourdeur. Il est d'ailleurs possible que le Chili soit la star vinicole de demain. Il faut dire que ce pays possède des conditions climatiques formidables : le soleil tape fort, il fait chaud mais l'air est refroidi et asséché le jour par le vent glacial de l'océan, la nuit par la fraîcheur qui descend de la Cordillère des Andes. Le pays est aussi traversé de cours d'eau nés sur les montagnes et qui filent vers le Pacifique, irriguant les vignes au passage.

Les cépages

Les raisins appartiennent aux standards internationaux : cabernet-sauvignon, merlot, chardonnay, à l'exception notable du carmenere. Ce cépage, qui a failli disparaître, est un miraculé qui compose désormais de grands crus.

Les régions

Les vins du Chili poussent dans la Vallée Centrale, au sud de Santiago, mais il existe de nombreuses sous-régions tout autour qui permettent une mosaïque de styles.

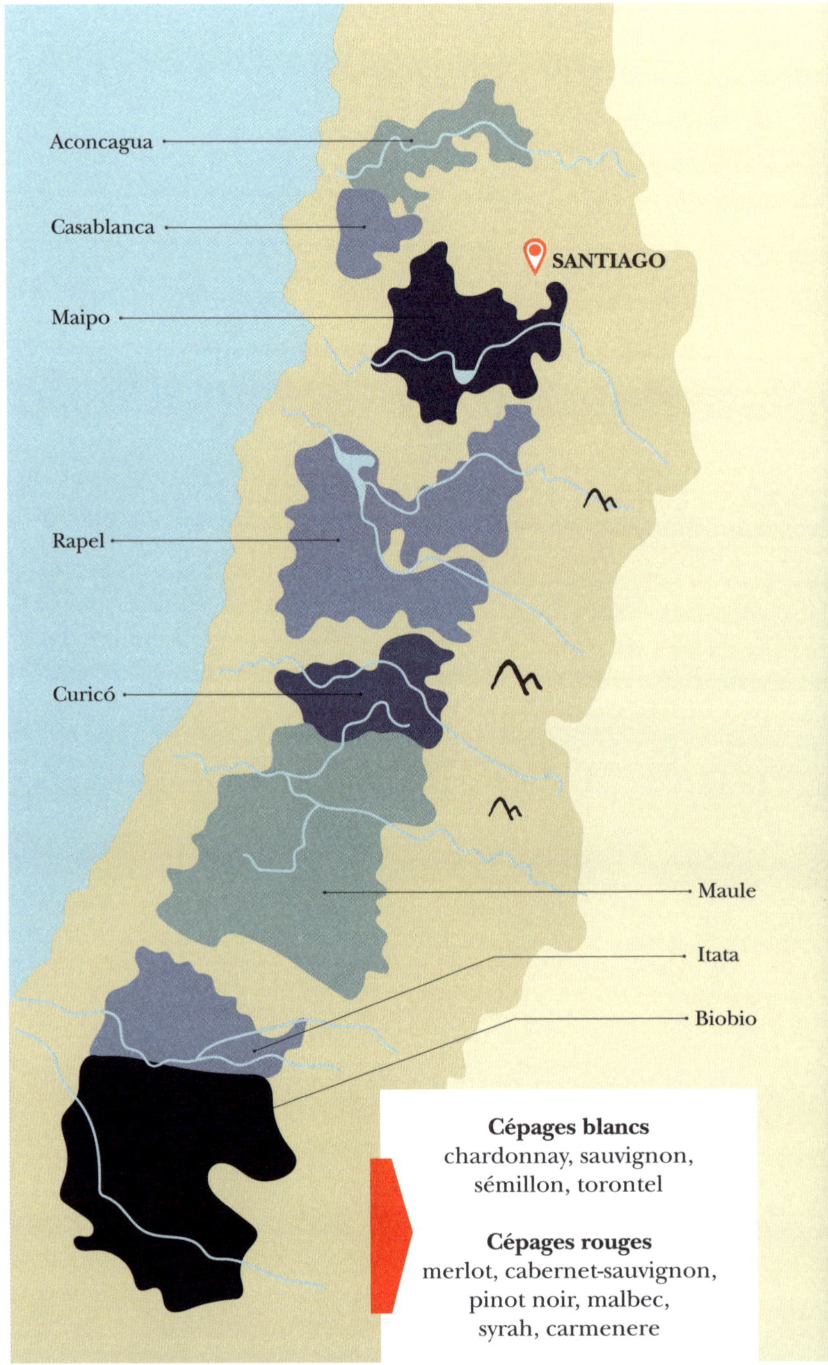

LES VINS D'ARGENTINE

Situées derrière la Cordillère des Andes, les vignes de l'Argentine ne sont pas rafraîchies par le vent océanique, contrairement au Chili. Mais les vallées de la montagne sont un terroir accueillant, offrant la vivacité de l'altitude et un ensoleillement optimal. Les vins sont généralement plus riches et plus structurés que ceux du Chili.

Les cépages

Le malbec est le cépage le plus intéressant d'Argentine, le plus réputé aussi, pour ses vins puissants et mûrs. Mais le bonarda, le merlot, le cabernet et la syrah, qui ont besoin de soleil, s'y épanouissent aussi. Les blancs sont en revanche moins exaltants, sauf quelques torrontés très parfumés.

Les régions

La principale région de production est Mendoza, au centre du pays. On trouve également une grande production en Patagonie, notamment dans la région du Rio Negro.

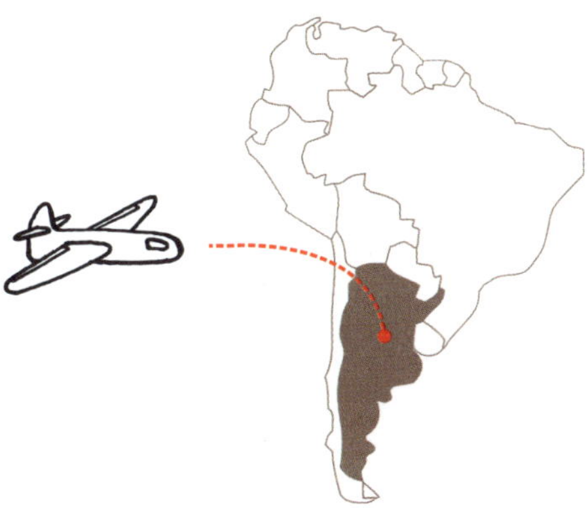

Cépages blancs
chardonnay, torrontés

Cépages rouges
malbec, bonarda, merlot, cabernet-sauvignon, syrah, tempranillo, sangiovese, barbera

L'AUSTRALIE ET LA NOUVELLE-ZÉLANDE

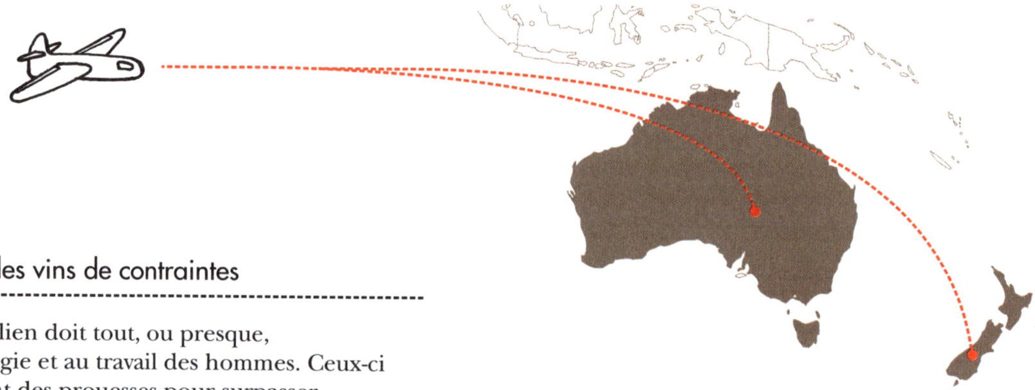

Australie : des vins de contraintes

Le vin australien doit tout, ou presque, à la technologie et au travail des hommes. Ceux-ci accomplissent des prouesses pour surpasser les difficultés du climat et produire de grands vins. Sur ce continent où la vigne a été implantée dès la fin du XVIIIe siècle, on parle peu de terroir, de sol ou de la typicité d'une parcelle. Ce sont plutôt les irrigations intensives, les canopées protectrices sur les vignes, les camions réfrigérés des vendanges et les fermentations à basse température qui forcent le respect. Ce travail titanesque pour dompter une nature hostile est payant : l'Australie sait créer des vins au style affirmé sans faire de concession sur la qualité. En témoignent la renommée de ses crus et leur influence sur la production mondiale.

Les vignobles australiens

Les vignes prospèrent sur la zone la plus tempérée de l'île : les pointes sud-est et sud-ouest. Mais, même quand ils sont issus des régions les plus fraîches, les vins australiens sont toujours mûrs, très mûrs. Plutôt que de chercher à gommer cette caractéristique, les producteurs en ont fait une force. Aujourd'hui, leurs shiraz profonds et opulents sont reconnus dans le monde entier.
Ne possédant pas de cépages autochtones, l'île cultive tous les cépages internationaux standards, mais c'est bien la syrah, appelée ici shiraz, qui fait naître les plus grandes bouteilles.
Néanmoins, le pays est inquiet : la sécheresse qui sévit depuis quelques années menace dangereusement la vigne.

Les vins de Nouvelle-Zélande

La Nouvelle-Zélande est d'abord et avant tout connue dans le monde du vin pour ses formidables sauvignons. L'île sait transformer ce cépage en un vin blanc très vif, aromatique en diable, avec une palette allant du citron vert à l'ananas en passant par le fruit de la Passion. Il est particulièrement réussi entre la région de Hawke's Bay et Marlborough (première région viticole du pays). De manière générale, les blancs constituent les deux tiers de la production de Nouvelle-Zélande : chardonnay, riesling et gewurztraminer donnent aussi de beaux vins.
L'autre perle du pays est le pinot noir. Ce cépage préfère les climats frais et s'épanouit dans les vignobles de l'île du Sud et à Wellington.
Il y donne des vins délicats, proches du style des bourgognes. Hawke's Bay, plus chaude, accueille le cabernet et le merlot.

Cépages blancs
chardonnay, sauvignon, sémillon, riesling, muscat, muscadelle, chenin

Cépages rouges
shiraz (syrah), cabernet-sauvignon, pinot noir

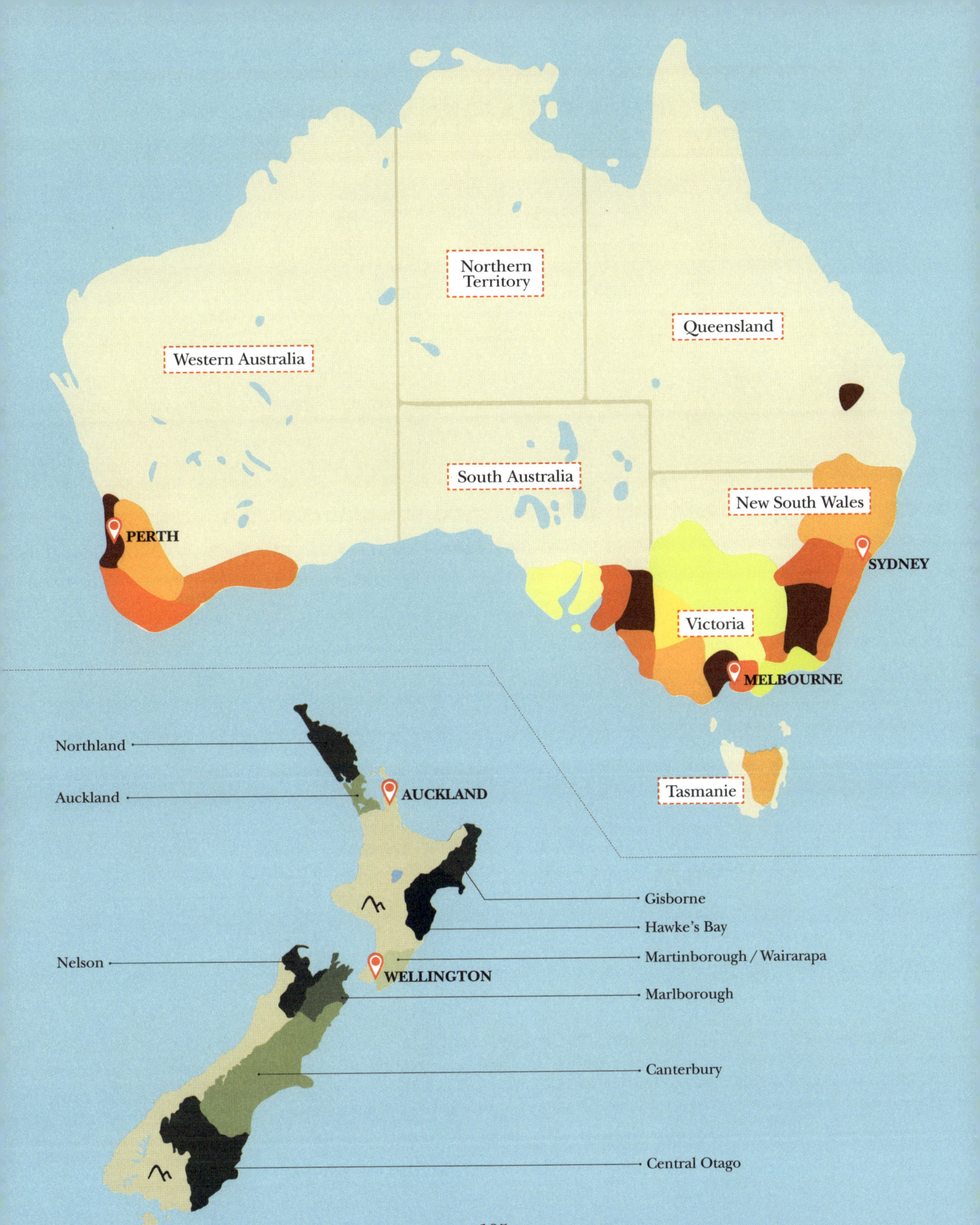
Northern Territory
Queensland
Western Australia
South Australia
New South Wales
PERTH
SYDNEY
Victoria
MELBOURNE
Tasmanie
Northland
Auckland
AUCKLAND
Gisborne
Hawke's Bay
Nelson
Martinborough / Wairarapa
WELLINGTON
Marlborough
Canterbury
Central Otago

LES VINS D'AFRIQUE DU SUD

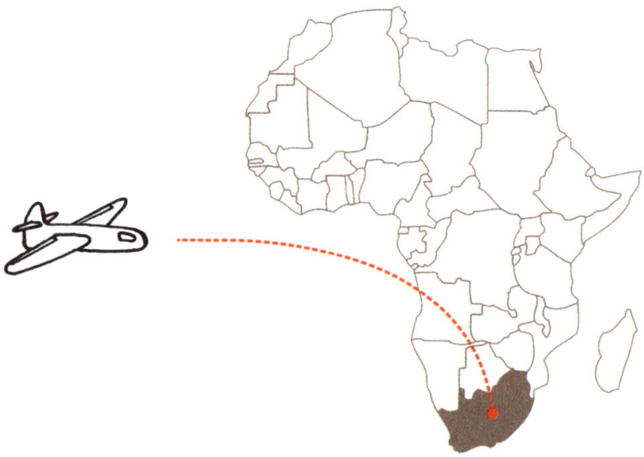

L'histoire du vin sud-africain

L'Afrique du Sud produit du vin depuis longtemps : le liquoreux de Klein Constantia était le vin préféré de Napoléon durant son exil. Mais le vignoble que l'on voit aujourd'hui est bien différent. Sa renaissance date de la fin de l'apartheid (1991) et de la reprise des relations commerciales avec d'autres pays.

Les cépages

Désormais, l'Afrique du Sud produit des styles de vins très divers avec une qualité tout aussi variable.
On trouve du classique, à partir de chardonnay en blanc et de cabernet-sauvignon en rouge. La syrah et le merlot sont bien présents aussi. Mais le vin rouge sud-africain retrouve sa typicité avec un raisin local, le très original pinotage, à la fois fruité et sauvage.
En blanc, le chenin crée la surprise. On le croise peu en-dehors de la Loire, mais il produit ici d'élégants vins secs et vins sucrés qui ne manquent pas de glamour.

Les régions

De jeunes vignerons investissent les vignobles et mettent en avant la notion de terroir, comme à Swartland, particulièrement dynamique.
Les bons vins viennent des régions voisines du Cap, qui bénéficient de la fraîcheur maritime. Paarl et Stellenbosch sont les régions les plus développées.

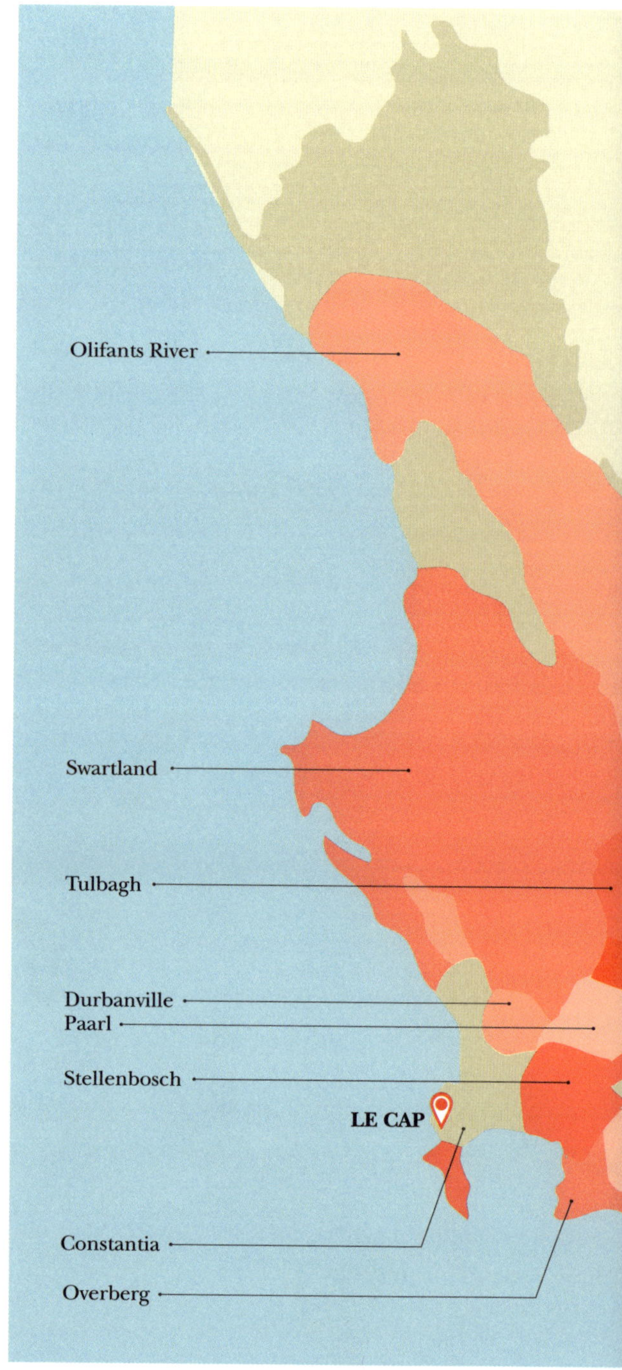

Cépages blancs
chardonnay, sauvignon, sémillon, riesling, muscat, chenin

Cépages rouges
cabernet-sauvignon, merlot, pinot noir, syrah, pinotage, zinfandel

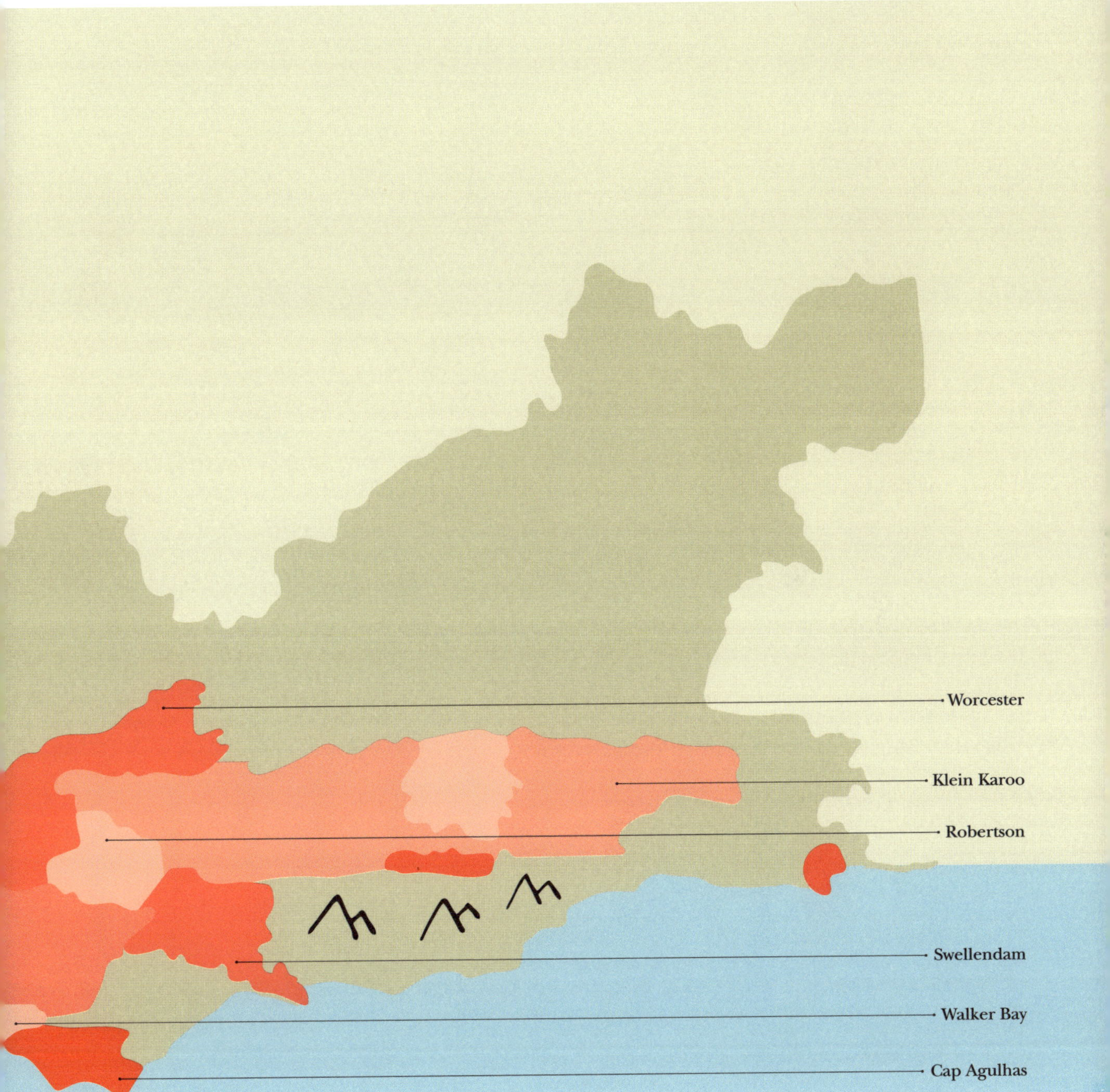

LES AUTRES VINS DU MONDE

Le paysage viticole s'étend sur la planète, il se consolide dans certains pays, apparaît dans d'autres, conquiert de nouveaux territoires. La carte du monde du vin aura sans doute bien changé dans trente ans. L'amélioration des techniques « viti-vinicoles » permet à de nouveaux vignobles d'exister là où ce n'était pas concevable il y a peu. Face à cette émergence, les pays traditionnels regardent leurs vignes d'un autre œil et se lancent dans la course à la qualité avec un dynamisme surprenant.

La **Grande-Bretagne** : est-ce dû au réchauffement global, à un travail plus attentif ou à l'utilisation de technologies de pointe ? Toujours est-il que l'Angleterre parvient de mieux en mieux à faire mûrir ses raisins. Les vins les plus prometteurs sont les effervescents de la côte, sur des terroirs crayeux.

Au **Proche-Orient**, le **Liban** produit des vins dont la renommée, internationale, n'en finit plus de grimper. La tradition du vin dans ce pays date de l'époque des Phéniciens, il y a 3000 ans. Les Romains ont ensuite construit un temple dédié à Bacchus dans la plaine de la Bekaa, où se concentrent aujourd'hui les exploitations vinicoles. Les Châteaux Ksara et Kefraya ou le grand Château Musar créent de superbes vins rouges épicés et chocolatés, des blancs intenses et parfumés. Face à ces grands classiques, une quarantaine d'exploitations démontrent une belle vitalité.

On oublie souvent qu'on produit du vin dans les pays voisins, en **Israël**, en **Syrie** et même en **Afghanistan**. Espérons que les conflits ne condamnent pas ces vins. En **Égypte**, il y en a de remarquables, comme ceux de la propriété du Jardin du Nil.

Au Maghreb, la tradition viticole est solidement ancrée. On y goûte des rosés et des rouges épicés dont certains, notamment au **Maroc**, mériteraient de figurer sur les plus grandes tables.

En **Chine**, la production et la consommation de vin augmentent de façon exponentielle. C'est déjà le deuxième pays au monde en surfaces de vignes, et, bientôt, logiquement, ce sera le premier pays producteur de vins ! Les vignobles sont plantés sur des surfaces gigantesques, aussi bien au nord-est qu'au nord-ouest du pays. Bien qu'à des latitudes proches de celles du Bassin méditerranéen, les terroirs et les climats y sont très divers. Les Chinois ont beaucoup fait appel à des spécialistes étrangers, mais ils forment désormais des professionnels du vin très pointus.

Grand connaisseur et amateur de beaux vins, le **Japon** a une production très limitée mais de bonne qualité, implantée pour l'essentiel au sud-ouest de Tokyo, dans la région viticole du mont Fuji. Le cépage le plus connu est le koshu, qui donne un vin blanc pur et délicat.

L'**Inde**, avec son climat tropical, n'est pas particulièrement bien lotie. Pourtant, elle déploie un dynamisme étonnant et utilise des techniques modernes ; sa production augmente rapidement. On compte aujourd'hui plus de cinquante producteurs répartis sur trois régions viticoles : Nashik et Sangli, dans le Maharashtra, Bangalore dans le Karnataka. Pour la qualité, les riches propriétaires font appel aux meilleurs œnologues du monde.

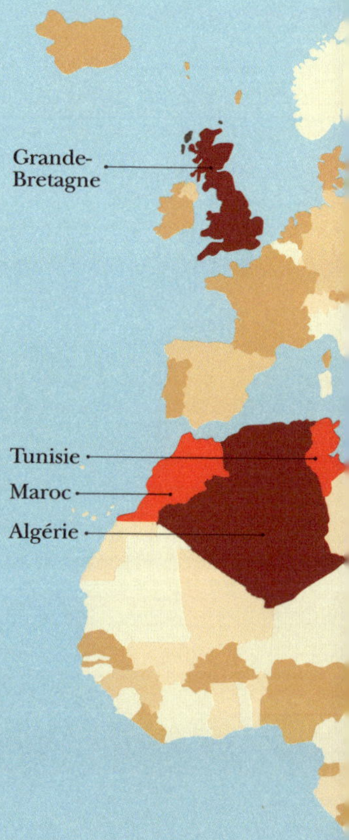

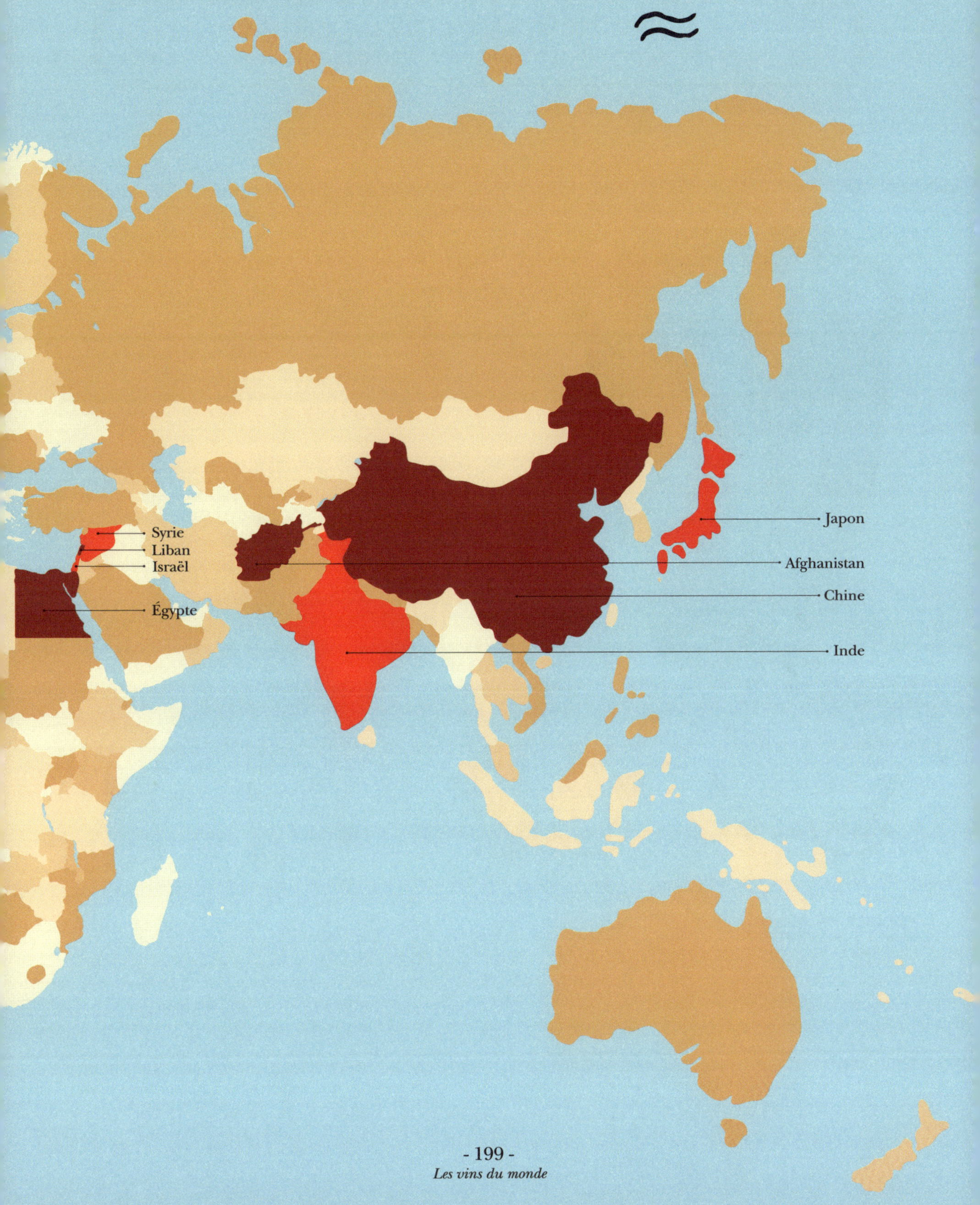
Syrie
Liban
Israël
Égypte
Japon
Afghanistan
Chine
Inde

UN PEU D'HISTOIRE

Au gré des siècles, des cultures et des civilisations, le vin a évolué sur tous les plans. Il est tantôt sacré ou impie, exceptionnel ou quotidien, bu jeune ou vieux, simple ou grand cru. Le vin a rythmé l'histoire de nombreux pays. Mais au fait, comment est-il apparu ?

Où et quand a été créé le vin ?

On ne sait pas vraiment… mais peut-être dans le Caucase ! Il semblerait qu'au paléolithique (il y a plus de 12 000 ans), nos ancêtres buvaient déjà des boissons fermentées. La vigne n'était pas encore domestiquée, mais peut-être produisaient-ils du jus de raisin à partir de vignes sauvages, qui fermentait spontanément. Des restes archéologiques de pépins vieux de 11 000 ans ont en tout cas été retrouvés.

Quant aux plus vieilles traces de vin mises au jour, elles remontent à plus de 7 000 ans : ce sont des dépôts à l'intérieur de vases découverts en Iran ! Des traces similaires ont aussi été trouvées en Géorgie sur des jarres de la même époque (5 000 ans av. J.-C.).

Et, en 2010, des fouilles ont dévoilé tout un complexe de vinification daté de 4 100 ans avant notre ère en Arménie, à Areni, lieu connu encore aujourd'hui pour sa production de vin.

Difficile de savoir où a été bu le premier vin, mais, entre la Géorgie, l'Arménie et l'Iran, le Caucase a définitivement acquis son statut de « berceau de la vinification ».

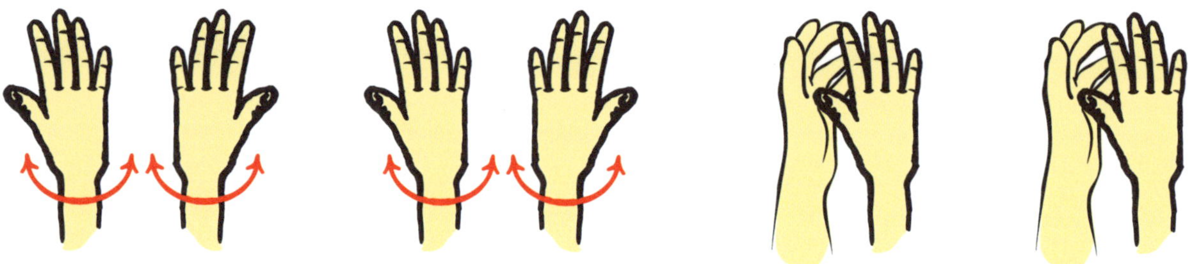

Le ban bourguignon

Le ban bourguignon est souvent présenté comme « l'hymne » de la Bourgogne. Pourtant, il ne dispose d'aucun statut officiel. Cette mélodie populaire française, qui se joue sur cinq notes, n'a d'ailleurs même pas de paroles, hormis celles-ci : « la la, la la, lalalalalère ». Elle se double d'une chorégraphie aussi simple : lever les mains à hauteur du visage, les faire pivoter (comme avec des marionnettes ou, plutôt, comme si l'on mirait le contenu d'un verre de vin) puis applaudir (neuf fois). Le ban bourguignon serait né dans un bar de Dijon en 1905. D'abord assez confidentiel, il est repris à partir de 1945 pendant les fêtes de la Vigne et se répand dans toute la Bourgogne. Aujourd'hui, les Bourguignons l'entonnent avant un pot, à la fin d'un bon repas ou lors de toute occasion festive, en particulier si le vin est à l'honneur.

EN CHANSONS

Dans les fêtes comme dans les cérémonies, on mange, on boit et puis on chante. Le vin est donc très souvent présent dans les chants populaires. Et, inversement, les chansons sont légion dans les confréries vigneronnes. Voici quelques chansons qu'il peut être utile de connaître quand on aime le bon vin…

Chevaliers de la Table ronde

Chanson traditionnelle du XVIIIe siècle, popularisée par la Confrérie bourguignonne du Tastevin.

Chevaliers de la Table ronde,
Goûtons voir si le vin est bon.

Refrain
Goûtons voir, oui, oui, oui,
Goûtons voir, non, non, non,
Goûtons voir si le vin est bon.

(bis)
S'il est bon, s'il est agréable,
J'en boirai jusqu'à mon plaisir.

Refrain
Et s'il en reste quelques gouttes,
Ce sera pour nous rafraîchir.

Refrain
Si je meurs, je veux qu'on m'enterre,
Dans une cave où y a du bon vin.
(…)

Te voici, vigneron !

Chanson traditionnelle suisse.

Le vigneron monte à sa vigne
Où es-tu, vigneron ?
Le vigneron monte à sa vigne
Du bord de l'eau jusqu'au ciel là-haut.

On voit d'abord son vieux chapeau
C'est pas un chapeau du dimanche
Il a plutôt l'air d'un corbeau
Perché sur une branche
Où es-tu, vigneron ?
(bis)

On voit ensuite son fossoir
C'est pas un fossoir de gamine
Il a plutôt l'air d'un buttoir
Au flanc d'une colline
Où es-tu, vigneron ?
(bis)
(…)

Fanchon

Chanson populaire du XVIIIe siècle. Accompagne parfois un ban bourguignon.

Amis, il faut faire une pause,
J'aperçois l'ombre d'un bouchon,
Buvons à l'aimable Fanchon,
Chantons pour elle quelque chose.

Refrain
Ah ! Que son entretien est doux,
Qu'elle a de mérite et de gloire.
Elle aime à rire, elle aime à boire,
Elle aime à chanter comme nous,
Elle aime à rire, elle aime à boire,
Elle aime à chanter comme nous,
Oui comme nous, oui comme nous !

Fanchon, quoique bonne chrétienne,
Fut baptisée avec du vin,
Un Bourguignon fut son parrain,
Une Bretonne sa marraine.

Refrain
Fanchon préfère la grillade
À d'autres mets plus délicats,
Son teint prend un nouvel éclat
Quand on lui verse une rasade.
(…)

Clémentine se souvient très bien du jour où le vin a commencé à l'intéresser : c'était à un repas de famille tout simple, un dimanche au déjeuner. Elle avait pris une bouchée du plat de sa maman, puis une gorgée du vin de son papa, puis une nouvelle bouchée… c'est là que c'est arrivé : ce qu'elle mangeait était devenu meilleur grâce au vin ! Il avait apporté une note nouvelle à l'assiette, une touche plus savoureuse ! C'était donc ça la magie du vin ? Clémentine venait de découvrir l'accord parfait.

Depuis, à chaque dîner soigné, c'est son idée fixe : trouver non pas un bon vin ni même le meilleur… mais le meilleur pour ce repas précis. Parfois, elle ouvre même deux ou trois bouteilles pour comparer ! Un jour, elle a tenté un mariage fou : huîtres et sauternes, elle avait lu cela quelque part. Certains de ses amis ont été choqués alors que d'autres ont adoré (parmi eux, un couple connaissait déjà cet accord, il venait de Bordeaux). Elle en a conclu que l'accord parfait n'est pas universel, qu'il dépend des goûts et des cultures !

Désormais, si elle connaît les accords classiques et les joue volontiers, elle aime toujours tenter de nouvelles expériences, se laisser aller à la surprise. Qui sait, par un heureux hasard, elle pourrait bien se retrouver avec des arcs-en-ciel qui jaillissent des yeux, des cœurs plein la bouche et des frissons plein le cœur. Oui, c'est ça, l'accord parfait.

CLÉMENTINE

DEVIENT
APPRENTIE SOMMELIÈRE

La base des accords mets-vins • Quel vin avec mon plat ?
Les aliments assassins • Quel plat avec mon vin ?

LA BASE DES ACCORDS METS-VINS

Un accord entre un plat et un vin, c'est un mariage que l'on tente : s'il est réussi, chacun des deux s'épanouit en présence de l'autre, semble encore meilleur que s'il est goûté seul. S'il est raté, les deux, au mieux, s'ignorent, au pire se disputent et perdent de leur intérêt. Pour juger de ce mariage, l'idéal est de tester le vin séparément. Dans la cuisine si possible, près des casseroles qui fument. Puis de regoûter avec le plat et voir comment se comporte le vin. Notez bien qu'un mariage de goût est avant tout… une affaire de goût, justement. Vous pouvez aimer une alliance que votre voisin apprécie moins. Vous trouverez dans les pages suivantes quelques principes et suggestions qui faciliteront votre choix pour réaliser des accords classiques. Libre à vous de les respecter… ou d'essayer autre chose !

Les accords de couleur

C'est l'astuce la plus facile pour réussir un accord : les couleurs s'assemblent. Un vin blanc avec un aliment blanc, un vin rouge avec un aliment rouge, un rosé avec un aliment rose ou orange.

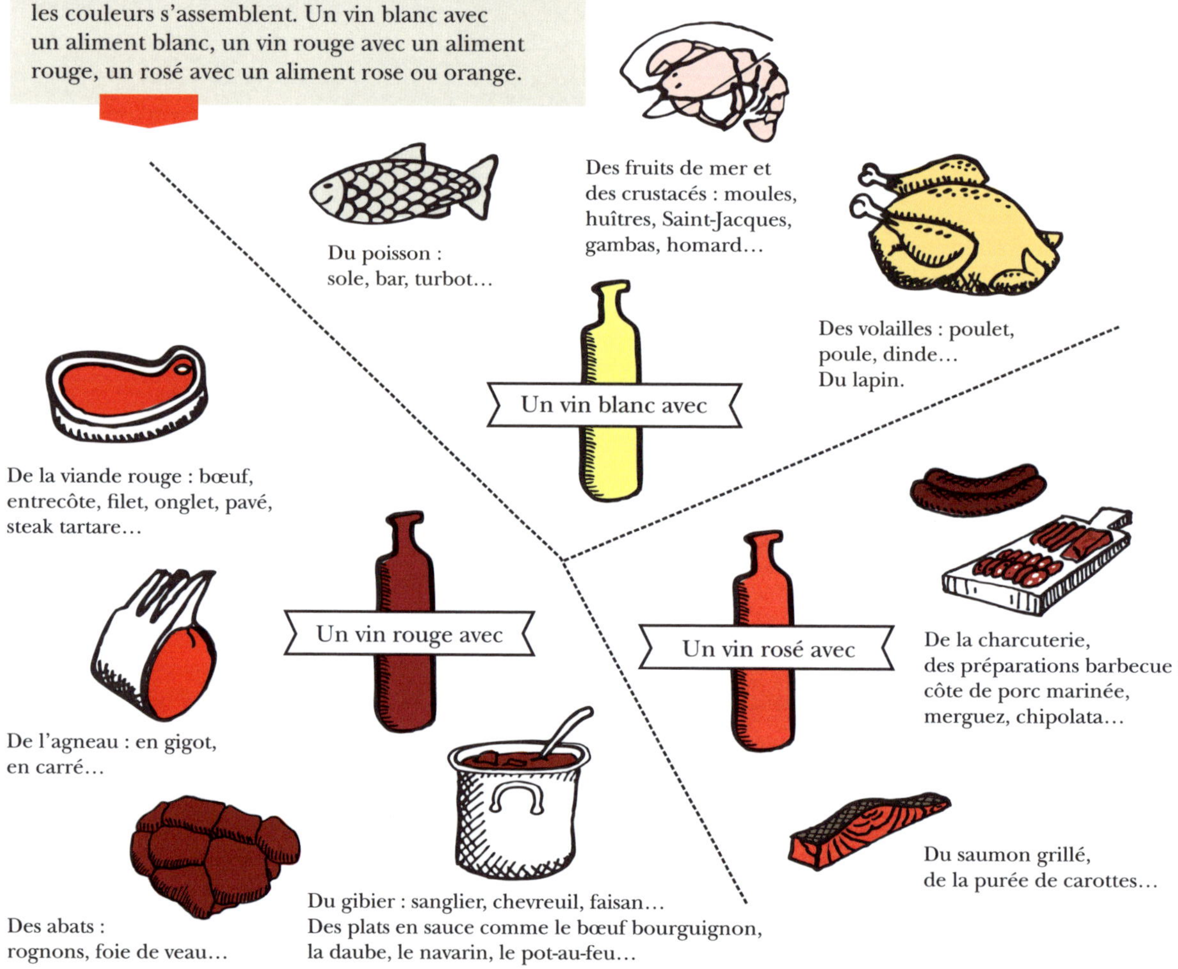

Les accords de terroir

Face à un aliment emblématique d'une région, surtout s'il est prédominant dans le plat, il faut toujours envisager en priorité un vin qui provient de la même aire géographique : une choucroute avec un riesling ou un pinot blanc d'Alsace ; un cassoulet avec un cahors ; une raclette avec un blanc du Jura ; un vin rouge espagnol avec une paella ; un agneau de Pauillac avec un pauillac…

Les accords de fusion

Il faut choisir des goûts proches pour les vins et les plats : du gras avec du gras, du sec avec du sec, du salé avec du salé. Qui se ressemble s'assemble, en somme : un muscadet salin ou un chablis iodé avec des huîtres ; un sauternes aux arômes d'ananas avec un ananas flambé ; un vin puissant avec un plat haut en saveurs ; un vin léger pour une assiette délicate. Si vous avez cuisiné avec un (bon) vin, gardez-le pour la table ou choisissez un vin de la même région et du même cépage.

Les accords de contraste

L'objectif est moins d'accompagner le plat que de surprendre, en dévoilant de nouveaux arômes et de nouvelles sensations. Un goût nouveau peut alors émerger de la rencontre entre le plat et le vin. Les accords les plus étonnants se jouent sur des vins que l'on boit peu : effervescents, liquoreux, vins fortifiés.

LES ACCORDS DU BOUCHER

Avec une viande, on cherche un équilibre : le vin ne doit pas s'effacer devant une viande au goût très prononcé, mais ne doit pas non plus écraser une viande au goût subtil. Face à une viande très grasse, on peut viser le contraste avec un vin aux tanins affirmés ou à la vivacité franche pour trancher le gras et redynamiser le plat.

bœuf

- rosé (barbecue)
- rouge rond (mijoté, grillé, rôti)
- rouge charpenté

cochon

- blanc vif (lard)
- blanc aromatique (abats)
- rouge léger (abats, côtes de porc)
- rouge rond (rôti, grillé)
- rouge charpenté (épicé, grillé)

mouton, agneau

- blanc aromatique (cervelle)
- rosé (merguez, saucisses)
- rouge rond (bouilli)
- rouge charpenté
- * vin doux naturel

veau

- blanc vif (abats)
- blanc aromatique (abats)
- blanc charpenté (à la crème)
- rosé
- rouge léger
- rouge rond (grillé)

salaisons

- blanc vif
- rosé
- rouge léger
- rouge rond

* accord surprenant

LES ACCORDS DU VOLAILLER ET DU CHASSEUR

Avec une volaille, on évite un vin rouge puissant qui dominerait complètement. On cherche un accord plus délicat et, pourquoi pas, une alliance surprenante qui donnera de l'originalité au plat. Avec un gibier, on vise l'élégance, sans oublier que certaines viandes, fortes en goût, demandent un vin qui sache s'affirmer.

poulet, dinde

- blanc charpenté (rôti, à la crème)
- rosé
- rouge léger (rôti)
- * effervescent (à la crème)
- * moelleux, liquoreux

canard

- rouge rond (magret)
- rouge charpenté (rôti, * foie gras)
- moelleux, liquoreux (foie gras)
- * vin doux naturel (flambé)

lapin

- blanc aromatique
- blanc charpenté
- rouge léger
- * effervescent (à la crème)

œufs

- blanc vif (tartes salées)
- blanc aromatique (omelettes)
- rouge rond (meurette)
- * moelleux, liquoreux

gibier à plume

- rouge léger
- rouge rond
- * blanc charpenté

gibier à poil

- rouge rond (lièvre)
- rouge charpenté (en daube, avec une sauce)

* accord surprenant

LES ACCORDS DU POISSONNIER

Avec un poisson, on évite les tanins marqués qui feront sortir une facette métallique. On préfère s'orienter vers des vins aromatiques et légers pour un accord aérien… ou marin.

thon

- blanc aromatique (cru)
- rosé
- rouge léger

saumon

- effervescent (cru)
- blanc vif (cru)
- blanc aromatique
- rosé

poissons blancs

- blanc vif
- blanc aromatique
- blanc charpenté (sauce riche)
- rosé (frit, grillé, soupe)
- * rouge rond (rouget)

poissons de rivière

- blanc aromatique
- rosé (grillé)
- * rouge rond (lamproie bordelaise)

poissons à l'huile

- blanc vif
- blanc aromatique

poissons fumés

- effervescent
- blanc vif
- blanc aromatique

* accord surprenant

LES ACCORDS DE L'ÉCAILLER

Sauf exception, ces mets appartiennent au royaume des vins blancs, qu'ils soient avec ou sans bulles. Ce sont les plus à même d'accompagner les notes iodées et salines, de mettre en valeur la délicatesse de leur chair.

saint-jacques

- effervescent
- blanc aromatique
- blanc charpenté (à la crème)

huîtres, bulots

- effervescent
- blanc vif
- * rouge rond (huîtres chaudes)
- * moelleux, liquoreux

moules

- blanc vif
- * effervescent

crabe, araignée

- blanc vif
- blanc aromatique
- rosé

homard

- blanc aromatique
- blanc charpenté
- * rouge léger (grillé)

crevette, gambas

- blanc vif
- blanc aromatique
- rosé
- * effervescent

* accord surprenant

QUAND ON EST VÉGÉTARIEN

Vous êtes végétarien(ne) et vous aimez le vin ? C'est une bonne nouvelle. La mauvaise, c'est que les accords mets-vins dans ce type de repas sont peu explorés. Mais la meilleure, c'est que les vins qui vont bien existent, et que de magnifiques accords sont possibles.

Le casse-tête des sommeliers

Les plats végétariens sont souvent un casse-tête pour les sommeliers. D'abord parce que, historiquement, les accords mets-vins se sont construits sur de grands plats de la cuisine traditionnelle, autour d'une belle viande ou d'un beau poisson. Ensuite, parce que les plats végétariens sont mal connus. Des chefs comme des sommeliers. Enfin, parce qu'ils requièrent souvent des vins plus délicats que sur des viandes au puissant fumet. Heureusement, les sommeliers évoluent et s'adaptent aux nouvelles habitudes culinaires. D'ailleurs, les restaurants végétariens renommés ont des sommeliers experts dans ce type d'accords.

Du blanc d'abord

Souvent, les légumes n'ont pas une texture aussi robuste que la viande ou le poisson. Les rouges tanniques sont donc très difficiles à servir, sous peine de paraître râpeux et trop forts. Les blancs sont la solution la plus évidente. Qu'ils soient vifs, aromatiques ou charpentés, les plats végétariens sont pour eux un magnifique terrain de jeu.
Les crudités et les salades (mais sans vinaigrette dans la sauce !) souriront à un blanc vif, les avocats, le houmous ou les légumes sautés aimeront un blanc aromatique. Et on peut oser un blanc puissant avec des risottos ou des gratins de pâtes. De vieux vins, plus complexes, s'imposent dès que les champignons entrent dans la danse ; morilles, girolles, cèpes ou truffes.

Du rouge quand même

La règle de l'accord de couleur fonctionne toujours : si les légumes sont rouges, on peut choisir un rouge. Difficile d'opter pour un rouge charpenté (à part pour les haricots rouges et les lentilles ; ou les champignons si le vin est vieux), mais les rouges légers ont une belle place à table : avec des carottes braisées, des légumes compotés comme la ratatouille, des plats méditerranéens ou épicés, qui vont aussi avec du rosé. Rôtissage et caramélisation accueillent les rouges ronds, avec par exemple le potimarron rôti ou le gratin d'aubergines.

LES ACCORDS DU VÉGÉTARIEN

Pour bien choisir lorsque l'on mêle de nombreux ingrédients, comme c'est souvent le cas dans les plats végétariens, il faut s'appuyer sur deux critères : l'arôme dominant et la texture de l'ingrédient de base. Si vous trouvez un type de vin qui s'adapte à ces deux facteurs, c'est gagné. Sinon, choisissez celui qui vous semble le plus important.

légumes verts

- blanc vif
- blanc aromatique

féculents

- blanc charpenté
- rosé (couscous, paella, salade)
- rouge rond

légumineuses

- blanc aromatique
- rouge léger (purée, potage)
- rouge charpenté

champignons

- blanc charpenté
- rouge rond
- rouge charpenté

légumes-racines

- blanc aromatique
- * moelleux, liquoreux
- rouge rond (gratinés, grillés, rôtis)

légumes-fruits

- blanc vif (salade)
- rosé (salade, farci, ratatouille, gratin)
- rouge rond (en sauce, gratin)

* accord surprenant

LES ACCORDS DE L'ÉPICIER

Si les herbes au goût discret apportent une touche de fraîcheur que le vin viendra souligner, les aromates plus puissants appellent un vin de caractère. Quant aux épices, elles sont l'occasion de marier un vin original. À noter qu'un vin sucré n'a pas son pareil pour apaiser le feu du piment.

herbes fraîches

Plats avec une dominante de menthe, persil, basilic…

- blanc vif
- blanc aromatique
- rosé (salade)
- rouge rond

aromates

Plats avec une dominante de thym, romarin, laurier, sauge…

- blanc aromatique
- blanc charpenté
- rouge rond
- rouge charpenté

plats pimentés

Plats piquants au piment, piment-oiseau…

- moelleux, liquoreux

plats épicés

Curry, cannelle, muscade, gingembre…

- blanc charpenté
- rouge charpenté
- moelleux, liquoreux
- * vin doux naturel

* accord surprenant

LES ACCORDS DU FROMAGER ET DU PÂTISSIER

À moins d'être totalement réfractaire aux vins blancs, ce sont bien eux qui accompagnent au mieux les fromages, de tous les styles, car ils évitent d'assommer les papilles. Les desserts offrent l'occasion de goûter les vins sucrés et mutés, à assortir selon les arômes de fruits jaunes ou de fruits rouges.

fromages frais

Feta, chèvre, brousse…

- blanc vif
- blanc aromatique
- * effervescent

à pâte persillée

Roquefort, gorgonzola…

- moelleux, liquoreux
- * vin doux naturel

au chocolat

- vin doux naturel
- * rouge charpenté

fromages à pâte dure

Comté, tomme, gouda, gruyère…

- blanc aromatique
- blanc charpenté

gâteaux

- effervescent
- moelleux, liquoreux
- * blanc aromatique

à la crème

- moelleux, liquoreux

à pâte molle

Camembert, brie, munster…

- blanc aromatique
- rouge léger
- rouge rond (affiné)
- * effervescent

aux fruits rouges

- rosé (frais, en salade)
- rouge rond
- vin doux naturel
- * rouge charpenté

aux fruits jaunes

- blanc aromatique
- moelleux, liquoreux

* accord surprenant

QUELQUES ACCORDS CULOTTÉS

Ce sont ce qu'on appelle des accords de contrastes. Pas évidents au premier abord, ils participent en fait à la magie du vin, en montrant que la nature est pleine de surprises, et que les mariages les plus réussis sont parfois les plus étonnants.

Du vin jaune du Jura avec un poulet au curry. Dans le vin, les arômes de curry sont accompagnés d'un bouquet de pomme, noix et fruits secs.

Du champagne brut (ou un bon crémant) avec du camembert coulant. L'effervescence du vin donne un coup de fouet au gras du fromage.

Un vin moelleux avec un repas asiatique. Sur un plat très pimenté, un vin sucré éteint le feu et adoucit le piquant.

Du vin liquoreux avec de la fourme d'Ambert (ou un sauternes avec un roquefort). La douceur du vin mate le piquant du fromage et accentue sa rondeur.

Essayez le foie gras poêlé avec un vieux Bordeaux aux tanins très fondus. Ils partageront leur élégance et leur complexité.

Un liquoreux (type sauternes) avec un poulet rôti et ses pommes de terre. C'est l'extase ! La douceur du vin enveloppe la chair et rebondit sur la peau craquante.

LES ALIMENTS ASSASSINS

Quelques aliments n'apprécient pas la présence d'un vin. Non seulement ils n'apportent rien au vin mais, pire, ils s'acharnent à en détruire les qualités.

La vinaigrette transforme le vin en mort-vivant.

L'assiette de crudités lui fait tourner de l'œil.

La gousse d'ail est une étrangleuse du vin.

L'artichaut, l'endive, les poireaux et les épinards sont des serial killers (seuls les muscats peuvent les maîtriser).

Le pamplemousse est un kamikaze.

Vous risquez également d'être déçu si vous tentez :

- du vin rouge tannique avec des poissons ou des crustacés. Les vins rouges légers et souples (Loire, Bourgogne, Beaujolais) peuvent s'entendre avec les produits de la mer. Mais le poisson donne un goût métallique aux tanins.
- du blanc sec avec un dessert sucré. Le vin se raidit face au sucre et agresse le dessert.

AVEC UN VIN EFFERVESCENT

Les vins effervescents s'accordent à de nombreux plats. Ils ont des profils très variés, du puissant champagne millésimé au crémant léger et fruité, en passant par la blanquette sucrée. Tous partagent une bulle fine qui donne du peps à une assiette simple ou sophistiquée. À éviter avec un plat trop fort en goût, qui l'écraserait.

poissons

- saumon (cru)
- poissons fumés

fruits de mer

- huître, bulot…
- saint-jacques

desserts

- gâteaux (si le vin n'est pas trop sec)

cépages

chardonnay, pinot noir, pinot meunier, pinot auxerrois, riesling, chenin, muscat, mauzac et de nombreux assemblages

appellations

champagne, crémant du Jura, crémant d'Alsace, crémant de Bordeaux, crémant de Bourgogne, crémant de Limoux, crémant de Loire, clairette de Die, blanquette de Limoux, cava, gaillac, spumante, prosecco

*accords surprenants

- poulet & dinde (à la crème)
- lapin (à la crème)
- moules
- crevettes & gambas
- aromates
- fromages frais
- fromages à pâte molle

AVEC UN BLANC VIF

Vivifiant comme un grand coup de vent, un bon vin blanc vif éveille les papilles et l'appétit. Il n'est jamais lourd, fatigant ni envahissant. Son acidité peut surprendre mais elle est le garant de sa fraîcheur et de sa pureté. Ses notes salines, minérales, de zestes d'agrumes agrémentent les plats les plus simples.

viandes

cochon (lard)

veau (abats)

salaison & charcuterie

œufs (tartes salées)

poissons

saumon (cru)

poissons blancs

poissons à l'huile

poissons fumés

herbes & épices

herbes fraîches

fruits de mer

huître, bulot…

moules

crabe & araignée

crevettes & gambas

légumes

légumes verts

légumes-fruits

fromages

fromages frais

AVEC UN BLANC AROMATIQUE

Explosions de fleurs, de fruits, de parfums rares : ils ont une personnalité détonante… quoique très différente selon les cépages. Leur caractère spécifique permet de vraies expériences gastronomiques, parfois osées mais épatantes quand elles sont réussies. Certains d'entre eux deviennent charpentés avec le temps.

viandes

- cochon (abats)
- veau (abats)
- mouton, agneau (cervelle)
- lapin

poissons

- saumon
- thon (cru)
- poissons blancs
- poissons de rivière
- poissons à l'huile
- poissons fumés

herbes & épices

- herbes fraîches
- aromates

cépages

chardonnay non boisé, gewurztraminer, muscat, riesling, vermentino, viognier, savagnin, gros et petit manseng

appellations

alsace, condrieu, corse, palette, bellet, jura, jurançon, gaillac, coteaux-du-languedoc, limoux, bourgogne non boisé, vin jaune

fruits de mer

- saint-jacques
- crabe & araignée
- homard
- crevettes & gambas

légumes

- légumes verts
- légumineuses
- légumes-racines et courges

fromages & desserts

- fromages frais
- fromages à pâte dure
- fromages à pâte molle
- desserts aux fruits jaunes

AVEC UN BLANC CHARPENTÉ

Puissance, structure, il n'a pas à pâlir face aux rouges ! Souvent élevé en fût de chêne, il est gras et ample en bouche. Il dégage des arômes de beurre alliés aux fleurs, aux fruits… À table, on le débouche sur des produits nobles, des grands plats – en particulier marins – auxquels il ajoute classe et ampleur grâce à sa texture riche.

viandes

poulet, dinde (rôti, à la crème)

veau (à la crème)

lapin

poissons

poissons blancs (sauce riche)

fruits de mer

saint-jacques (à la crème)

homard

cépages

chardonnay boisé, sémillon, marsanne, roussanne, grenache blanc, savagnin

appellations

côte-de-beaune, chablis grand cru, meursault, chassagne-montrachet, puligny-montrachet, mâconnais, pouilly-fuissé, graves, côtes-du-rhône, hermitage, châteauneuf-du-pape, coteaux-du-languedoc, chardonnays californiens, vin jaune

légumes

féculents

champignons

herbes & épices

aromates

épices

fromages

fromages à pâte dure

* accord surprenant

gibier à plume

AVEC UN ROSÉ

Ils ont des personnalités très diverses en fonction de leur origine et vinification. Pâles, soutenus, légers, plus charpentés… tous ont un fruité très expressif et des tanins discrets. Ils sont faciles à marier entre terre et mer, alliant l'acidité des blancs et les arômes des rouges. Les plus travaillés sont de réels vins de gastronomie.

AVEC UN ROUGE LÉGER

Ses arômes s'orientent vers de petits fruits rouges et sa texture fluide étanche la soif ou ravive un plat. Ils viennent souvent de climats frais ou tempérés. Attention, légèreté n'est pas toujours synonyme de simplicité ! Les pinots noirs de la délicate Côte de Nuits bourguignonne sont aussi fins qu'ils sont complexes et élégants.

viandes

cochon (côtes de porc, abats)

veau (abats)

lapin

poulet, dinde (rôti)

gibier à plume

salaison (charcuterie)

poisson

thon

cépages

pinot noir, gamay, cinsault, poulsard

appellations

beaujolais, chiroubles, saint-amour, bourgogne, côte-de-nuits, morey-saint-denis, chambolle-musigny, mercurey, alsace, sancerre, touraine, saint-pourçain, jura, provence…

légumes

légumineuses (purée, soupe)

fromages

fromages à pâte molle

* accord surprenant

homard (grillé)

AVEC UN ROUGE ROND

On le dit rond ou gourmand, charnu. Il ne se remarque ni par sa finesse, ni par sa structure mais par sa rondeur, souvent très fruitée et/ou épicée, avec une texture souple, veloutée, parfois aussi un peu grasse. Il apporte du moelleux et de la gourmandise à un repas et enrobe les plats à la manière d'une sauce.

viandes

- cochon (rôti, grillé)
- bœuf (mijoté, grillé)
- mouton, agneau (bouilli)
- veau (grillé)
- canard (magret)
- gibier à poil (lièvre)
- gibier à plume
- salaison (charcuterie)

légumes

- féculents
- champignons
- légumes-fruits (en sauce, gratin)

cépages

grenache, merlot, cabernet franc, carignan, sangiovese, zinfandel et des assemblages

appellations

côtes-du-rhône (villages), lirac, gigondas, vacqueyras, châteauneuf-du-pape, costières-de-nîmes, saint-joseph, coteaux-du-languedoc, saint-émilion, pomerol, côtes-de-blaye, côtes-de-bourg, bordeaux supérieur, côte-de-beaune, côtes-de-provence, corse, anjou, chinon, bourgueil, saumur-champigny, toscane, sicile, rioja, napa valley, vins du Chili…

herbes & épices

- herbes fraîches
- aromates

fromages

- fromages à pâte molle (affinés)

desserts

- aux fruits rouges

* accords surprenants

- poissons blancs (rouget)
- poissons de rivière (lamproie bordelaise)
- huîtres (chaude)

AVEC UN ROUGE CHARPENTÉ

Doté d'une structure musclée, de tanins solides, d'une grande puissance en bouche, il a une robe sombre, des arômes de fruits noirs et d'épices. Issu d'une région ensoleillée ou d'un terroir de grand cru, il s'entend bien avec des plats corsés comme lui, en sauce ou un peu gras, auxquels les tanins donnent de l'accroche. Il doit souvent vieillir avant d'être bu.

viandes

cochon (épicé, grillé)

bœuf

mouton, agneau

canard (rôti)

gibier à poil (en daube, avec une sauce)

légumes

légumineuses

champignons

cépages

tannat, cabernet-sauvignon, mourvèdre, malbec, syrah, tempranillo, nebbiolo, nero d'Avola, montepulciano

appellations

haut-médoc, pauillac, saint-estèphe, saint-julien, margaux, graves, corbières, fitou, minervois, saint-chinian, faugères, côtes-du-roussillon, bandol, madiran, irouléguy, fronton, buzet, cahors, côte-rôtie, hermitage, crozes-hermitage, cornas, pommard, échezeaux, chambertin, priorat, ribera del duero, barolo, barbaresco, vins d'Argentine, shiraz d'Australie…

herbes & épices

aromates

épices

* accords surprenants

canard (foie gras)

dessert aux fruits rouges

desserts au chocolat

AVEC UN VIN MOELLEUX OU UN LIQUOREUX

On les croit souvent réservés au foie gras et desserts, mais les vins sucrés peuvent s'entendre avec les volailles, fruits de mer, plats épicés, recettes sucrées-salées, fromages… D'un moelleux à un liquoreux, il n'y a que quelques grammes de sucre… qu'il faut savoir doser. Un moelleux se mariera plus facilement avec un plat de résistance, un liquoreux apportera du caractère à un coquillage, fromage ou dessert.

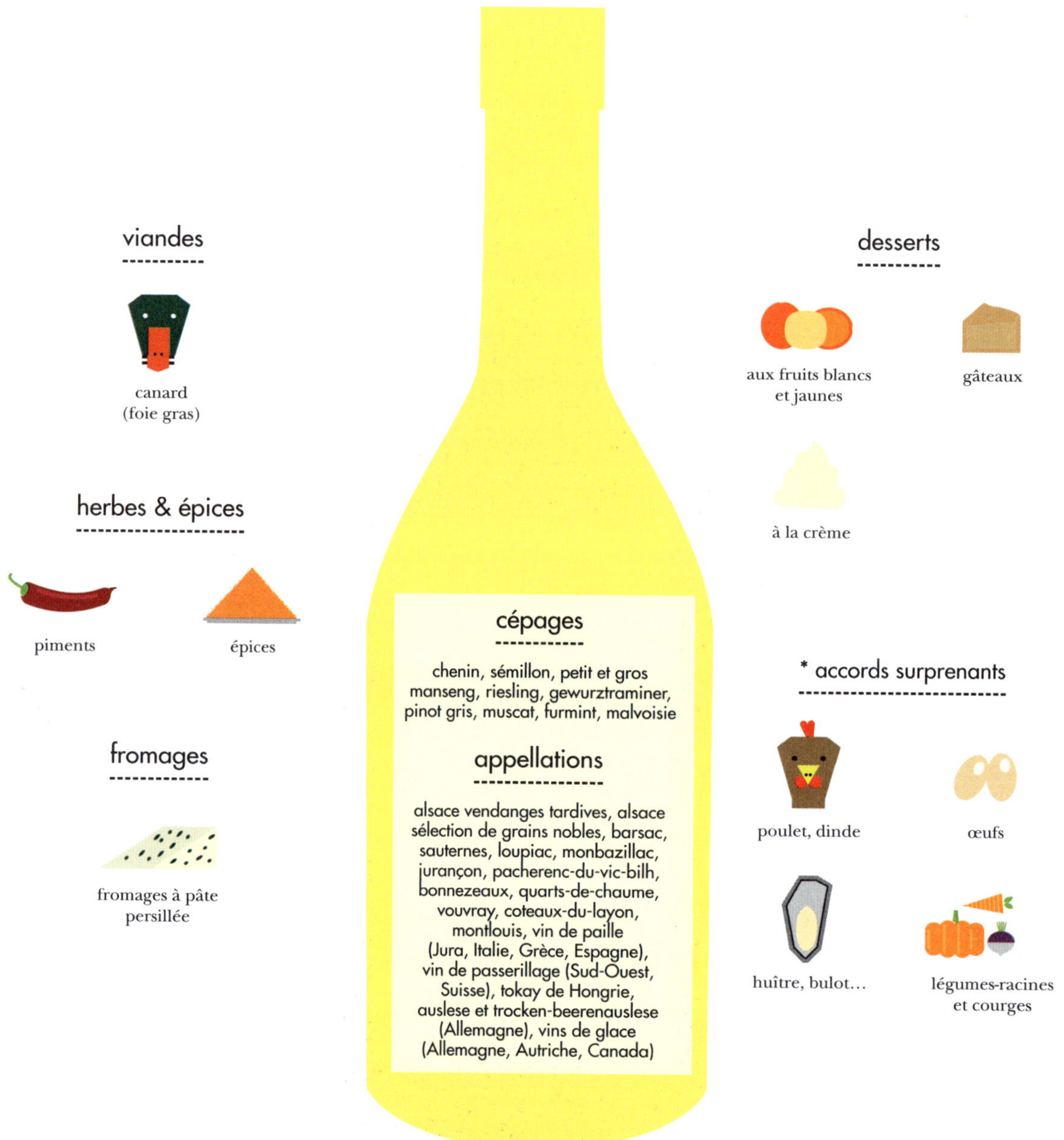

AVEC UN VIN DOUX NATUREL

Tout aussi sucré mais plus chargé en alcool que le liquoreux, le vin doux naturel (et le vin de liqueur) est bien plus corsé, particulièrement quand il est rouge. Il s'entend facilement avec des desserts au chocolat mais aussi avec des viandes aussi puissantes que lui. Ce type de vin propose des accords sacrément musclés, surprenants par le sucre, originaux et rares, parant parfois le repas d'une impériale complexité.

desserts

aux fruits rouges

au chocolat

cépages

muscat, grenache, malvoisie, maccabeu, touriga nacional et francesa, tinta roriz, sercial, verdelho, bual…

appellations

muscat de Beaumes-de-Venise, muscat de Rivesaltes, muscat de Frontignan, muscat du Cap-Corse, banyuls, maury, rasteau, porto, xérès, madère, malaga, marsala, vins de liqueur (pineau des Charentes, macvin, floc de Gascogne…)

* accords surprenants

mouton, agneau (en sauce)

canard (flambé)

gibier à poil

épices

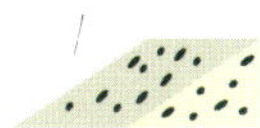
fromages à pâte persillée

POUR LES GASTRONOMES PRESSÉS

Pas envie de tâtonner pour déterminer votre accord idéal ? Besoin d'acheter un vin à toute vitesse pour coller à un plat précis ? Voici une liste d'accords classiques avec 50 plats qui comptent parmi les préférés des Français. Si ces accords fonctionnent à coup sûr, ils ne sont surtout pas à prendre au pied de la lettre. N'hésitez pas à tenter d'autres alliances, proches ou éloignées. Si vous n'êtes pas aventureux, cette liste est toutefois un guide fiable.

Plat	Vin
magret de canard	bordeaux, pécharmant
couscous	vins du Maghreb, costières-de-nîmes, languedoc, tavel rosé
côte de bœuf	côtes-du-rhône, languedoc
steak-frites	beaujolais, saumur-champigny, côtes-de-bourg
raclette	savagnin du Jura, roussette-de-savoie
pavé de saumon grillé	riesling, chablis
endives au jambon	pinot blanc, bourgogne aligoté, anjou blanc
poulet rôti	bourgogne rouge, tavel rosé
lasagnes à la bolognaise	bandol, patrimonio rouge
spaghettis à la bolognaise	côtes-du-rhône-villages
ratatouille	costières-de-nîmes, rosé de Provence, côtes-du-rhône

Plat	Vin
moules-frites	muscadet, entre-deux-mers
blanquette de veau	mâconnais blanc, limoux blanc
gigot d'agneau de 4 heures	médoc, côte-rôtie
bœuf bourguignon	bourgogne rouge, mercurey, gigondas
tomates farcies	côtes-du-rhône-villages, côtes-de-provence rosé
pot-au-feu	chinon, bourgueil
gratin dauphinois	côtes-du-rhône blanc, arbois rouge
tartiflette	savoie blanc, côtes-du-rhône blanc
pizza margherita	côtes-de-provence rosé, gigondas
lapin à la moutarde	chinon, bourgueil
confit de canard	cahors, irouléguy

- paella — rioja, côtes-du-roussillon rouge
- galette jambon-fromage — crémant, rosé d'Anjou
- fondue bourguignonne — bourgogne rouge
- tagliatelles à la carbonara — sauvignon, saint-véran, pinot gris
- curry de poulet — vin jaune, coteaux-du-layon, Condrieu
- tajine d'agneau — coteaux-du-languedoc rouge, beaumes-de-venise rouge
- omelette — jasnières, anjou blanc, chignin-bergeron
- andouillette — chablis, givry blanc, menetou-salon
- hamburger — saint-joseph, pic-saint-loup, blaye-côtes-de-bordeaux
- jambon-pâtes — saint-pourçain, beaujolais, gamay de Loire
- soupe à l'oignon gratinée — coteaux-du-lyonnais blanc, arbois blanc, xérès
- croque-monsieur — beaujolais, bourgueil, chardonnay
- dinde farcie — châteauneuf-du-pape blanc, gevrey-chambertin
- escalope de veau à la milanaise — chinon, saint-nicolas-de-bourgueil
- choucroute — pinot blanc, riesling
- filet mignon de porc — saint-émilion, pomerol
- hachis parmentier — sancerre rouge, beaujolais
- cassoulet — madiran, bergerac, cahors
- sushis — sauvignon, sancerre rosé, entre-deux-mers
- brandade de morue — blanc de Provence ou de Corse
- tartare de bœuf — morgon, moulin-à-vent, vacqueyras, lussac-saint-émilion
- bouillabaisse — provence blanc, bandol rosé
- chili con carne — fronton, saint-chinian
- escargots à l'ail — bourgogne aligoté, mâcon blanc, chardonnay du Jura
- soufflé au fromage — saint-véran, rully blanc
- risotto aux champignons — chablis grand cru, côte-de-beaune blanc
- osso-buco — bandol rouge, montepulciano
- foie gras de canard — pinot gris vendanges tardives, jurançon moelleux

Paul est le genre de bon vivant qu'on aime inviter chez soi. Parce qu'invariablement, sitôt passé le seuil de la porte, il claironne : « J'ai apporté une bouteille ! Vous m'en direz des nouvelles ! ». Et chacun sait qu'il va se régaler.

Ses amis aiment encore plus venir chez lui. Ils attendent le délicieux moment où Paul leur lancera, une lueur au coin de l'œil : « Allez, descendez avec moi à la cave, on va choisir le vin ». Avant même de se réunir autour des verres, c'est déjà un moment de partage.

Pourtant, il n'en a pas toujours été ainsi. Ses camarades se souviennent de l'époque où Paul ramenait le pire comme le meilleur, parfois du bizarre. C'est qu'il achetait un peu « au pif ». Un bordeaux qui avait l'air chic à la supérette, d'ailleurs il était écrit « grand vin » sur l'étiquette… Peu à peu, il s'est arrêté chez les cavistes, puis en a trouvé un bon, qui le conseillait bien, qui comprenait ses envies, et il lui est devenu fidèle. Un jour, il s'est rendu dans un salon de vins, il y a fait d'émouvantes rencontres et est rentré les bras chargés.

Paul en a alors eu assez de devoir acheter une bouteille en catastrophe en sortant du travail. Il a décidé d'aménager sa cave, pour avoir toujours quelques vins sous le coude, au cas où. Il a passé des commandes auprès des vignerons qu'il avait rencontrés pendant le salon.

Petit à petit, les années passant, il s'est constitué une jolie collection, hétéroclite, bigarrée, des vins pour vieillir, d'autres à boire tout de suite. Aujourd'hui, il en est fier… mais il se demande s'il arrivera à tout boire. Qu'importe, il a des amis pour l'aider !

Ce chapitre est pour tous les Paul qui veulent posséder le bon vin au bon moment.

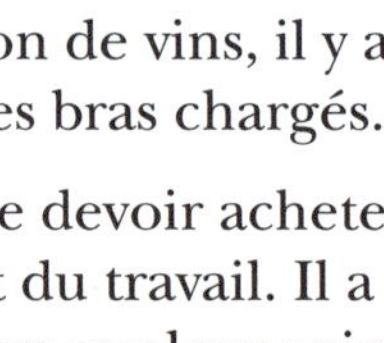

PAUL

ACHÈTE DU VIN

Au restaurant • Décoder une étiquette
Acheter une bouteille • Constituer sa cave

LE PRIX DU VIN

Quel est le prix d'un vin ? Celui que vous acceptez de payer ! Plus sérieusement, le vin répond à la même loi que la plupart des produits : celle de l'offre et de la demande. Plus il est réputé et demandé, plus son prix a tendance à monter !

La loi du marché

Le marché est plus ou moins réactif, selon le type de production et la volonté du vigneron.

Il s'agit d'une marque de négoce :
elle peut s'adapter plus facilement qu'un vigneron indépendant à une demande croissante, en achetant davantage de raisins.

Il s'agit d'un vigneron indépendant :
– son offre est limitée, il ne vend que ce qu'il a produit ;
– en cas de très forte demande (ou de petite production), il peut laisser son prix fixe et réserver sa production à ses plus fidèles clients. Ou bien il peut augmenter son prix pour réguler la demande ;
– il peut aussi acheter des terres pour produire davantage et alors augmenter les prix pour rentabiliser son vin plus rapidement.

D'autres facteurs d'augmentation du prix

Un millésime difficile
Il a gelé, il a grêlé, il a fait trop chaud… et la quantité de raisins (et donc de vin) est beaucoup plus faible que les années précédentes. Si le vigneron estime que la qualité est bonne, il peut augmenter son prix pour assurer ses revenus.

Le foncier augmente
En France, le prix de 1 hectare de vigne varie de 5 000 € à 4 000 000 €, selon l'appellation ! Un nouveau classement, une appellation qui devient tendance, et les prix peuvent flamber. Pour un vigneron qui veut assurer la succession de ses terres à ses enfants, il y a un coût qui se répercute sur le vin.

Une image nouvelle
Une campagne de communication, un nouvel employé pour le marketing… le personnel et le travail hors production est répercuté sur le prix.

Trouver le consommateur
Aussi surprenant que cela puisse paraître, les vignerons doivent parfois augmenter le prix d'une cuvée originale, à base de cépages rares ou à la vinification atypique, pour attirer les clients pointus susceptibles de s'y intéresser.

Combien coûte la production d'une bouteille ?

Le coût de production varie fortement d'une piquette à un grand cru. Il fluctue de moins de 1 € à 40 € par bouteille. Cet écart s'explique par une foule de facteurs : le soin apporté aux vignes, l'achat de barriques, la qualité du bouchon, ou même le système anticontrefaçon, pour les plus grands vins.

Il faut prendre en compte (coût par bouteille) :

- le coût de production à l'hectare : entre 0,20 € et 5 €
- le coût de vinification et d'élevage : entre 0,10 € et 5 €
- le fonctionnement du domaine : entre 0,10 € et 10 €
- la mise en bouteille : entre 0,50 € et 5 €
- l'habillage et la commercialisation : entre 0,30 € et 15 €

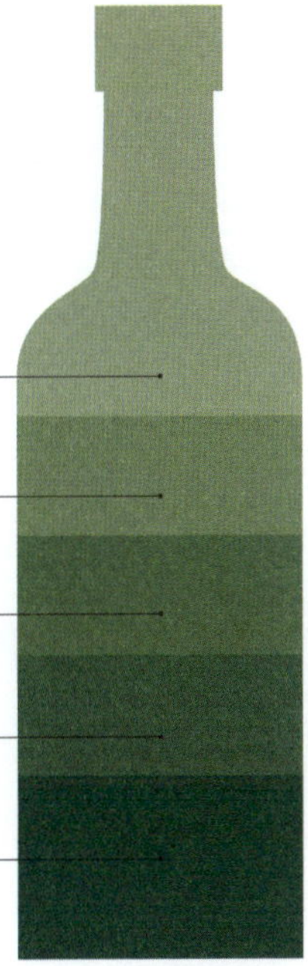

La destinée du vin

Toutes les bouteilles ne sont pas produites dans le même objectif. Un vigneron vous proposera toujours plusieurs cuvées à des prix différents. Il y a le vin d'entrée de gamme, considéré souvent comme un « vin de soif » ou un « vin de fête », facile à boire, avec un élevage court. Et il y a la cuvée haut de gamme, « vin de gastronomie » ou « vin de garde », plus concentrée, issue de vignes plus vieilles ou d'une parcelle plus prestigieuse, ayant parfois vécu un long élevage en barriques avant d'être commercialisée, qui a généralement un potentiel de vieillissement plus grand. Entre ces deux vins, le coût de production n'est pas le même et, forcément, le prix de vente non plus !

Le prix de vente par rapport au coût

L'enjeu est de pouvoir trouver l'équilibre pour :
- couvrir les charges ;
- dégager les bénéfices pour faire vivre le vigneron et ses éventuels salariés ;
- rembourser éventuellement les emprunts en banque (en cas de succession ou d'achat de vignes) et payer les assurances (contre la grêle par exemple).

NB Le cas particulier des liquoreux

Les liquoreux sont souvent plus chers que les vins secs :
- les raisins sont récoltés beaucoup plus mûrs, il y a moins de jus dans une baie. Il faut donc davantage de raisins pour produire le même volume qu'un vin sec ;
- les vendanges se font en tris successifs. Il faut passer plusieurs fois dans les vignes, cela coûte plus cher en main-d'œuvre.

AU RESTAURANT

La carte des vins

Choisir le bon vin au restaurant relève souvent du casse-tête. Il y a les cartes des vins rachitiques où rien ne fait envie et il y a les cartes épaisses comme un dictionnaire qu'on n'ose pas ouvrir. Comment s'y retrouver ?

La première règle : ayez confiance en votre choix. Après tout, si le vin est mauvais, ce n'est pas de votre faute mais celle du restaurateur.

Le deuxième principe : veillez à choisir un vin qui puisse s'adapter à tous les plats : pas de rouge tannique si quelqu'un prend du poisson, pas de blanc très vif s'il y a une viande rouge. Si les commandes de plat sont très variées, prenez un rouge léger ou un blanc puissant qui s'entendra avec à peu près tout.

La troisième règle : à prix égal, choisissez l'appellation la plus modeste. À 30 €, un vin de pays sera certainement meilleur qu'un médoc. De même, mieux vaut choisir le vin le plus cher d'une petite appellation ou région que le moins cher d'une appellation ou région prestigieuse.

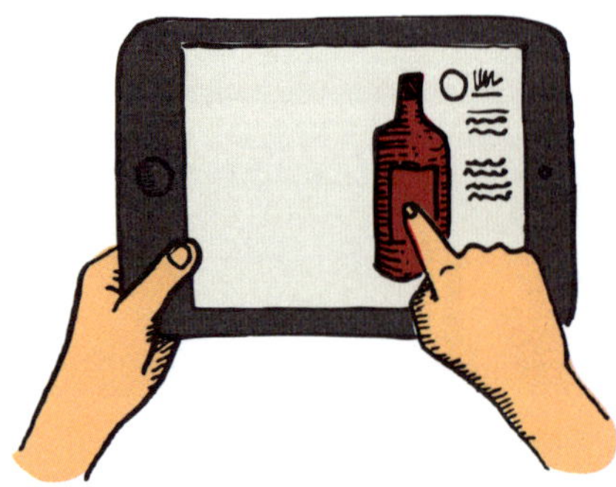

Les cartes inventives

Pour les néophytes du vin, une carte classique, même complète, peut largement dérouter. C'est pourquoi les restaurateurs modernes et inventifs rivalisent d'imagination pour vous faciliter la tache. Voici trois exemples de cartes originales rencontrées dans des restaurant de France, des États-Unis et d'Afrique du Sud.

- **Le commentaire de dégustation décalé :** chaque vin est résumé par une phrase aussi figurative que singulière : « Un vin comme un homme dégarni qui aurait autant d'argent que d'allure », « Une cendrillon douce, voluptueuse et naïve ». Drôle et inspirant.
- **La carte sur tablette tactile :** en cliquant sur n'importe quel vin, une page s'affiche et déroule une mine d'informations : une cartographie du vignoble, les cépages, des informations sur le domaine. Ludique et complet.
- **Le classement par style :** on choisit d'abord un style de vin, carré et puissant ; rond et velouté ; léger et fruité… On décide ensuite de la région et de l'appellation. Simple et éclairant.

LA CARTE DES VINS

VIN AU VERRE

(12cl)

BLANC

Loire, Sancerre, « Floris » Domaine V. Pinard 2016 — 4,10 €

ROUGE

Vin de Pays du Cantal IGP Gamay-Gilles Monier 2015 — 6,10 €

BOUTEILLES

LA BOURGOGNE ET LE BEAUJOLAIS (1)

Marsannay « le Clos » – R. Bouvier 2014	47 €
Bourgogne Nerthus Domaine Roblet Monnot 2015	39 €
Chablis, 1er Cru les Vaillons – J. Drouhin 2015	38 €

(2) (3) (4) (5)

LA VALLÉE DU RHÔNE

Saint Joseph « Silice » – P. et J. Coursodon 2014	46 €

LA VALLÉE DE LA LOIRE

Vouvray « Le Portail » – D & C. Champalou 2014	43 €
Quincy Domaine Trottereau 2016	30,50 €

ITALIE

Toscane « Insoglio » – Campo di Sasso 2015	32 €

Le vin au verre

La carte doit proposer au moins un vin au verre. Ce sont généralement des vins simples, mais il ne faut pas les écarter car ils sont le reflet de la sélection du patron. Si seule la région est indiquée, méfiance. Il y a beaucoup de vins au verre proposés à la carte ? Demandez comment le vin est conservé. Au bout de quelques jours, si le vin n'est pas conservé dans des machines spéciales ou avec un bouchon qui fait le vide dans la bouteille, la qualité du vin pourrait se détériorer.

Il faut toujours qu'il y ait :

1. la région ;
2. l'appellation ;
3. le nom du domaine, du producteur ou du négociant ;
4. le millésime ;
5. le prix !

Éventuellement, il peut y avoir :

- le nom de la parcelle (ex. : 1er cru Vaillons).
- le nom de la cuvée (ex. : cuvée Silice ; cuvée Le Portail).
- le pays, s'il s'agit d'une carte des vins internationale.

Il manque une ou plusieurs de ces mentions ?

Demandez au serveur ou au sommelier de vous les préciser. Il se doit de connaître les vins qu'il sert. S'il ne sait pas vous répondre, cela signifie peut-être que le restaurant n'accorde pas beaucoup d'attention à ce pan de la gastronomie…

La bascule des prix

Le vin au verre

Proportionnellement, il est souvent plus cher qu'une bouteille. S'il représente 1/6e du volume d'une bouteille, il est fréquemment vendu au quart du prix de celle-ci. Si le même vin est proposé au verre et à la bouteille, faites le calcul pour savoir s'il ne vaut mieux pas acheter directement le flacon.

La bouteille au restaurant

En France, la marge des restaurants sur le vin est réputée pour être très élevée. C'est par le vin que beaucoup d'entre eux font du bénéfice. Dans le prix, le client peut aussi payer, sur de vieux millésimes, le temps passé dans la cave. En moyenne, un restaurateur triple le prix d'achat de ses bouteilles : s'il achète une bouteille à 8 €, il la proposera à 24 € sur la carte.

Plus gênant (et plus révoltant), il n'est pas rare que certains restaurants à la mode – ou se jouant de la méconnaissance des clients – multiplient le prix par 6 ou 8 !

Notre conseil
Il existe de nombreuses applications pour smartphones qui vous aideront à déterminer le prix moyen d'une bouteille (pour peu qu'elle ne soit pas trop confidentielle). Voilà qui devrait vous permettre d'en savoir un peu plus, lorsque vous allez au restaurant, sur la politique de la maison en matière de vin.

Apporter sa bouteille

Si vous avez chez vous une cave bien fournie, renseignez-vous sur les possibilités de venir avec votre bouteille, moyennant un droit de bouchon. Le restaurateur peut vous demander 10 € par vin apporté, ce qui reste financièrement avantageux sur de belles bouteilles.

LE RÔLE DU SOMMELIER

Dans un restaurant gastronomique, un sommelier est là pour vous. Lui et lui seul doit prendre la commande. Son rôle est de trouver les meilleurs accords entre les plats, les vins et votre goût. C'est d'ailleurs souvent lui qui a choisi et acheté les bouteilles. Il doit également assurer un service parfait.

Un bon sommelier

- Connaît parfaitement le vin mais ne se met jamais en avant devant le client.
- Connaît sa carte et veille à ce qu'elle soit à jour (avec le bon millésime). Si un vin vient à manquer, il doit vous le signaler et proposer une alternative approchante.
- Est fin psychologue et comprend entre les lignes ce que vous voulez et ce que vous êtes susceptible d'aimer.
- Vous sonde pour tenter de connaître vos goûts avec tact.
- Vous propose un vin si vous ne savez pas quoi choisir. Pas le plus cher, évidemment. Mais le plus adapté aux plats de la table. Et à vos goûts.
- Vous aide à trancher si vous hésitez entre deux ou trois vins. Mieux, il vous propose une habile synthèse de vos envies.
- Ne juge jamais vos choix. Il peut éventuellement vous faire une suggestion mais ne doit pas vous faire sentir que votre décision est mauvaise.
- Si vous choisissez un vin au verre, il vous le fait goûter d'abord pour s'assurer que vous l'appréciez.

Vient le moment du service

Le sommelier doit déboucher la bouteille devant vous. Si elle est déjà ouverte, vous êtes en droit de penser qu'il s'agit d'une bouteille défectueuse renvoyée par un client précédent. Soyez vigilant au moment de goûter !

Le sommelier demande qui veut goûter le vin. C'est normalement celui qui a passé la commande qui goûte.
Vous goûtez et, si vous approuvez le vin, le sommelier remplit les verres des convives et termine par le vôtre.

Pourquoi goûte-t-on le vin ?

Pour voir s'il a un défaut : goût de bouchon, oxydation, réduction, température de service.

Si le vin est bouchonné ou oxydé, renvoyez-le. Le sommelier doit rapporter une bouteille identique… mais fermée. Et il ne doit surtout pas vous contredire si vous sentez le bouchon ! En revanche, vous ne pouvez pas lui en vouloir si le vin est bouchonné : il n'y est pour rien.

Si le vin est trop froid, dites-le. Il n'y a hélas rien à faire sinon coller vos mains sur votre verre pour réchauffer le vin. Mais n'oubliez pas que le froid masque les arômes : vous pourriez être surpris quand son caractère apparaîtra.

Si le vin est réduit ou fermé (il n'a pas d'arômes), demandez au sommelier de le carafer. Un sommelier qui connaît bien ses vins le fera d'instinct ou du moins vous le proposera.

Si le vin n'a pas de défaut mais que vous le trouvez quelconque, vous ne pouvez pas renvoyer la bouteille. Vous pouvez néanmoins en discuter avec le sommelier pour savoir ce qui l'a convaincu de proposer ce vin à la carte.

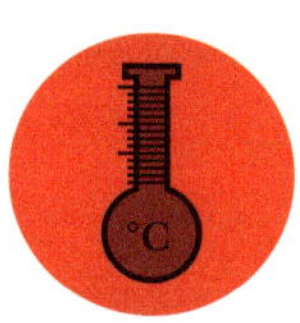

Si le vin est trop chaud, demandez un sceau avec de la glace.

DÉCODER UNE ÉTIQUETTE

Les différentes mentions

Exemple : étiquette d'un vin de Bordeaux

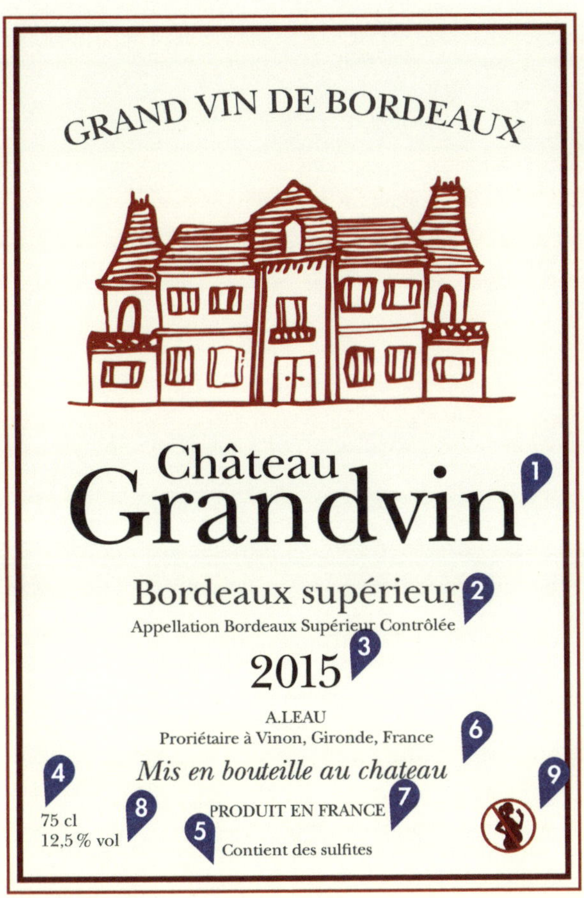

1 **Le nom du vin :** à Bordeaux, c'est souvent le nom du château. Qu'il s'agisse d'un nom de domaine, de cru, de marque ou de château, il n'est en fait pas obligatoire.

2 **La dénomination :** elle est obligatoire. Qu'il s'agisse d'une Appellation d'Origine Contrôlée (AOC), comme ici AOC Bordeaux Supérieur, d'une Appellation d'Origine Vin Délimité de Qualité Supérieure (AOVDQS), d'un vin de pays ou d'un vin de table.

3 **Le Millésime :** il n'est pas obligatoire mais indique que le vin provient intégralement de la récolte de l'année indiquée.

4 **Le volume :** il est obligatoire d'indiquer la contenance de la bouteille.

5 **Contient des sulfites :** quasi obligatoire : il est exceptionnel qu'un vin ne contienne pas de sulfites.

6 **L'embouteilleur :** il est obligatoire de préciser le nom de l'embouteilleur (ici, la mise en bouteille a eu lieu au château).

7 **Le pays d'origine :** il est obligatoire pour l'exportation.

8 **La teneur en alcool :** elle est obligatoire et s'exprime en pourcentage par rapport au volume de la bouteille.

9 **Le logo femmes enceintes :** il est obligatoire à moins d'être remplacé par un message plus explicite, recommandant aux femmes enceintes de ne pas boire d'alcool.

À ces mentions s'ajoutent deux indications obligatoires : le numéro de lot, pour assurer la traçabilité et le logo de recyclage des emballages.

Autre exemple : étiquette d'un vin de Bourgogne

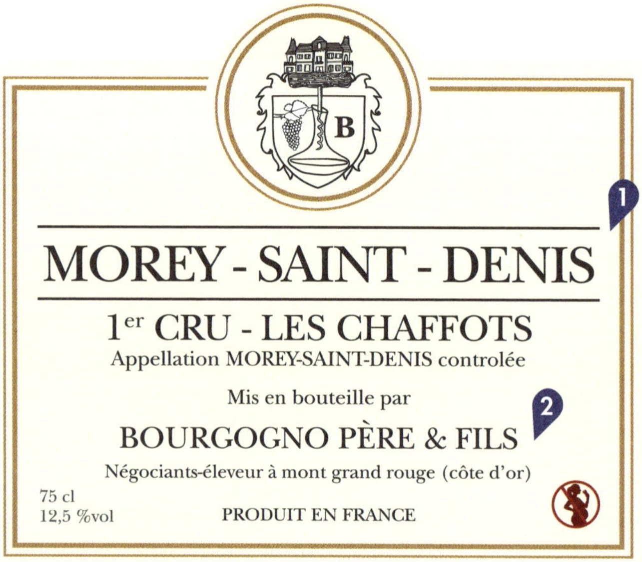

1. **Nom de l'appellation :** dans le cas d'un bourgogne 1er cru ou grand cru, la région de Bourgogne n'est parfois pas mentionnée mais l'appellation doit être précisée dessous avec, dans le cas d'un 1er cru, le nom du climat (c'est-à-dire la parcelle de terroir, ici : Les Chaffots). À l'inverse de Bordeaux, qui hiérarchise les vins selon les domaines, la Bourgogne classe les vins selon le terroir. C'est pourquoi il faut distinguer à la fois le terroir et le producteur.
2. **Nom de l'exploitant :** il peut s'agir d'un producteur (ou récoltant, terme équivalent) ou d'un négociant, comme dans cet exemple.

Mentions facultatives

1. Représentation exacte ou stylisée du château, du domaine ou de la marque concernée.
2. Le mode d'élaboration, le type d'élevage ou autre mention traditionnelle. Ex : vieilli en fût de chêne, vieilles vignes.
3. Le nom des cépages utilisés.
4. Une médaille ou une distinction.
5. Type du vin : brut, sec, demi-sec, doux… cette mention n'est obligatoire que sur les effervescents.

La contre-étiquette

Dans le but d'épurer l'étiquette de présentation, certains producteurs décident d'accoler une contre-étiquette à l'arrière de la bouteille. Cette contre-étiquette peut comporter un complément d'informations détaillé :

1. **Présentation de l'exploitation :** son histoire, ses traditions, sa conception du vin…
2. **Conseils de service :** température de service optimale, suggestions d'accord avec des plats, nécessité de carafer le vin.
3. **Un logo ou une certification supplémentaire.** Ex : logo Agriculture Biologique, certifié par Écocert, vin issu de l'agriculture biodynamique, certifié par Déméter, Biodyvin…

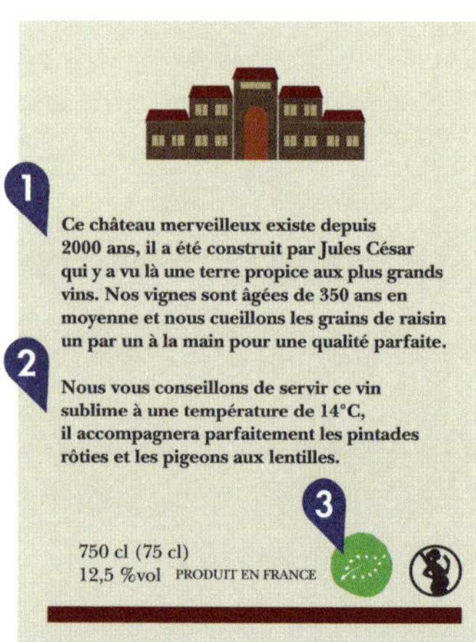

LES BONS SIGNES À RECONNAÎTRE

Au milieu de toutes ces mentions, il faut chercher les signes qui sont gages d'un vin de bonne qualité, soigneusement produit :

Un cru classé : grand cru en Alsace, 1er…5e grand cru classé et cru bourgeois à Bordeaux, 1er cru et grand cru en Bourgogne. Néanmoins, il existe aussi d'excellents vins qui ne sont pas classés.

Mis en bouteille à la propriété (au château ou au domaine) : certes, il existe des vins médiocres embouteillés à la propriété et de bons vins embouteillés en dehors du vignoble. Mais en moyenne, un vin mis en bouteille chez le producteur est bon signe. En tout cas, évitez la mention « mis en bouteille dans la région de production », qui signifie un embouteillage en dehors de la zone d'appellation précise et suggère presque toujours un vin sans identité et très moyen, voire mauvais.

Un degré alcoolique acceptable : un raisin peu mûr a un faible potentiel alcoolique et un goût de verdeur. Choisissez donc des vins rouges ou blancs avec un minium de 12 % d'alcool. Pour les vins sucrés, veillez à choisir une bouteille au degré alcoolique de 13,5 % ou plus.

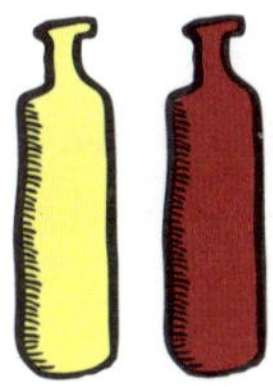

12 % vol. minimum

13,5 % vol. minimum

Une contre-étiquette originale : les descriptions standards et les accords mets-vins classiques sont souvent écrits par une équipe de commerciaux et les textes, en plus d'être ennuyeux, se ressemblent tous. Un poème « fait maison », un message engagé ou une anecdote surprenante sur le domaine dénotera, à l'inverse, de l'envie du producteur de surprendre et d'exprimer sa personnalité. Il y a des chances qu'elle s'exprime également dans le verre.

La capsule en étain : La capsule ornée d'une Marianne qui recouvre le bouchon contient de précieuses informations. Elle est verte pour un vin en AOC, bleue pour un vin de pays ou de table, orange pour un vin spécial, type vin muté. Choisissez donc de préférence les bouteilles à la capsule verte. À noter que depuis peu, une capsule rouge peut remplacer les bleues et les vertes.

De plus, les lettres N, E ou R ont une signification importante. N, comme négociant, ou E (comme entrepositaire) signifie que le vin est issu d'une maison de négoce ou d'une grande marque, qui a racheté le raisin ou le vin avant de le commercialiser à son nom. La lettre R, comme récoltant, est réservée aux producteurs qui ont récolté le raisin et l'ont vinifié : il s'agit donc de vins de vignerons.

LE JEU DU MARKETING

De nombreuses mentions ou fantaisies font très joli sur l'étiquette mais il ne faut pas tomber dans le panneau : il ne s'agit que d'arguments de marketing judicieusement mis en valeur pour appâter le consommateur.

Grand Vin de Bordeaux

Cette mention ne signifie absolument rien ! Il s'agit simplement d'une mention qui peut orner les bouteilles AOC et tente de jouer sur la notoriété régionale. Mais ce terme n'est en aucun cas gage de qualité.

Grande cuvée, Tête de cuvée, Cuvée Prestige

Comme la mention précédente, celles-ci ne reposent sur rien. Il ne faut pas s'y fier. Une telle dénomination de cuvée signifie simplement, en général, qu'il s'agit d'une cuvée plus prestigieuse que la cuvée de base de l'exploitation. Mais elle ne remplace pas la réputation du producteur.

Vieilli (ou élevé) en fûts de chêne

Il s'agit d'un indication du style de vin, et non de qualité. Elle est facultative : de nombreux vin élevés en fût ne le mentionnent pas. De plus, on ne connaît pas l'âge des fûts ni la durée de l'élevage. Et encore moins si le vin a suffisamment de caractère pour supporter la barrique. Prudence, donc, si cette indication est très voyante.

Vieilles vignes

On peut décemment parler de vieille vigne quand elle est âgée de 40 ans ou plus, parce que son âge influence le goût du vin. Néanmoins, certains producteurs n'hésitent pas à apposer cette mention pour un vignoble âgé de 20 ou 30 ans. Il n'existe aucun seuil légal pour faire figurer cette mention.

La forme de l'étiquette

Des producteurs audacieux n'hésitent plus à faire imprimer des étiquettes fantaisistes en forme de goutte, circulaires, découpées, scindées en plusieurs parties… Ces vins visent un public moins consensuel que les amateurs d'étiquettes imitation parchemin. Ces dernières passent d'ailleurs pour de plus en plus ringardes aux yeux des consommateurs. Il ne s'agit tout compte fait que d'un habillage, qui n'a que peu de rapport avec la qualité finale du vin. Si l'étiquette vous plaît, pourquoi pas ?

Le dessin

Les vins du Nouveau Monde rivalisent d'ingéniosité pour décorer leurs étiquettes de dessins ou de photos décalées pour donner un coup de jeune au vin. Certaines étiquettes françaises revêtent aussi une illustration différente à chaque millésime. Parmi elles, la plus connue, et pionnière du genre : celle de Mouton-Rothschild, qui demande chaque année à un artiste contemporain de dessiner l'étiquette. Picasso, Keith Haring ou, plus récemment, Jeff Koons se sont prêtés au jeu.

L'étiquette girly

Les femmes consomment et achètent du vin, elles sont même plus nombreuses que les hommes en achats en grande surface. Pas étonnant, donc, qu'elles constituent une cible de choix pour les spécialistes du marketing. D'où des étiquettes roses de plus ou moins bon goût qui fleurissent sur les étals, avec un succès… mitigé. En effet, les sondages montrent que les femmes ne sont pas si facilement influençables et rechignent même à acheter un vin visuellement féminin qu'elles serviront ensuite à une tablée mixte. Il existe toutefois de belles réussites.

Autres surprises

Le château

L'utilisation du nom « Château » sur une bouteille correspond à une législation très particulière. Pour pouvoir l'afficher, il doit s'agir d'un vin d'Appellation d'origine contrôlée (AOC), produit dans une exploitation qui comprend à la fois des vignes et un chai. Ainsi, une cave coopérative, tout comme un vigneron indépendant, peut revendiquer le nom « Château »…

Embouteillage en coopérative

Un vin de coopérative peut parfois afficher la mention « Mis en bouteille à la propriété ». Pas étonnant, si les vignerons ont des parts financières dans la coopérative, il s'agit de leur propriété.

Un logo plus gros que le nom

Un logo AB (agriculture biologique), Écocert ou Déméter sont souvent signe que le producteur, soucieux de soigner la terre de ses vignes, a mis autant de soin lors de la vinification du vin. Toutefois, ces logos étant très prisés des consommateurs, ils sont également la cible du marketing. Si l'un de ces logos est affiché en gros, en trop gros, il est possible qu'il s'agisse d'un vin où la vigne a certes été traitée en bio mais avec un travail au chai quasi industriel.

Un nom trompeur

Château Lafite existe, Château Laffite aussi. Mais ce ne sont pas les mêmes vins ! Le premier est l'un des plus grands vins de Bordeaux, un premier grand cru classé au prix astronomique, le second est le nom d'un vin beaucoup plus modeste de Saint-Estèphe ainsi que d'un autre dans le Madiran.

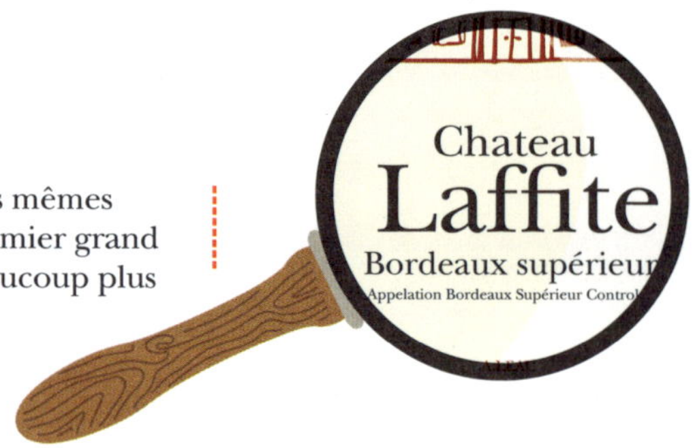

Un vin de pays

Ils sont rares, mais il existe de fabuleux vins de pays, plus réputés que la plupart des vins en AOC. Il s'agit souvent d'une prise de position engagée du producteur, qui a décidé de sortir volontairement de l'appellation pour créer le vin qu'il voulait, sans se soucier du cahier des charges de l'AOC. Certains vignerons, déjà bien connus des amateurs, choisissent d'utiliser un cépage non autorisé par l'appellation ou de ne pas respecter la proportion indiquée, quitte à sortir leur vin sous l'appellation Vin de France. Néanmoins, le prix demeure élevé et on ne le trouvera pas au supermarché.

ACHETER UNE BOUTEILLE

À l'épicerie de quartier en catastrophe

Quelques constatations d'usage

Dans une petite épicerie de quartier, les vins sont entreposés debout, à température ambiante. Des conditions de conservation qui ne sont vraiment pas idéales : le vin est chauffé et les bouchons sont desséchés. Si possible, dirigez-vous vers une bouteille fermée avec une capsule à vis, qui protègera mieux l'étanchéité des bouteilles malmenées.

Que choisir ?

Délaissez les grandes appellations, qui sont chères et demandent quelques années de vieillissement : les tanins seront trop marqués dans les rouges, les arômes boisés de l'élevage seront trop présents dans les blancs.

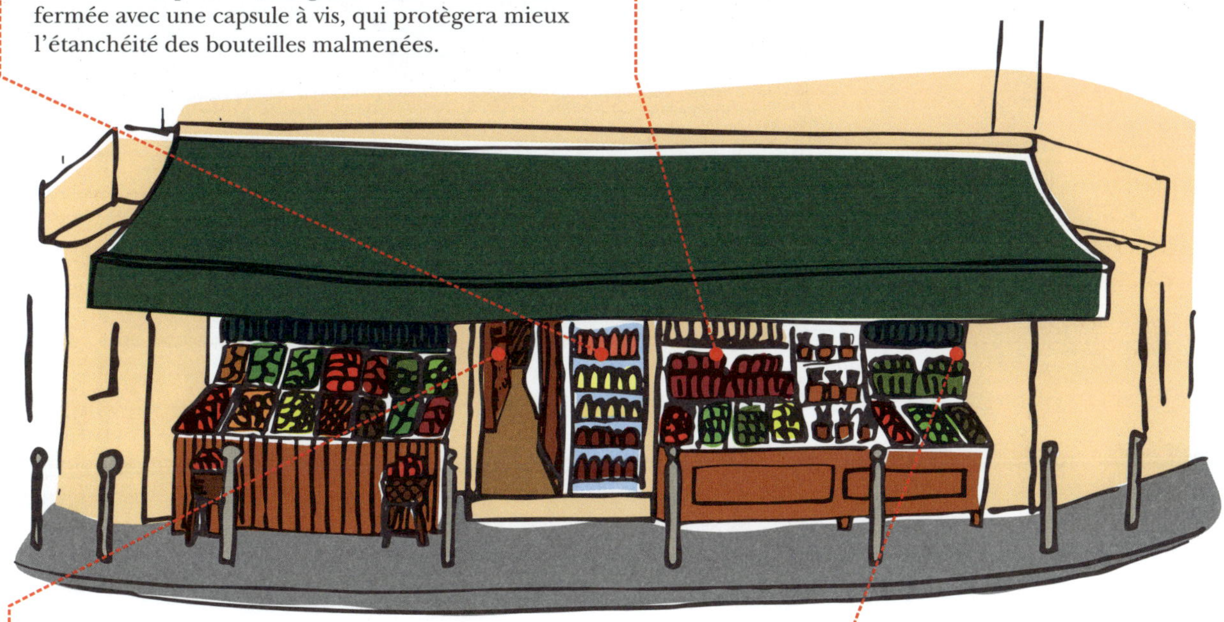

Optez plutôt pour des vins fruités à boire jeunes

En rouge : la Loire (chinon, saumur-champigny, bourgueil), les côtes-du-rhône sud (tanins souples, vins chaleureux), les beaujolais (pas un beaujolais nouveau mais un brouilly, un saint-amour ou un chiroubles). Les vins d'Espagne ou du Chili sont une bonne alternative, ils sont souples et faciles à boire dans les petits prix.
En blanc : oubliez les vins secs à l'acidité marquée et préférez des blancs ronds et fruités comme on en trouve dans le Mâconnais, en Provence ou dans le Languedoc.
Effervescents : choisissez un champagne d'une maison connue, donc la qualité sera fiable. Sinon, mieux vaut prendre un crémant assez cher qu'un champagne à prix plancher.

Si vous le pouvez, privilégiez les maisons de négoce dont la qualité est plus régulière dans les vins pas chers, par exemple : un bourgogne de la maison Jadot ou Bouchard, un languedoc de Gérard Bertrand, un côtes-du-rhône des maisons Chapoutier ou Guigal.

AU SUPERMARCHÉ

On trouve à boire et à manger dans les rayons vins des supermarchés. Autrement dit, il y a de tout et de rien, beaucoup de choix à tous les prix.

L'avantage d'acheter au supermarché : plus que le nombre de vins proposés (les deux tiers d'entre eux n'ont généralement aucun intérêt), ce sont les prix qui nous attirent : les grandes surfaces négocient des prix d'achat très serrés pour revendre moins cher que les concurrents.

L'inconvénient : la plupart du temps, il n'y a personne pour vous assister.

Les collerettes

Ces cartons vous indiquent que le vin a été sélectionné (ou approuvé, ou recommandé) par un guide : Hachette, Gault et Millau, Bettane + Desseauve, Revue du vin de France. Cette indication ne signifie pas que le vin est formidable, mais enfin il garantit une qualité acceptable, vous pouvez vous y fier.

Les médailles

Elles parent de plus en plus de bouteilles. Mais soyez attentifs : tous les concours de dégustation ne se valent pas. Une médaille de bronze d'un concours inconnu ne garantit en rien un bon vin. C'est la renommée du salon et de son concours qui donne de la valeur à une médaille. Les médailles les plus connues sont décernées par le Salon des vignerons indépendants, le Salon de l'agriculture, le Concours général agricole de Paris et le Concours mondial de Bruxelles, vous pouvez vous y fier. Néanmoins, gardez à l'esprit qu'un vin médaillé n'est pas le meilleur de sa catégorie pour toute son existence, mais simplement qu'il a été apprécié parmi d'autres, à un moment précis, par des personnes précises. En plus, les concours sont payants.

Les vins de marque

Les vins de grandes maisons, de coopératives ou de marques de négoce sont les plus faciles à trouver. Ce sont des choix sûrs qui sont gage de constance (à défaut d'être originaux). Notez qu'il existe de nombreuses bouteilles de marque distributeur : le Club des Sommeliers est la marque de Casino, Pierre Chanau a été créé par Auchan, Une cave en ville par Monoprix, Chantet Blanet par Leclerc, L'âme du terroir par Cora et Reflets de France par Carrefour. Ils n'ont pas une grande personnalité mais, œnologiquement parlant, ils sont bien faits et ne présentent pas de défauts.

Les vins de vignerons

Les grandes surfaces sont parfois les revendeurs exclusifs de vignerons mais souvent, elles préfèrent s'orienter vers de gros producteurs, qui pourront achalander plusieurs magasins au cours de l'année. Ce sont souvent des vins à la personnalité consensuelle. Trouver les vins d'un vigneron pointu au caractère atypique ou produit en petite quantité relève donc de l'exploit.

Flashez les étiquettes

Armez-vous d'un Smartphone équipé d'une application recensant de nombreux vins et susceptible de vous donner un avis éclair. Cherchez également les QR Codes, de plus en plus fréquents sur les étiquettes, ils vous permettent d'en savoir plus sur le domaine.

CHEZ UN VIGNERON OU DANS UN SALON

Ce sont les meilleurs endroits pour savoir ce que vous achetez : vous pouvez goûter avant ! C'est tout le but de ces salons, où les vignerons viennent directement vous servir leur vin. Et, même chez un petit producteur, il y a toujours une table et quelques verres pour une dégustation.

Le prix

Un vin acheté directement au producteur est toujours moins cher. Il n'y pas d'intermédiaire entre vous et lui, donc pas de marges financières à ajouter au prix de départ.

La gamme

Un domaine ne produit jamais un seul cru. Il propose toujours des vins d'entrée de gamme et d'autres plus complexes. Il peut aussi vinifier séparément différentes parcelles et vendre plusieurs cuvées selon le terroir, l'appellation, l'assemblage des cépages, le type d'élevage. Acheter du vin sur place donne l'occasion de tester toute la gamme. Bien sûr, vous n'êtes pas obligé d'aimer le vin le plus cher. Au contraire, vous avez tout à fait le droit de préférer le plus simple. Un bon vigneron doit soigner son petit vin avec la même attention que pour ses grands crus. Rien ne vous empêche d'acheter le plus simple et de revenir l'année suivante pour vous laisser tenter par un cru un peu plus complexe. C'est une bonne façon de progresser.

La discussion

Dans un salon, un vigneron est souvent débordé par les visiteurs et n'a pas beaucoup de temps pour parler. Mais si vous venez le voir chez lui, il y a de fortes chances qu'il soit ravi de vous accueillir et discuter.

La visite chez un vigneron

Lui seul peut vous raconter l'âge moyen de ses vignes, la composition et l'orientation du sol, la pluie qui a manqué ou qui fut trop présente cette année-là, son travail dans la cave. Vous pourrez ainsi comprendre pourquoi ce cru est plus gourmand, pourquoi cet autre est plus élégant.
Attention toutefois à ne pas abuser de son temps et son hospitalité : rester deux heures à discuter avec un vigneron pour finalement ne lui acheter qu'une demi-bouteille, ce n'est pas très correct. Si vous ne pouvez pas vous encombrer de plusieurs bouteilles, dites-le tout de suite. Même chose si vous pénétrez dans un prestigieux château sans avoir les moyens d'acheter quelque chose. Plusieurs d'entre eux font d'ailleurs payer la dégustation si elle n'est pas suivie d'un achat.

Horizontale ou verticale

Goûter une horizontale signifie goûter plusieurs cuvées d'un même millésime et d'un même vigneron. C'est un exercice fréquent si vous vous rendez dans un domaine ou un château. C'est surtout un bon moyen d'explorer la gamme de vins d'un producteur.

Faire une verticale est plus rare, cela signifie goûter le même vin sur plusieurs millésimes. Les vignerons qui ont un peu de stock commercialisent en effet plusieurs millésimes à la fois, c'est une excellente façon de comprendre l'effet de la météo sur le vin et d'observer son évolution.

Règle élémentaire dans les visites des vignobles et caves

Prévenez de votre venue. Les maisons de négoces et les caveaux de coopératives sont ouverts sans rendez-vous, mais les vignerons ne peuvent pas vous recevoir à l'improviste. La période des vendanges, par exemple, est peu propice aux visites.

CHEZ UN CAVISTE

Un bon caviste est toujours passionné. Et souvent bavard. Il est l'un des contacts les plus précieux pour tout amateur de vin : il le guide d'une bouteille à l'autre, l'encourage à goûter des vins qu'il n'aurait pas eu l'idée d'acheter, lui ouvre la porte de belles surprises et de grandes découvertes.

Le caviste franchisé

Le caviste qui travaille pour des enseignes ou des filiales de groupes comme Nicolas et Le Repaire de Bacchus effectue un choix à partir du catalogue de la maison mère. Il met en avant certaines bouteilles en fonction de sa clientèle. Même si la sélection est plus classique que chez un caviste indépendant, il y a toujours de quoi satisfaire une envie, et le caviste doit pouvoir vous aiguiller.

Le caviste indépendant

Il se déplace chez les vignerons pour goûter leurs vins, les reçoit parfois dans sa boutique, sélectionne une ou plusieurs cuvée, négocie les prix, etc. Selon son envie et sa personnalité, il peut s'orienter vers des vins consensuels, des incontournables, des cépages locaux tombés en désuétude, des appellations méconnues, des vins de pays ravissants, des vins bio… Un bon caviste doit vous proposer de grands classiques mais aussi des vins surprenants.

Un bon caviste

- Ne vous dirige pas vers le vin le plus cher si vous lui donnez une fourchette de prix. Il doit pouvoir vous en proposer un dans la moyenne haute et basse.
- Ne lit pas l'étiquette si vous lui demandez des informations sur une bouteille. Il doit pouvoir vous citer le nom du producteur voire mieux, vous donner quelques indications sur le vignoble.
- Peut vous sortir son coup de cœur du moment. Il boit les vins qu'il vend et il a ses préférences.
- Possède à la vente quelques bons beaujolais, un bon muscadet, un bon riesling et de bons vins étrangers. Un caviste ne peut pas bouder ces vins sous prétexte qu'ils n'ont pas une grande réputation : il existe dans toutes les appellations des vins formidables.

PENDANT LES FOIRES AUX VINS

Vous vous sentez l'âme d'un explorateur ? Vous pouvez vous lancer dans les foires aux vins. Ces dernières existent depuis une trentaine d'années, à l'initiative de la grande distribution française. Les foires aux vins représentent pour elles plus un tiers du chiffre d'affaires de l'année sur le secteur.

Fonctionnement

Ce phénomène, que l'on ne retrouve nulle part ailleurs dans le monde, se produit deux fois par an, au printemps et à l'automne et dure une quinzaine de jours.
La foire de septembre est beaucoup plus intéressante : les nouveaux crus viennent d'être mis en bouteilles et, pour les grandes surfaces, c'est le moment idéal de vider les linéaires qui s'apprêtent à recevoir la nouvelle récolte. Une chose est sûre, on peut toujours faire des affaires lors des foires aux vins. La concurrence est si féroce entre les enseignes pendant cette période que les marges sont réduites au minimum.

Préparez-vous

On ne part pas à l'aventure sans un minimum d'outils ! La presse (spécialisée ou non) multiplie les numéros spéciaux à l'occasion de ces foires. On y trouve des comparatifs très complets. De quoi pouvoir élaborer de bonnes stratégies. En effet, si certaines cuvées ne sont proposées que pendant cet événement, la majorité sont seulement des invendus accumulés pendant l'hiver. D'où l'importance de bien se renseigner avant de se précipiter.

Envie de flâner ?

Vous pouvez aussi acheter un panel de vins, les goûter et revenir dans la foulée pour acquérir une plus grosse quantité de l'élu de votre cœur.

Les bonnes affaires

Elles se font souvent le premier jour… ou la veille : il faut être invité aux soirées d'ouverture. Ce n'est pas très compliqué, il suffit généralement de se signaler auprès d'un responsable pour y être convié. Soyez rapides : les caddies se remplissent très vite et les rayons se vident tout aussi rapidement à cette heure-clé.

SUR INTERNET

La vente en ligne explose. Depuis 2007, les ventes de vin sur Internet affichent une hausse de 33 % par an en moyenne. Résultat, des sites se ferment, d'autres s'éveillent : sur 325 e-commerces de vins en France, 7 % d'entre eux disparaissent chaque année pour être immédiatement remplacés. Comment savoir auxquels se fier ?

Les indices à repérer

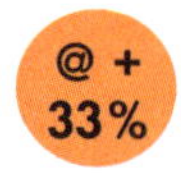

La description des vins :
le principal reproche sur les sites de vente en ligne porte sur le manque de conseil et d'information. Si vous tombez sur une adresse où le vin est décrit précisément, selon son caractère et ses arômes, si en plus il est accompagné d'une fiche technique listant l'AOC, le ou les cépages, la proportion d'alcool… C'est très bon signe. Si, en revanche, le site ne détaille pas du tout le vin, méfiance.

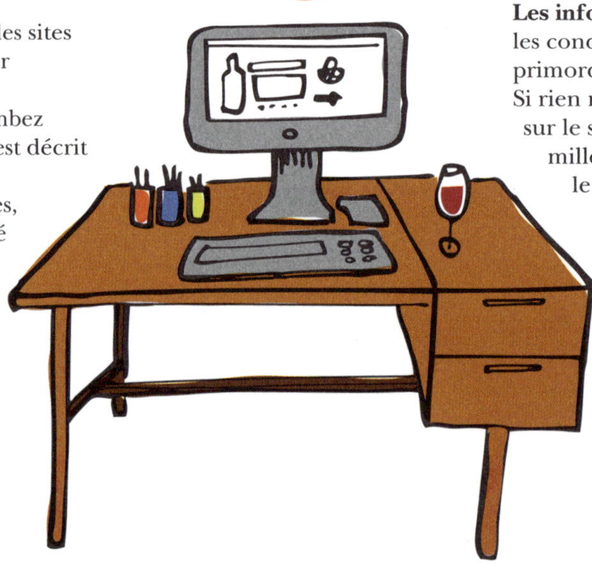

Les informations pratiques :
les conditions de stockage, pourtant primordiales, sont souvent négligées. Si rien n'est mentionné à ce propos sur le site, évitez d'acheter de vieux millésimes. Autre souci, le prix, le délai et la qualité de la livraison : tout cela doit être clairement indiqué, et pas seulement écrit en tout petit dans les conditions de vente.

Les fausses promos :
une technique de marketing très classique est le prix barré ou le logo « mégapromo » écrit en gros. Est-ce vraiment une bonne affaire ? N'hésitez pas à comparer les tarifs grâce à des sites spécialisés comme WineDecider ou Wine-Searcher. Une astuce à privilégier si vous n'êtes pas trop porté sur l'esthétique : les baisses de prix sur les vins dont l'étiquette est abîmée ou tachée.

Les vins proposés :
assurez-vous que les vins proposés à l'achat… soient déjà commercialisés ! On ne compte plus les sites qui ont affiché à la vente des vins primeurs qu'ils n'avaient pas encore acquis et qu'ils n'ont finalement pas pu acheter. Au grand dam des clients de l'autre côté de l'écran qui avaient déjà passé commande.

Quelques sites classiques, parmi d'autres

Consensuels fiables : Vigneron indépendant, Vinatis, Chateaunet, Millesima
Les ventes privées : Ventealapropriete, 1Jour1Vin, Vente-privee
Ventes aux enchères : iDealWine
Abonnement à un panier : Trois Fois Vin, Amicalement vin, Le Petit Ballon
Les sites de cavistes : Savour Club, Lavinia, Legrand Filles et Fils, Nicolas

LES GUIDES DES VINS

Pour guider l'amateur de vin dans ses choix, de nombreux guides d'achat spécialisés sur le vin se disputent les étagères des librairies. À vous de choisir, en fonction de vos envies et de vos goûts.

À quoi sert un guide des vins ?

Avant l'achat

À choisir la région viticole et l'appellation la plus adaptée à vos besoins et à vos envies.

À vous renseigner avant de vous rendre dans une région, pour planifier une excursion dans les vignobles.

À dénicher un vin coup de cœur qui monte.

À faire vos courses… à condition que le guide ne soit pas trop volumineux.

À comparer les prix indiqués avec ceux proposés (attention, les prix dans les guides sont souvent les prix affichés au départ de la propriété et sont donc plus bas que chez un caviste ou dans un restaurant).

Après l'achat

À comparer vos impressions de dégustation avec l'avis d'un professionnel indépendant.

À trouver les coordonnées d'un domaine pour commander du vin, ou à se faire une idée sur les autres cuvées d'un même producteur.

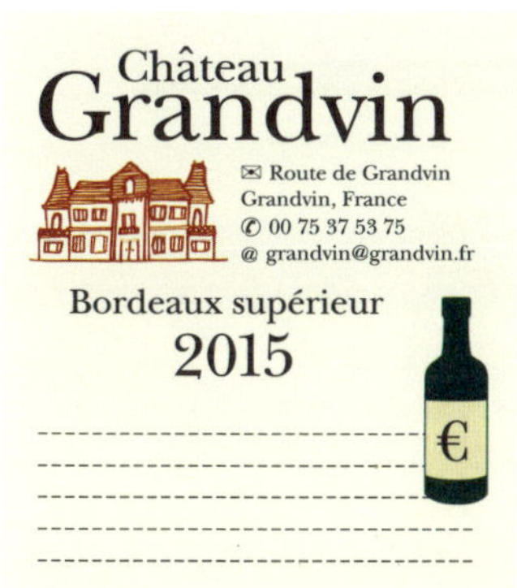

Que trouve-t-on dans un guide ?

Il doit contenir, *a minima* : les noms des domaines et leurs coordonnées ; des vins classés par appellation ; un commentaire sur les vins et sur le domaine ; le prix des vins ; le millésime des vins goûtés, ainsi que l'année de parution du guide. C'est important, car la sélection émerge d'une dégustation à un moment précis.

Il faut distinguer trois sortes de guides

Les guides rédigés par des jurys de dégustateurs. Journalistes, œnologues, sommeliers, producteurs se réunissent pour goûter des vins à l'aveugle, mettre une note collégiale et retranscrire collectivement le commentaire de dégustation.

Les guides rédigés par un nombre très limité de personnes, soudés derrière un grand nom. Ces guides portent la signature du dégustateur, avec des choix originaux et assumés.

Une galerie de portraits de vignerons ou de vigneronnes que l'auteur du guide affectionne. Le commentaire des vins est accessoire.

Les alternatives aux guides

Internet (sites des domaines, réseaux sociaux, forums, blogs) permet de dénicher d'excellentes alternatives aux guides. Cela demande plus de temps de recherche, mais les résultats sont parfois très complets.

ROBERT PARKER

(Né en 1947)

Robert Parker est le dégustateur et critique de vin le plus connu au monde. L'influence de cet Américain est telle qu'il a longtemps dicté les prix du marché des grands vins. Certains producteurs sont même allés jusqu'à modifier le goût de leurs vins pour essayer de lui plaire.

Robert Parker découvre le vin quand il a une vingtaine d'années. Il est alors avocat. Le premier jalon de sa nouvelle carrière est une lettre d'information qu'il diffuse à partir de 1978, dans laquelle il rédige des comptes-rendus de ses dégustations : *The Wine Advocate.*

Sa renommée explose en 1982 : lors de la dégustation des primeurs de bordeaux, face à des dizaines de critiques, il est le seul à trouver le millésime splendide et affirme qu'il s'agit d'une année exceptionnelle. L'avenir lui donnera raison. À partir de là, avec ses fameuses notes sur 100, il va devenir la référence incontestée du jugement des vins. Un vin auquel Robert Parker attribue une note supérieure à 90 sur 100 donne l'assurance à son propriétaire d'écouler l'ensemble de la production.

Dans sa carrière, Robert Parker a plusieurs fois mis en avant des régions qu'il affectionnait particulièrement : on lui doit ainsi l'explosion des prix des grands crus de Bordeaux, la réputation des châteauneuf-du-pape et de quelques domaines devenus stars dans le Rhône, en Languedoc ou en Provence. Dès lors, certains vignerons n'ont pas hésité à « parkeriser » leurs vins, c'est-à-dire à les vinifier selon le « goût Parker », même quand leur terroir ne s'y prêtait pas. Ces vins sont souvent tombés dans la caricature : trop concentrés, trop chaleureux, trop boisés. Cette déviance est désormais en net recul.

Avec un talent inégalé pour la dégustation, Robert Parker a fait assurer son nez pour 1 million de dollars. Il a pris sa retraite en 2012, mais ses avis restent indétrônables.

CONSTITUER SA CAVE

Quelle place, quel budget ?

Il suffit d'une seule bouteille pour démarrer sa cave à vin. Ensuite, tout dépend de la place dont vous disposez… et de votre budget. L'idéal est bien sûr de posséder une batterie de vins qui pourront s'adapter à toutes les situations.

De 2 à 5 bouteilles

Achetez des bouteilles de vin blanc et de vin rouge du quotidien, à ouvrir pour des apéritifs ou des dîners improvisés. Visez des vins fruités et agréables, des rouges de Loire et du Languedoc, un chablis et un blanc de Provence. Achetez également un effervescent, champagne ou crémant, pour l'ouvrir dès que vous aurez quelque chose à fêter.
Budget : entre 5 et 12 € la bouteille.

De 5 à 10 bouteilles

Étoffez votre butin avec un liquoreux pour un dessert ou un dimanche après-midi entre amis autour d'un gâteau. Prévoyez un vin doux naturel pour les fins de soirées ou les amateurs de sucré à l'apéritif (porto, muscat de Rivesaltes), un ou deux rosés pour l'été. Enfin, prévoyez un vin rouge (et éventuellement un vin blanc) de qualité, d'une appellation réputée. Il peut s'agir d'un pomerol ou d'un saint-émilion en rouge et d'un meursault en blanc, par exemple. Ce sont des vins que vous pourrez garder quelques années à vos côtés et que vous déboucherez pour une belle occasion : un anniversaire, une déclaration d'amour, un bon repas de retrouvailles.
Budget : entre 5 et 20 € la bouteille.

N.B. **Ne vous ruinez pas !**

Quel que soit votre compte en banque, n'achetez jamais un vin qui n'est pas dans vos moyens, sous prétexte de faire « une petite folie ». Car cette petite folie, vous n'oserez jamais la déboucher. Et le jour où vous le ferez, vos attentes seront si élevées que vous risquez fort d'être déçu. De plus, les vins très chers appellent généralement une longue garde et, si vous n'avez pas des conditions de conservation optimales pour le vin, vous vous serez ruiné pour rien.

De 10 à 30 bouteilles

Il est temps de diversifier votre collection : veillez à choisir des vins de différentes régions, voire de différents pays pour varier les plaisirs. L'important est qu'ils aient des profils aromatiques et gustatifs variés : vin vifs et légers, fins et complexes, intenses et épicés, soyeux et puissants… Ainsi, vous aurez toujours une bouteille adaptée pour n'importe quel repas ou envie du moment. N'oubliez pas quelques vins excentriques, issus d'un cépage rare, ou d'une appellation originale. Et tant mieux s'ils ont histoire sympa à raconter ou s'ils ont été façonnés en biodynamie.
Budget : entre 5 et 25 € la bouteille

Plus de 30 bouteilles

Achetez vos bouteilles préférées par caisses de trois ou de six. Vous aurez alors le plaisir de voir une cuvée évoluer dans le temps, d'observer comment se comporte le vin six mois, un an, deux ans ou plus après l'achat.

Commencez à vous intéresser au millésime
À ce stade, vous aurez sans doute quelques vignerons privilégiés à qui vous rendez visite régulièrement. Achetez leur vin d'une année sur l'autre et constatez l'influence du millésime.

Distinguez les vins à faire vieillir
Séparez les vins à boire rapidement des vins à conserver. Les premiers constitueront un fond de roulement à renouveler aussi souvent que nécessaire. Vous attendrez les seconds quelques années (parfois plus d'une décennie) avant de commencer à les boire. Néanmoins, vous continuerez de les acheter régulièrement. Vous aurez alors toujours à portée de main des vins jeunes, des vins mûrs et des vins âgés.
Budget : pas de limite de prix.

LES CONDITIONS DE CONSERVATION

Selon les conditions de conservation de votre vin, il évoluera plus ou moins rapidement. Exposé à une température de 18 °C, il évoluera et vieillira plus vite qu'à 12 °C. Or, comme pour les êtres humains, un vin vieillit mieux s'il vieillit lentement.

Pour permettre une bonne conservation, une cave à vin doit respecter quelques critères.

Des bouteilles stockées à l'horizontale : un vin qui patiente doit toujours être couché, surtout s'il est fermé avec un bouchon de liège. Ainsi, le liquide en contact avec le liège lui permet de rester humide et bien étanche.

Température : la température idéale, pour faire vieillir son vin durant plusieurs décennies, est de 11 à 14 °C. Mais la plupart des bouteilles se conservent très bien quelques années entre 6 et 16 °C. L'évolution est ralentie par le froid et accélère quand il fait chaud. Le rythme lent et naturel des saisons dans une cave permet donc au vin de vieillir selon un cycle harmonieux. Il faut surtout éviter les variations brutales de températures, qui abîment le vin, un stockage près d'un radiateur, un four ou toute autre source de chaleur, au risque de dégrader le vin trop rapidement.

L'humidité : elle est très importante. Si l'air est trop sec, le bouchon se dessèche et devient poreux à l'air. Mieux vaut un air franchement humide, avec un taux de 75 à 90 % d'humidité. Seul risque, en cas d'excès (assez rare), le bouchon peut moisir et les étiquettes se décoller.

La lumière : elle est néfaste pour le vin. Elle détériore autant la couleur que les arômes. Il faut toujours conserver ses vins dans l'obscurité. Un placard, un dessous d'escalier ou même une couverture peuvent faire l'affaire.

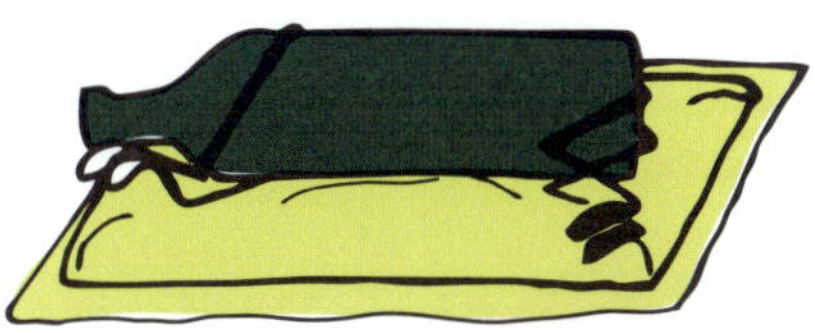

Le calme : comme nous quand nous dormons, le vin a besoin de calme. Les coups et les vibrations cassent les molécules et troublent les arômes. On évite donc d'entreposer son vin au-dessus d'un tunnel de métro ou sur une machine à laver.

Les mauvaises odeurs : curieusement, elles peuvent s'infiltrer à travers le bouchon. Les gousses d'ail, la serpillère pleine de javel ou l'entrepôt à fioul ne sont donc pas un bon environnement pour le vin. Même un carton mouillé, s'il entoure une bouteille trop longtemps, peut en influencer le bouquet.

FAIRE VIEILLIR LE VIN

La question à se poser est : ce vin doit-il vieillir ? En effet, savoir faire vieillir le vin consiste avant tout à savoir quand le boire. Ils ne sont pas tous faits pour vieillir. Le but est évidemment de pouvoir en profiter à leur apogée. Le monde du vin vous paraîtra bien plus riche si vous appréciez un vin à son zénith, qu'il ait deux ou vingt ans.

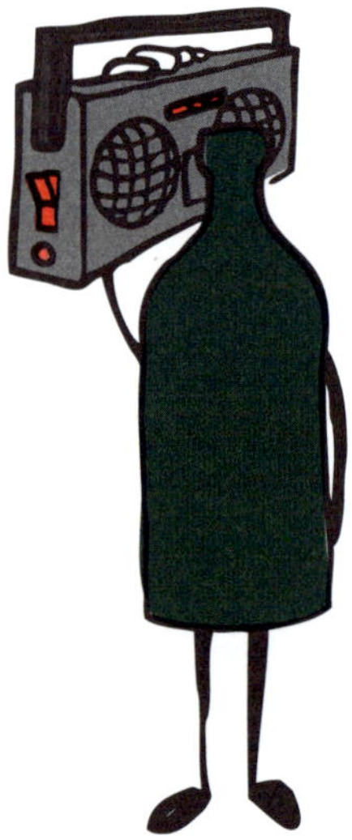

Vins qui peuvent être bus jeunes

La plupart des vins bon marché, des effervescents, des blancs, des rosés, des rouges légers et peu tanniques. Finalement, ce sont la plupart des vins que l'on achète. Ils sont très appréciables dans leur fougue juvénile, « sur le fruit » et ils ne gagnent rien à vieillir.

Quels vins ?
Il existe des exceptions, mais en général, les vins issus de pinot blanc, viognier, sauvignon, gamay… sont plus agréables dans leur jeunesse.
Ceci étant, vous pouvez tout de même essayer de le conserver quelques années, si le vin est assez puissant. Vous pourriez avoir de bonnes surprises.

Vins qui peuvent être bus vieux

Ce sont souvent les vins les plus prestigieux et les plus chers. Ils sont très puissants quand ils sont jeunes et ont besoin de temps pour s'épanouir, se patiner, développer un bouquet complexe et harmonieux.

Quels vins ?
On trouve entre autres dans les rouges les grands bordeaux et grands bourgognes, les hermitages, les châteauneufs-du-pape, les madirans, les priorats et ribera-del-duero espagnols, les barolos et barbarescos italiens, les portos, les grands vins argentins, californiens et australiens. Dans les blancs se trouvent certains chenins secs et sucrés de Loire et d'Afrique du Sud, les grands bourgognes, les rieslings allemands secs et moelleux, les liquoreux de Sauternes, les tokays hongrois et muscats italiens.

Comment savoir s'il faut faire vieillir un vin ?

Renseignez-vous : auprès du vigneron ou du caviste qui vous a vendu le vin, sur la contre-étiquette de la bouteille, sur Internet…

Comment le vin vieillit-il en bouteille ?

C'est l'oxygène qui fait vieillir le vin. Or dans une bouteille, il reste toujours une petite bulle d'air. Cette petite bulle suffit pour permettre au vin de gagner en maturité, jusqu'à son apogée puis son déclin. Si la bouteille est couchée, la bulle d'air est davantage en contact avec le vin et le fait mieux évoluer. Une autre bonne raison de coucher vos bouteilles.

L'air dans la bouteille

La taille de la bulle est identique entre une bouteille et un magnum, qui fait pourtant le double de taille. Voilà pourquoi un magnum vieillit plus lentement qu'une bouteille, se conserve davantage… et coûte proportionnellement plus cher.

Goûtez-le : si vous avez au moins 2 bouteilles du même vin, ouvrez-en une. Le vin vous semble fermé, compact, dense, peu aromatique ? De toute évidence, il est fâché d'avoir été réveillé si tôt. Il faut attendre. Il est très puissant, avec de l'acidité et des tanins très marqués (en rouge) ? Il peut tout à fait patienter quelques années supplémentaires.

Fabriquer sa cave

Dans un petit appartement

Occupez un placard, un cagibi, un tiroir à chaussures ou une trappe sous l'escalier. Si vous avez une cheminée condamnée, installez-y des bouteilles, il y fait généralement plus frais que dans le reste du logement. L'important, dans toutes ces solutions, est que le vin soit couché dans la pénombre et éloigné d'une source de chaleur. Si vous possédez un porte-bouteilles, assurez-vous qu'il ne soit pas chauffé par les rayons du soleil.

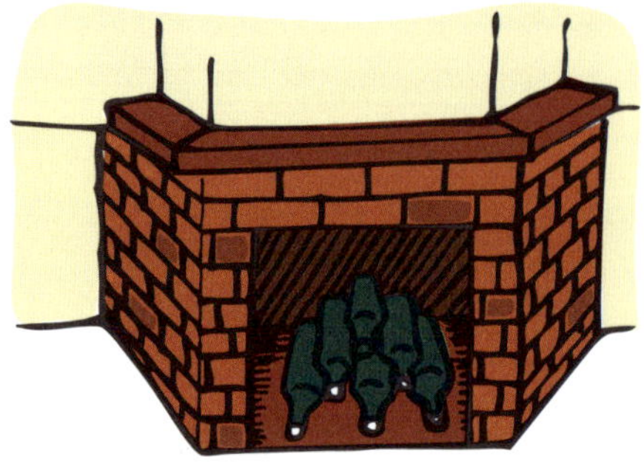

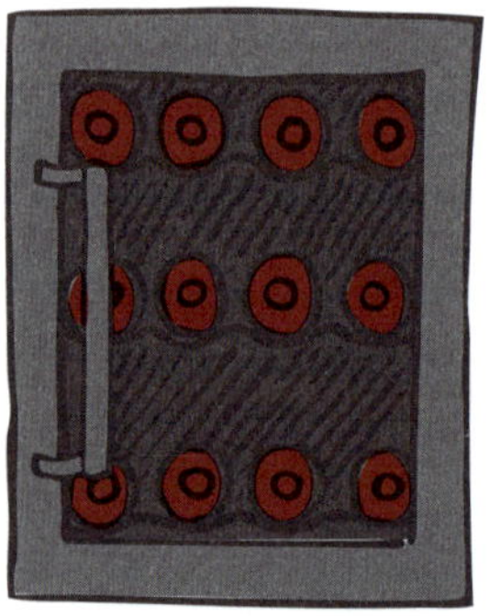

Dans un plus grand appartement ou une maison

Vous avez un peu de sous et beaucoup de bouteilles mais pas de cave? Investissez dans une cave électrique. Ces réfrigérateurs à vins, plus ou moins grands (selon les modèles, ils contiennent entre 12 et 300 bouteilles) rempliront bien leur office : température et hygrométrie constantes, protection à la lumière. Il en existe de trois sortes : les caves de service, qui conservent les vins quelques mois ; les caves de vieillissement, plus chères, mais qui assurent une température constante de 12 °C ; et le clou, les caves polyvalentes, qui combinent différentes températures selon les compartiments. Les vignerons conseillent pour les caves électriques de faire varier de 2 ou 3 °C la température selon les trimestres, afin de reproduire le cycle naturel des saisons.

Dans une maison

Vous avez beaucoup d'argent et d'ambition mais pas de cave? Faites-en construire-une ! Moyennant quelques travaux, il est tout à fait possible d'aménager une pièce spéciale pour vos bouteilles : une bonne isolation, pas de fenêtre ou alors calfeutrée, un climatiseur et, en guise d'humidificateur, un seau d'eau. Enfin, une porte solide et une serrure efficace. Quelques entreprises se sont spécialisées dans l'excavation et la pose de caves cylindriques avec rangements intégrés. On y accède par une échelle ou, grand luxe, un escalier en colimaçon en son centre. On peut y stocker entre 500 et 5 000 bouteilles.

Vous avez une cave?

Vous êtes chanceux… ou prévoyant. S'il s'agit d'une cave enterrée, avec des murs épais, en pierre ancienne et un sol en terre battue, c'est l'idéal. La cave est moderne, en béton et assez chaude? Voyez si vous pouvez l'isoler et même installer un climatiseur. Dans ce cas, pour ne pas gaspiller trop d'énergie, vous pouvez stocker 150 bouteilles par m^3. Si vous agencez bien la pièce, en empilant les vins du sol au plafond et en prévoyant un passage étroit, il est possible de stocker quelque 1 200 bouteilles dans un espace de 4 m^2.

Comment stocker les bouteilles ?

Les clayettes : en plastique ou en métal, elles s'achètent à l'unité, contiennent entre 6 et 12 bouteilles et s'empilent les unes au-dessus des autres. L'ensemble est ainsi parfaitement modulable et adaptable à tous les endroits. Inconvénient : les piles hautes peuvent devenir fragiles.

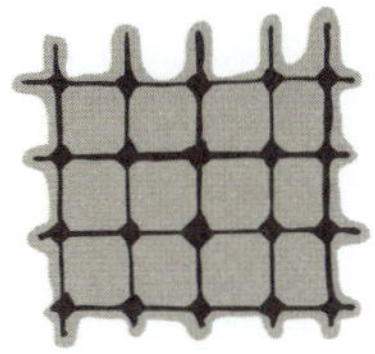

Les casiers fixes : accrochés au murs, les casiers sont résistants et offrent une bonne protection pour les bouteilles. Vous pouvez les construire vous même, sur mesure, ou trouver des étagères spécialisées.

Les caisses d'origine : pourquoi pas si elles sont en beau bois, dans un environnement pas trop humide. Attention, en cas de forte humidité, le carton ou même le bois de la caisse peut moisir et transmettre ses moisissures au bouchon du vin.

Comment agencer les vins ?

Par région : c'est un rangement classique, qui vous permettra de trouver facilement le bon style pour le bon repas.

Par millésime : c'est une bonne façon de séparer les bouteilles qui doivent être bues dans les 2 ans de celles qui doivent vieillir plusieurs années.

Par priorité : rangez les bouteilles de manière à ce que celles qui doivent être bues rapidement soient les plus faciles à attraper. Les bouteilles qui resteront là quelques années peuvent être moins accessibles, stockées dans le fond, au ras du plancher ou à hauteur du plafond.

Le livre de cave

C'est un outil indispensable pour tout amateur qui conserve du vin. Vous devez compiler dedans : la région d'origine, le millésime, le nom du domaine ou du producteur, le lieu, le prix et la date d'achat, le nombre de bouteilles achetées (à corriger chaque fois que vous en ouvrez une) et surtout l'emplacement du casier dans lequel le vin est rangé !

Un livre de cave doit permettre de trouver rapidement le vin désiré. Pour cela, munissez-vous d'un feutre et quadrillez vos clayettes ou casiers. Par exemple, le bourgogne en B4, le languedoc en B5, les bordeaux à boire jeune en C1…

AVOIR DE LA BOUTEILLE

L'histoire de la bouteille de vin

Ce sont les Anglais qui ont conçu la bouteille en verre teinté pour le vin, en 1632. S'ils ne faisaient pas de vin, il en achetaient et le faisaient voyager! La bouteille s'est progressivement imposée au cours du XVIIIe siècle : le roi Louis XV autorise officiellement le transport du vin en bouteilles, d'abord le champagne (1728), puis le bourgogne (1750). À Bordeaux, l'usage de la bouteille se répand de lui-même. Pas étonnant que la bouteille supplante définitivement l'amphore et le fût : plus pratique à transporter (quoique plus fragile), plus légère, plus jolie et mieux adaptée à la conservation, elle a tous les atouts. En fait, la bouteille en verre existe depuis l'Antiquité. Mais elle servait surtout aux parfums et aux essences rares.

0,75 litre, l'explication
C'est d'ailleurs en raison de son origine britannique que la bouteille standard possède une contenance de 0,75 litre : à l'époque, les Anglais utilisaient le gallon comme unité de mesure. Une barrique de vin contient 225 litres, soit environ 50 gallons… ou 300 bouteilles de 75 centilitres! Ainsi, 1 gallon équivalait à 6 bouteilles. Voilà aussi pourquoi les caisses de vin à la vente contiennent généralement 6 bouteilles. Cette contenance est officiellement fixée en 1866.

Côté formes
La bouteille bordelaise apparaît vers 1723, et sa forme n'a presque pas changé. C'est la forme la plus utilisée dans le monde, particulièrement pour les vins puissants et les cuvées haut de gamme. Face à elle, la bouteille bourguignonne, plus ventrue, est préférée pour les vins de chardonnay ou pour se démarquer.

Vocabulaire

« La piquette » : terme qui désigne aujourd'hui un mauvais vin. En fait, la piquette est un vin peu alcoolisé, dont le procédé de fabrication est particulier : il est élaboré en faisant passer de l'eau sur le marc de raisin avant son pressurage. Ainsi, l'eau se mêle à des matières colorantes, des arômes, de l'alcool, pour donner ce vin léger, régulièrement consommé au Moyen Âge en attendant que le vin soit prêt à boire.

PAROLES DE CONNAISSEURS

« Quand le vin est tiré, il faut le boire. »
Proverbe du Moyen Âge.

« Le vin est fils du soleil et de la terre. »
Paul Claudel, écrivain.

« Je regarde la carte des vins pour éviter les bouchons. »
Raymond Devos, humoriste.

« L'histoire du vin, n'est-ce pas l'histoire du monde ? »
Babrius, fabuliste romain.

« Une journée sans vin est une journée sans soleil. »
Dicton provençal.

« Le vin, c'est le chant de la terre. »
Takeshi Kaiko, écrivain.

« Je préfère le vin d'ici à l'au-delà. »
Francis Blanche, auteur, acteur et humoriste.

« Sans vin, il n'y a pas d'amour. »
Euripide, auteur grec.

« Boire du vin, c'est boire du génie. »
Charles Beaudelaire, poète.

« Il y a plus de philosophie dans une bouteille de vin que dans les livres du monde. »
Louis Pasteur, scientifique.

« C'est Dieu qui créa l'eau. Mais l'homme fit le vin. »
Victor Hugo, écrivain.

« Jamais homme noble ne hait le bon vin. »
François Rabelais, auteur.

In Vino Veritas **(« La vérité est dans le vin »).**
Pline l'Ancien

Le temps a passé, le vin a coulé dans les verres. Juliette, Gustave, Hector, Caroline, Clémentine et Paul sont toujours ravis de se retrouver autour de bons vins. Mais, désormais, ils en savent beaucoup plus que quand ils ont démarré leur exploration de ce vaste monde qu'est la vigne.

Et vous, où en êtes-vous après avoir parcouru ce livre ? Les pages suivantes vous donneront l'occasion de vérifier vos connaissances et vos progrès… ou de constater vos petites lacunes.

Avant de vous laisser, les six amis ont encore un message, le plus important peut-être : la théorie ne vaut que si elle est mise en pratique. Un dégustateur confirmé ne s'est pas contenté d'un livre et d'un talent inné. Il a beaucoup dégusté, il s'est trompé, il s'est remis en question, il a regoûté. Une carte géographique des appellations ne sera jamais aussi jolie qu'un paysage de vignes, avec coteaux, vallées, contreforts et cours d'eau. Pour bien connaître les vignobles, il faut les arpenter, sentir les feuilles sous ses doigts, presser la pulpe des raisins. Pour constituer une belle cave, une cave qui vous ressemble et dont vous êtes fier, une cave qui vous permettra de sortir le vin parfait au dîner, il faut du temps, des rencontres, des coups de cœur, parfois des déceptions. Le vin est une aventure, et aucune aventure ne se fait en ligne droite. Ce livre a été pensé pour vous aider, vous guider. Il ne remplacera jamais votre bouche. Utilisez-la. Nous vous souhaitons beaucoup de plaisir.

AU TABLEAU !

JULIETTE

ORGANISE UNE SOIRÉE

1 Pour bien ouvrir une bouteille de champagne…

A | il faut l'agiter
B | il suffit de tirer sur le bouchon
C | il faut cogner légèrement le goulot
D | il faut faire tourner la bouteille autour du goulot

2 Un verre à vin pour la dégustation doit être rempli…

A | aux trois-quarts
B | au cinquième
C | au tiers
D | à ras bord

3 Pour faire disparaître une tache de vin rouge…

A | il faut mettre du vin blanc dessus
B | il faut utiliser une gomme
C | il faut mettre du beurre dessus
D | il faut passer le tissu au four à micro-ondes

4 Le froid a des effets sur le vin…

A | il fait ressortir les arômes d'évolution
B | il accentue l'alcool
C | il durcit les tanins
D | il atténue sa couleur

5 En ce qui concerne l'aération du vin…

A | cela ne sert à rien
B | on décante un vin jeune, on carafe un vin vieux
C | on carafe un vin jeune, on décante un vin vieux
D | on choisit une carafe ventrue pour les vins vieux

6 Un ordre de service classique…

A | du plus puissant au plus léger
B | du plus léger au plus puissant
C | du plus sucré au plus sec
D | du plus gras au plus acide

7 Pour bien conserver une bouteille entamée…

A | il vaut mieux qu'elle soit presque vide
B | il vaut mieux la mettre au soleil
C | il vaut mieux mettre une cuillère dedans
D | il vaut mieux la reboucher

8 Un vin blanc doit être servi…

A | entre 5 et 8 °C
B | entre 8 et 13 °C
C | entre 13 et 15 °C
D | entre 15 et 18 °C

9 Pour éviter la gueule de bois…

A | il faut boire beaucoup d'eau
B | il faut manger pimenté
C | il faut boire du jus de citron
D | il faut dormir avec une bûche

10 Pour trinquer en russe…

A | Yamas!
B | Na zdorovie!
C | Prost!
D | Manuia!

Réponses : 1 | D ; 2 | C ; 3 | A ; 4 | C ; 5 | C ; 6 | B ; 7 | D ; 8 | B ; 9 | A ; 10 | B

GUSTAVE

APPREND LA DÉGUSTATION

1 Un vin rouge qui a des reflets violets…

A | est vieux
B | est jeune
C | est trafiqué
D | est mauvais

2 La couleur d'un rosé…

A | est plus foncée si le vin est jeune
B | dépend de la quantité de vin blanc
C | dépend de la qualité du vin
D | dépend de la volonté du vigneron

3 Les larmes dans le verre indiquent…

A | une déprime du vigneron
B | la vieillesse du vin
C | la quantité d'alcool du vin
D | le prix du vin

4 Pour bien sentir un vin…

A | on inspire un grand coup
B | on renifle comme un chien
C | on ne bouge pas le verre
D | on trempe le nez dans le vin

5 L'acidité, pour un vin…

A | est essentielle
B | est un défaut
C | est un signe de l'âge
D | est un signe de jeunesse

6 Les arômes tertiaires…

A | sont ceux que l'on sent en avalant
B | sont ceux que l'on sent au troisième verre
C | sont ceux d'un vin qui a vieilli
D | sont une invention

7 Les tanins…

A | assèchent la langue
B | graissent la langue
C | brûlent la langue
D | paralysent la langue

8 Le nombre de bulles d'un effervescent dans le verre…

A | dépend de sa région de production
B | dépend de sa couleur
C | dépend de la température
D | dépend de la propreté du verre

9 Ce n'est pas grave si…

A | le vin sent le bouchon
B | le vin sent la pomme pourrie
C | le vin sent le dissolvant
D | le vin sent le chou

10 Le pH d'un vin se situe…

A | entre 3 et 4
B | entre 5 et 6
C | entre 6 et 7
D | entre 7 et 8

Réponses : 1 | B ; 2 | D ; 3 | C ; 4 | B ; 5 | A ; 6 | C ; 7 | A ; 8 | D ; 9 | D ; 10 | A

HECTOR

PARTICIPE AUX VENDANGES

1 Un cépage désigne…

A | une zone viticole
B | un type de vin
C | une variété de raisin
D | une année de production

2 La taille de la vigne en gobelet est une taille…

A | répandue dans les vignobles froids
B | répandue dans les vignobles chauds
C | qui demande un palissage
D | qui stocke l'eau

3 La vendange tardive est réservée…

A | aux vins sucrés
B | aux vins tanniques
C | aux vins à petit prix
D | aux vendangeurs en retard

4 Les bulles des champagnes et des crémants sont créées…

A | en injectant du gaz dans la bouteille
B | en opérant une nouvelle fermentation en bouteille
C | en terminant la fermentation dans la bouteille
D | avec une paille dans la bouteille

5 Le chenin est…

A | un raisin rose
B | un raisin blanc
C | un raisin qui sent le café et le chocolat
D | un raisin qui pousse hors des chemins

6 La véraison est le moment où…

A | la fleur de vigne apparaît
B | les baies de raisins se forment dans les fleurs
C | le raisin change de couleur
D | le raisin trop mûr tombe au sol

7 La fermentation malolactique…

A | est une fermentation réservée aux vins blancs
B | est une fermentation du lait
C | est une fermentation trop lol
D | est une fermentation courante aux vins rouges

8 Lors de l'ouillage…

A | on fait mal aux vins
B | on remue le vin dans la cuve
C | on rajoute du vin dans les barriques
D | on vide le vin des barriques

9 L'oïdium est…

A | une maladie de la vigne
B | un traitement de la vigne
C | un insecte qui vit dans le sol
D | une forme de grappe de raisin

10 Le vin doux naturel est un vin…

A | dont la fermentation s'est arrêtée naturellement
B | sans soufre
C | avec très peu d'alcool
D | auquel on a ajouté de l'alcool

Réponses : 1 | C ; 2 | B ; 3 | A ; 4 | B ; 5 | B ; 6 | C ; 7 | D ; 8 | C ; 9 | A ; 10 | D

CAROLINE

VISITE LES VIGNOBLES

1 Un sous-sol argileux peut donner…
A | des vins volumineux
B | des vins longilignes
C | des vins fumés
D | des vins rouges

2 Saint-amour est une appellation…
A | de Bourgogne
B | du Rhône
C | du Beaujolais
D | de Bordeaux

3 Un cépage très courant en Bourgogne…
A | le pinot gris
B | le sémillon
C | le chardonnay
D | le grenache

4 Henri Jayer était un vigneron de…
A | Chiroubles
B | Pommard
C | Cornas
D | Vosne-Romanée

5 Cette appellation est sur la rive droite de Bordeaux…
A | fronsac
B | pessac-léognan
C | médoc
D | minervois

6 Pour faire du champagne, il faut environ…
A | 0,9 kg de raisin
B | 1,2 kg de raisin
C | 1,5 kg de raisin
D | 2,3 kg de raisin

7 Les corbières sont une appellation…
A | du Sud-Ouest
B | du Languedoc
C | de Loire
D | du Rhône

8 Il a beaucoup écrit sur le vin…
A | Pline l'Ancien
B | Pline le Jeune
C | Cicéron
D | Tacite

9 Un cépage très répandu en Argentine…
A | le touriga nacional
B | le malbec
C | le chasselas
D | l'aligoté

10 Un pays berceau du vin…
A | l'Italie
B | la France
C | le Portugal
D | l'Iran

Réponses : 1 | A ; 2 | C ; 3 | C ; 4 | D ; 5 | A ; 6 | B ; 7 | B ; 8 | A ; 9 | B ; 10 | D

CLÉMENTINE

DEVIENT APPRENTIE SOMMELIÈRE

1 Un accord entre un vin et un plat dont les odeurs et les saveurs sont proches s'appelle…

A | un accord d'accord
B | un accord d'intégration
C | un accord de fusion
D | un accord d'assimilation

2 Le plus simple pour réussir un accord mets-vins est…

A | d'accorder les couleurs
B | d'accorder les prix
C | d'accorder les formes
D | de boire de l'eau

3 Un accord culotté qui fonctionne…

A | un vin sucré avec un repas thaïlandais épicé
B | un vin sucré avec une pizza
C | un vin sucré avec une choucroute
D | un vin sucré avec une salade

4 Il ou elle fait du mal au vin…

A | la graisse
B | la vinaigrette
C | le roquefort
D | l'orange

5 Avec un vin doux naturel, on peut oser…

A | des légumes verts
B | du gibier à poils
C | des poissons à l'huile
D | un crottin de chèvre

6 Un accord classique avec un blanc charpenté…

A | un tartare
B | un risotto aux champignons
C | une choucroute
D | une daube de sanglier

7 Le merlot est un cépage qui donne plutôt…

A | un vin blanc charpenté
B | un vin rouge léger
C | un vin rouge rond
D | un vin rouge charpenté

8 Un vin blanc vif s'entend bien avec…

A | des poissons blancs, du lapin, du bœuf
B | des poissons blancs, des crevettes, des légumes
C | du poulet, des champignons, du homard grillé
D | des épices, du canard, du roquefort

9 Avec un magret de canard, on choisira plutôt…

A | un vin blanc aromatique
B | un vin rosé
C | un vin rouge rond
D | un vin liquoreux

10 Le banyuls se range dans la catégorie…

A | des vins blancs aromatiques
B | des vins rosés
C | des vins blancs liquoreux
D | des vins doux naturels

Réponses : 1 | C ; 2 | A ; 3 | A ; 4 | B ; 5 | B ; 6 | B ; 7 | C ; 8 | B ; 9 | C ; 10 | D

PAUL

ACHÈTE DU VIN

1 Si votre bouteille est bouchonnée, le sommelier…

A | est coupable

B | doit changer la bouteille

C | doit goûter pour confirmer votre jugement

D | n'en a rien à faire

2 Faire une horizontale signifie…

A | se coucher après une dégustation

B | choisir une bouteille qui est restée longtemps couchée

C | goûter plusieurs cuvées d'un même millésime

D | goûter plusieurs millésimes d'une même cuvée

3 Robert Parker a été connu pour ses notes…

A | sur 5

B | sur 10

C | sur 20

D | sur 100

4 La mention « grand vin de Bordeaux »…

A | ne veut rien dire

B | correspond à un classement de 1855

C | est définie selon un cahier des charges

D | dépend de l'aire d'appellation

5 Il est obligatoire de préciser sur la bouteille…

A | le millésime

B | le lieu d'embouteillage

C | les cépages

D | le nom du domaine

6 Un verre au restaurant contient…

A | 8 cl de vin

B | 12 cl de vin

C | 15 cl de vin

D | 18 cl de vin

7 Un endroit acceptable pour stocker des bouteilles…

A | n'importe où

B | sur une machine à laver

C | dans une douche

D | dans une cheminée

8 Les bouteilles doivent être couchées…

A | car on dort mieux couché

B | car la température est mieux répartie

C | car le bouchon reste mouillé

D | car le vieillissement est plus homogène

9 Les bouteilles classiques contiennent 0,75 l…

A | parce que les négociants aiment les maths

B | à cause des Britanniques

C | à cause de la capacité pulmonaire des souffleurs de verre

D | parce qu'elles s'empilent mieux ainsi

10 « C'est Dieu qui créa l'eau. Mais l'homme fit le vin. » De qui est cette phrase ?

A | Raymond Devos

B | Euripide

C | Louis Pasteur

D | Victor Hugo

Réponses : 1 | B ; 2 | C ; 3 | D ; 4 | A ; 5 | B ; 6 | B ; 7 | D ; 8 | C ; 9 | B ; 10 | D

INDEX

A

B

C

D

E

F

G

H-I

J

TABLE DES MATIÈRES

JULIETTE ORGANISE UNE SOIREE

GUSTAVE APPREND LA DEGUSTATION

HECTOR PARTICIPE AUX VENDANGES

Remerciements

De l'auteur
Merci à toute l'équipe de Marabout pour avoir cru en mon travail, pour m'avoir épaulée, corrigée et pour avoir donné à ce livre sa cohérence, sa beauté, son succès.
Merci à Yannis pour ses précieux dessins qui donnent tout leur sens aux textes.
Merci à mon cher papa pour sa relecture aussi bienveillante qu'attentive.
Merci à mon adorable mari pour son soutien quotidien.

De l'illustrateur
Je souhaite remercier particulièrement ma femme, Anne-Laure,
pour m'avoir soutenu et aidé durant ce superbe projet !
L'auteur, Ophélie Neiman, qui m'a permis de développer mes connaissances du vin avec beaucoup d'humour et de sincérité.
MERCI.

58 rue Jean Bleuzen 92 170 Vanves

Graphisme : Yannis Varoutsikos, www.lacourtoisiecreative.com
Maquette : Gérard Lamarche et les PAOistes
Edition et maquette : Cécile Beaucourt. Mise à jour 2021 : Matthieu Corgnet
Relecture : Véronique Dussidour, Odile Raoul, Marie Gosset et Emilie Collet (pour la page 112-113 : Vin nature)

5634660/02
ISBN : 978-2-501-16379-8

Dépôt légal : août 2021
Achevé d'imprimer en novembre 2021 en Espagne par Gráficas Estella